国家软科学重大项目

（2011GXS2D026）

中国区域经济发展动力机制研究系列
China's Dynamic Mechanism of the Regional Economy Development Series

中国区域农村劳动力转移的动力机制

——以中原经济区为样本

DYNAMICS MECHANISM OF RURAL LABOURERS
REGIONAL TRANSFER IN CHINA

史自力　龚文海／著

社会科学文献出版社
SOCIAL SCIENCES ACADEMIC PRESS (CHINA)

目　　录

CONTENTS

1

绪 论

1.1 研究背景

中原经济区是指以河南省为主体，包含山东、山西、河北、安徽等省部分地区的综合性经济区。2011 年，国务院正式出台《国务院关于支持河南省加快建设中原经济区的指导意见》，建设中原经济区正式上升为国家战略。2011 年 3 月 17 日公布的《国民经济和社会发展第十二个五年规划纲要》明确提出重点推进中原经济区等区域发展。其战略定位为：国家重要的粮食生产和现代农业基地，全国工业化、城镇化和农业现代化协调发展示范区，全国重要的经济增长板块，全国区域协调发展的战略支点和重要的现代综合交通枢纽，华夏历史文明传承创新区。中原经济区作为国家层面重点开发区域，位于全国"两横三纵"城市化战略格局中陆桥通道横轴和京广通道纵轴的交会处，涵盖河南全省、延及周边地区的经济区域，是沿海地区发展的重要支撑，是中部崛起的重要基地，是继"长三角"、"珠三角"、"京津冀"三大经济区之后，我国区域经济发展的又一重大规划。

中原经济区的空间范围涉及 5 个省，涵盖 30 个地级市和 2 个县，即河南省全部，河北省的邯郸，山西省的长治、晋城、运城，江苏省的徐州，山东省的聊城菏泽和泰安东平县，安徽省的淮北、阜阳、宿州、亳州、蚌埠和淮南凤台县。中原经济区总面积 29.2 万平方公里，区域人口 1.7 亿左右，占全国人口总量的 11.83%。全区 1.9 亿亩耕地，占全国的 1/10 以上（见图 1）。

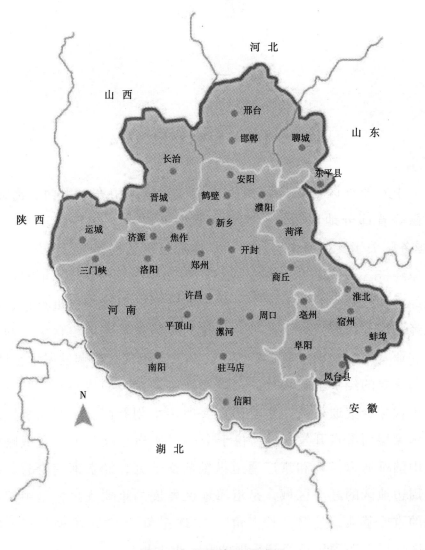

图 1 中原经济区区域图

中原经济区具有以下基本的区域特征：

（1）区位优势明显，战略地位重要

中原经济区位于我国东、中、西部三大地带的交界处，也处于长三角、环渤海地区向内陆推进的要冲，交通优势突出，我国主要的铁路、公路干线和第二条亚欧大陆桥都贯穿其中，具有承东启西、联南通北的枢纽作用。国家促进中部崛起规划布局的"两横两纵"经济带中，就有"一纵两横"即陇海经济带、京广经济带和京九经济带位于这一区域。

（2）自然人文资源丰富，开发潜力大

中原经济区地处我国暖温带及其向亚热带过渡地带，黄河、淮河、海河、汉水四大流域在此区域流淌，气候宜人，自然景观荟萃。该区域多种矿产资源储量居全国前列，是我国重要的能源原材料基地。中原地区是中华民族的主要发祥地之一，我国公认的八大古都有其四，历史源远流长，文化积淀丰厚。

（3）劳动力资源充裕，人口压力大

中原经济区劳动力资源十分丰富。该区域用全国约1/32的国土面积承载了全国约1/8的人口，全部劳动力人口超过1.1亿人。丰富的人力资源不仅能为本地区经济发展提供支撑，而且为全国输出充足的劳动力。同时，这一地区也存在农村人口基数大、劳动力素质偏低、就业压力大等问题。

（4）农业生产举足轻重，"三农"问题突出

中原经济区是我国有着悠久传统的农业大区，也是当今中国最重要的粮食生产核心区。全区耕地面积约1.9亿亩，占全国耕地资源的1/10以上，是全国土地耕种强度最高、农副产品供给能力最高的地区，无论粮食生产，还是肉蛋奶产量在全国都具有举足轻重的地位。该区域粮食产量占全国的1/6，其中夏粮产量占全国夏粮总产量的近1/2。但与此对应，这一区域的"三农"问题比全国其他地

方都显得更加突出，城乡二元结构的矛盾比全国其他地方也大得多。

（5）平均发展水平低，工业化、城镇化任务艰巨

中原经济区产业门类比较齐全，工业基础特别是能源原材料工业、食品工业、装备制造业基础比较雄厚。但与全国平均水平相比，人均经济水平、民生水平和工业化、城镇化水平明显偏低。2009年，中原经济区人均GDP只有全国平均水平的3/4；人均财政收入不足全国平均水平的1/4；第三产业占GDP的比重比全国平均水平约低10个百分点；城镇居民可支配收入只有全国平均水平的4/5；农民人均纯收入比全国平均水平低近500元；城镇化率30%左右，不到全国平均水平的2/3。

综合分析，目前中原经济区内各地经济社会发展水平大体接近，所担负的区域职能和发展任务也大体相近，都是我国重要的农业生产地区和人口密集区，在保障国家粮食安全方面担负着重要责任，都面临着解决"三农"问题、统筹城乡发展的迫切问题，都处于加快推进工业化、城镇化的阶段，都处于亟待转变经济发展方式、推进产业结构升级的关键时期。同时，这一区域生态环境容量较大，集聚和承载产业、人口的能力较强，具有加快经济社会发展的良好条件。

河南省是中原经济区的核心载体。河南省是中国的经济大省、人口大省、农业生产大省、新兴工业大省，工业化、城镇化和农业现代化（简称"三化"）协调发展具有典型性和代表性。改革开放特别是实施促进中部地区崛起战略以来，河南省经济社会发展取得巨大成就，进入了工业化、城镇化加速推进的新阶段，既面临着跨越发展的重大机遇，也面临着粮食增产难度大、经济结构不合理、城镇化发展滞后、公共服务水平低等挑战和问题。积极探索不以牺牲农业和粮食、生态与环境为代价的"三化"协调发展的路子，是中原经济区建设的核心任务。支持河南省加快建设中原经济区，是巩固提升农业基础地位，保障国家粮食安全的需要；是破除城乡

二元结构，加快新型工业化、城镇化进程的需要；是促进"三化"协调发展，为全国同类地区创造经验的需要；是加快河南发展，与全国同步实现全面建设小康社会目标的需要；是带动中部地区崛起，促进区域协调发展的需要。根据第六次人口普查的数据，河南省常住人口为 94023567 人，位居全国第三，仅次于广东和山东。全省常住人口中，0～14 岁人口为 19745926 人，占 21.00%；15～64 岁人口为 66418842 人，占 70.64%；65 岁及以上人口为 7858799 人，占 8.36%。其中，乡村人口为 6146 万人，居全国各省份农村人口数量的首位，占全国农村人口总数的 8.4%[①]。如此巨大的人口规模和农村人口比例，给河南省的社会经济发展带来了沉重的负担和压力。目前，河南省人均耕地面积为 1.2 亩，比 2004 年国土资源部发布的我国人均耕地面积 1.41 亩还少 0.21 亩，只及世界平均水平（人均 5 亩）的 1/4。由于背负着沉重的人口压力，河南省人均国民生产总值低于全国平均水平。2011 年，河南省人均国民生产总值为 28716 元，仅相当于全国的 84.6%。如何使河南省在有限土地资源的现实情况下实现经济的快速和可持续发展，成为当今河南省发展的难题和关键。劳动力、资本、土地是生产的三大生产要素，在土地资源既定、资本匮乏的情况下，要想实现经济快速发展，就必须在劳动力上面做文章。党和国家也对此制定了一系列相应的支持政策，党的十六大指出："农村富余劳动力向非农产业和城镇转移，是工业化和现代化的必然趋势。"党的十七大再一次将"三农"问题写入报告，并强调"要多渠道转移农民就业"，"解决好农业、农村、农民问题，事关全面建设小康社会大局，必须始终作为全党工作的重中之重"。

从全国范围来看，自 1978 年我国农村实行家庭联产承包责任制

[①] 资料来源："六普"数据。

以来，农村人口就开始向城市陆续流动。1982 年，第三次全国人口普查"户口在外地"的人口数仅为 657.2 万人，仅占总人口数的 0.66%；而 1990 年全国非正式流动人口便达 2160.9 万人，是 1982 年的 3.29 倍。近年来，国家不断放宽了农民向非农产业转移的政策，农业剩余劳动力开始大规模向非农产业转移，进入了农村人口向城市转移的快速发展时期。2005 年全国 1% 的人口抽样调查数据显示，流动人口为 14735 万人，其中，跨省流动人口 4779 万人。与第五次全国人口普查相比，流动人口增加 296 万人，跨省流动人口增加 537 万人[①]。根据农业部抽样调查，当前我国农村外出就业劳动力超过 1.4 亿人，约占全国总人口的 11%。

要加快中原经济区建设，促进"三化"协调，必须要做好农村劳动力转移这篇文章。鉴于区域的实际域情，在农村劳动力转移方面具有很强的代表性，因此，在理论上、技术上深入、系统地分析、探讨区域内农村劳动力转移的环境、特点、转移动力、内在机理、制约因素、转移模式和政策建议，具有十分重要的现实意义和借鉴作用。

1.2　研究意义

改革开放以来，随着农村劳动力的跨区域流动就业，区域内农村劳动力转移取得了重大进展。目前，区域内转移出去的劳动力已经成为"长三角"、"珠三角"等沿海经济发达地区劳动力的重要组成部分。农村剩余劳动力跨区域流动就业，既为城镇经济发展注入了新的生机活力，促进了城镇经济社会的繁荣，又开辟了农民增收的新渠道，成为农村经济发展新的增长点，使区域经济实现了更好的良性循环。因此，促进农村剩余劳动力转移就业，调整农村就

---

① 2005 年全国 1% 人口抽样调查主要数据公报。

业结构，是中原经济区农业和农村经济、结构战略性调整的重要内容，是促进农民增收的重要举措，是农村全面建设小康社会的重要任务，也是促进城乡经济社会协调发展、提高城镇化水平的大战略。做好农村剩余劳动力转移工作，引导农村劳动力合理流动，是当前区域内各级政府部门义不容辞的责任。

1.2.1 有利于更好地解决"三农"问题，从而全面推进小康社会的建设进程

我国是农业大国，"三农"——农业、农村、农民问题，一直是党和国家高度重视并千方百计要努力解决的重大问题。在我国的人口构成中，农民占全国人口的大多数，而农村也占有整个国土面积的绝大部分。这决定了"三农"问题始终是我国经济建设中的首要问题。现阶段，"三农"问题可以概括为：农业落后、农村不稳定、农民贫困。中原经济区作为我国最重要的农业生产区域与人口集中区域，农业占 GDP 的比重较高，农村劳动力数量巨大，农民增收缓慢，农业发展不尽如人意，中原经济区的"三农"问题非常突出。而产生这一问题的直接原因就是该区域与全国其他地区相比农村剩余劳动力的数量更多。大量农村剩余劳动力滞留农村，导致了农民人均资源占有量过少，加之资本、技术投入有限和农业基础条件薄弱，农业生产经营难以形成规模，农业劳动生产率低下，使农业发展陷入恶性循环。而通过农业结构调整和农业产业链延伸的方式，就地转移农村剩余劳动力或引导农村剩余劳动力向城镇工业和第三产业转移，推进农村工业化，可以有效地打破这一农业发展的恶性循环，妥善解决"三农"问题。近些年的实践已经证明，农村剩余劳动力转移所带来的综合效应，对缩小城乡差距、提高农业生产力、促进农村现代化、全面建设小康、构建和谐社会有着非常重要的作用。

中原经济区的小康建设作为全国小康建设的重要组成部分，对

我国全面建设小康社会的宏伟目标的顺利实现有着重要的影响。在小康建设中，农村小康建设则是一个不可忽视的部分，农村小康建设能否顺利实现是实现区域内全面建设小康社会的关键和重点所在。其原因在于，现阶段区域内的"三农"问题还很严重，农村人口和农村剩余劳动力过多，农村人均自然资源和经济发展空间过低，根本不可能满足全面建设小康社会对农村经济发展和农村居民收入增长的要求。可以说，农村剩余劳动力的转移是提高河南省农业产出效率和农民收入水平，实现农村经济更快发展、人民生活更加殷实、社会更加和谐的重要保证，是实现河南省全面建设小康社会的重要战略。

1.2.2 有利于加快区域内城镇化、工业化和现代化建设

国外经验证明，从农业国走向工业强国，必然伴随着农村人口的大量减少和农村村庄的大面积衰亡。我国的农村建设也是在城市（镇）化进程不断加快的大背景下进行的，从改革开放之初到20世纪末，每年城镇化率提高0.7个百分点，20世纪初的几年内城镇化率年均提高1.4个百分点。按照全面建设小康社会的目标，到2020年我国基本完成工业化进程，城镇化率将达到70%以上，比现在提高近30个百分点，15年内现有的村庄将至少有50%走向消亡。城市（镇）化是落后的农业社会走向发达的工业社会的必由之路。城镇化的结果是加快农村剩余劳动力的转移，城镇化和劳动力转移是跳出农业，从农业外部寻找解决农民收入增加问题的有效途径。我国城镇化水平长期以来一直偏低，2005年小城镇人口在全国总人口中的比重仅为20.1%，比经济发展水平与我国相当的发展中国家大体上低8~10个百分点，滞后15~20年。经验证明，城镇化水平越高，农民收入就越高。以2000年为例，上海城镇化水平居全国第一，为88.3%，其农民收入为全国最高，而西藏的城镇化水平全国最低，为18.9%，其农民收入也是全国最低。

2006 年底我国城镇人口达到 5.77 亿人，城镇化水平为 43.9%；2001 年我国城镇化率为 37.66%。由于经济发展水平等因素的限制，中原经济区城镇化水平较全国城镇化水平滞后，这既制约着中原经济区农村劳动力转移，又制约着中原经济区农民收入的增长。

因此，加快城镇化步伐，已成为解决中原经济区"三农"问题的当务之急。农村劳动力的大量转移，可以大大改变这一落后状况。目前，中原经济区正处于工业化中期阶段，也处于产业结构和经济结构加大调整的关键时期，无论是工业还是第三产业的发展，都必然增加对劳动力的需求，农村剩余劳动力的转移正好满足了这种需求。

农村剩余劳动力与资本、技术等要素相结合，将有力地推动工业化进程。随着工业化进程的加快以及农村人口迁入城镇，中原经济区的城镇化水平将不断提高。

另外，由于我国以短缺经济和数量扩张为主的经济发展阶段已经基本结束，国民经济正在由卖方市场和数量扩张的阶段向买方市场和整体素质提高为特征的新发展阶段过渡。目前经济发展中存在的一个主要问题是国内需求不旺，经济的持续发展和结构升级受到有效需求不足的严重制约。此时，扩大内需、刺激经济已成为整个经济的当务之急。在此背景下，加快区域内农村劳动力转移，不仅可以减轻社会压力，提高城市（镇）化水平，有利于扩大对中小城镇的投资规模，还可以提高生活水平和消费能力，扩大对家用电器等消费品的需求，从而有利于扩大消费需求，促进经济的快速发展。

农村劳动力向非农产业转移成为扩大国内需求、推动经济增长的动力，是中国经济增长的重要支撑点。有专家研究指出，劳动力向非农产业转移有利于提高劳动生产率，一个农村劳动力转移到工业部门，劳动生产率可提高 6.1 倍，转移到第三产业，劳动生产率可提高 2.8 倍；有利于提高人均消费水平，一个农民成为城市市民，人均收入和支出可提高 2 倍以上，加上住房、医疗等，消费会提高 2.5 倍以上；有利于扩大投资需求，农民进城将带来巨大的城市基础设施投资需求。这些都是扩大国内消费需求，拉动经济增长的主要力量。未来 20 年，农村人口向非农产业转移都将是中国经济发展的引擎。

1.2.3 有利于增加农民收入，促进农村经济发展

由于大量的劳动力从农业中释放出来，人地关系大大缓解，农民劳动平均可利用农业资源条件得到改善，使得农业劳动边际生产率上升，随着农民的劳动平均产出水平上升，农民的收入水平也就会得到提高。当农村剩余劳动力从农业中转移出来以后，农民的经济实力大大增强，可用于农业投资的收入迅速增加，农业的发展有了可靠的保证，就可以促进农村经济的发展。

1.2.4 有利于促进区域内产业结构的优化，提高农业劳动生产率

产业结构的调整、升级是社会生产力发展的必然结果，反映着经济发展由低级阶段向高级阶段的演进，也反映着经济重心在三大产业间的依次推移。中原经济区产业结构中，第一产业比重过大，第三产业比重过小。随着生产力迅速发展，区域经济发展已经进入到产业结构升级的重要阶段。工业在国民经济中占据主导地位，客观上要求降低农业就业人口比重，使就业结构适应产业结构升级，进而推动产业结构高级化发展。农业滞留太多的剩余劳动力，农业的技术水平、商品化程度和专业化水平难以提高，农村工业化和农村城市化进程被抑制，农民不得不在非常有限的空间中求生存。因此，大规模的农村劳动力转移有利于工农业两大部门间实现良性循

环，建立两个部门互促共进的和谐关系，改变我国二元经济结构，推动国民经济的整体发展。只有在市场机制的作用下，通过劳动力生产要素的合理流动，把大批被束缚在传统农业中的劳动力解放出来，才能降低农业就业比重，使农业剩余劳动力在更高更广的范围内重新组合，为包括农业本身在内的三大产业的发展及经济重心在三大产业间的依次更替提供充足的劳动力资源，推动产业结构高级化地发展。

通过就业结构的变化推动产业结构调整是农业和农村经济结构战略性调整的重要手段之一。促进农村劳动力在农业内部各部门之间的合理流动，引导农村剩余劳动力向二、三产业等非农产业转移，不仅可以优化农业内部种植业、养殖业、畜牧业以及副业结构，还可以发展壮大农村二、三产业，推动农业和农村经济结构升级。而农村剩余劳动力向城镇转移，则可以促进乡镇企业的改革和调整及其合理的生产力布局，加速我国城镇化进程。城镇作为农村工业、服务业发展的载体，对乡镇企业、文化、科学、教育、娱乐业等产业都有明显的集聚作用，可以为调整农村经济结构提供优越的交通、通信、金融、信息等服务及人才、技术支持，加快农业现代化和非农化进程。

农村剩余劳动力转移还可以促进区域农业劳动生产率的提高。农业是国民经济和社会发展的基础，由于土地的有限性，农业的持续增长越来越依赖于农业劳动生产率的提高，而农业劳动生产率的提高一般取决于三个因素，即耕地面积的扩大、单位面积产量的增长和劳动力数量的减少。在前两个因素一定的情况下，减少劳动力数量无疑是提高农业劳动生产率的必然选择。只有将农业剩余劳动力从农业生产中分离出去，降低农业劳动力密度，扩大经营的土地规模，改进农业生产的技术装备水平，充分发挥各种生产要素的潜力，才能大规模增加生产，大幅度降低成本，获得规模经营效益。

一直以来，由于区域农村人口众多，人均耕地面积小，大量闲置的农村劳动力没有得到充分利用，导致农业生产率低下。在大量的闲置劳动力转移出去之后，农村劳动力资源可以得到合理有效的配置与充分的利用，从而可以大幅提高农业劳动生产率。另外，转移出去的农民将在城镇获得的收入寄回农村，并将其中的一部分投入到农业生产中去，为农业生产扩大提供资金支持，从而直接或间接地提高劳动生产率。

1.2.5　有利于提高劳动者素质，优化农村劳动力就业结构

城市与东南沿海发达地区是农村劳动力学习和提升素质的课堂。农村劳动力的转移使大量转移出去的劳动力感受现代文化的熏陶，开阔眼界，树立与现代市场经济相适应的商品观、金钱观、财富观、人才观、竞争观、风险观、劳动观、时间观、道德观、平等观、知识观等，进而提高法制意识、民主意识，并将这些观念、意识带回农村，从而对传统的宗法观念产生巨大的冲击。人们"多子多福"、"养儿防老"观念的改变，对区域内城乡社会保障制度的建设，对社会主义市场经济的民主政治、法制建设将产生积极而深远的影响。

由于城乡收入差别的存在，农村剩余劳动力转移到城市非农业部门就业后，可以获得相对农村较高的经济收入。这有利于扩大社会中间阶层，减少低收入和贫困群体，缩小社会各阶层间的贫富差距，逐步实现区域内各阶层人民的共同富裕和经济平等。通过工业文明和城市文明的熏陶，转移出去的农村劳动力更新了观念，学到了先进的技术和管理知识，开阔了视野，转变了观念，提高了整体素质，并增强了适应市场需求，自我创业、就业的能力。一些人学到新技术后回乡办起了工厂、做起了生意，使劳动力转移实现了持续性发展，也促进了当地经济的发展。随着农村劳动力素质的提

高，农村劳动力向非农产业转移，有效地改变了农村现有的产业结构，推动了农村经济总量的增长，也优化了农村劳动力的就业结构。

1.2.6 有利于缩小城乡差别，逐步实现城乡一体化，从而加快和谐社会的构建

通过农村劳动力合理转移的政策建议，消除农村劳动力转移的政策和制度障碍，促进城乡劳动力就业市场一体化，缩小城乡差别，走城乡共同富裕的道路，打好构建和谐社会的基础。

我国的户籍制度使城乡之间产生了巨大的差距，造成了我国特有的城乡二元社会分割状态。从原则上来说，广大农民理应享有国家提供的各种公共服务，享有与城镇居民同等的国民待遇，但现实情况是，在较短的时期内这种愿望很难在农村全面实现。城乡差别现象的消除在很大程度上还有赖于农村劳动力向城镇转移。农村劳动力转移就业不仅在物质上改善了农民的生产和生活条件，在思想上也促进了农民思想观念的转变。劳动力在打工的过程中学到了先进的技术，接触到城市文明的生活方式和生活习惯，产生了新的文化观念，并且将这些新的理念带回农村去，有利用引导农民更加关注信息社会动态，注重对科技文化知识的学习，注重对子女的培养和教育，注重优生优育，等等。这也对改变农村贫穷、落后面貌，缩小城乡差距，逐步改变城乡之间隔绝和对立的局面发挥积极的作用。

统筹城乡一体化发展，应形成城乡联动、以城促乡的良性发展局面。树立城乡协调的科学发展观，进一步深化改革，赋予农民以国民待遇，加大农村教育投入力度，积极合理开发利用农村人力资源，统筹城乡教育资源和就业渠道，发挥农村的比较优势和市场机制优化配置资源的作用，将有利于区域农村人口素质的普遍提高以及城乡经济社会的全面协调可持续发展，彻底改变目前城乡分割的

二元经济结构，最终实现城乡经济社会一体化发展，建立社会主义市场经济体制下平等和谐的城乡关系。这也是区域内实现全面建设小康社会，促进中原崛起的关键和战略基础。

1.2.7　有利于农村劳动力转移理论研究的创新和丰富

针对发展中国家农村劳动力转移的研究在国外已经有了60年左右的历程，我国对农村劳动力转移的研究若从张培刚先生1949年英文版《农业与工业化》出版算起，也有近60年的历程，但对新中国成立后我国农村劳动力转移的研究，主要是从20世纪70年代末开始。中外研究农村劳动力转移的专家学者，有大量的研究理论成果，提出了很多有效的建议模式，尤其是国内研究人员，通过实证研究，提出了我国现阶段农村劳动力转移的新理论和新模式，丰富了我国农村劳动力转移的理论和实践。本书结合中原经济区的实际域情，通过理论研究和实证研究，提出中原经济区农村劳动力转移问题的相关理论和政策建议，对农村劳动力转移的研究做理论上的创新和丰富。

由此可见，对中原经济区的农村剩余劳动力转移研究具有重要的理论意义、现实意义和长远意义。

1.3　研究目的和内容

1.3.1　研究目的

通过借鉴中外农村劳动力转移理论和实践，结合中原经济区实际情况和农村劳动力状况，从经济学、社会学、人口学等多角度，利用定性分析和定量分析方法，来科学解析河南农村劳动力转移问题，本书试图从农村劳动力转移的视角对"三化"协调发展的有关问题进行解读，对中原经济区农村劳动力转移进行理论研究和实证分析，重点是为描述和解释劳动力转移的内在机理、根本动因及影响因素提供一个理论框架和分析方法，并运用相关的宏观数据和微观数据对理论模型给予一定的检验和论证。并通过实证研究提出针对性和可行性政策建议，为区域内农村劳动力转移工作提供政策参考依据。

1.3.2　研究内容

本书共由八个部分组成。第一章为绪论，简要论述研究的背景、目的、意义和主要内容，以及研究的技术路线、方法和特色，对有关劳动力转移的相关概念进行了界定。第二章综述了国内外农村劳动力转移的主要理论和研究进展情况，特别是重点回顾了关于劳动力转移机理、动因和障碍的研究。本章重点介绍了国外"生产压迫人口"理论、二元经济结构理论、新古典迁移理论、"推力—拉力"理论、成本—效益迁移理论，以及国内关于劳动力转移的影响因素、原因和动力等方面的研究。第三章分析了农村劳动力转移的历史、现状与发展趋势，并归纳了农村劳动力转移的特点和存在的主要问题。前三章是全书的理论基础和现实基础。第四章对影响农村劳动力转移的诸多因素进行了定性分析。本章从一般的逻辑分析角度，研究了制度和政策因素、经济因素、劳动力因素、市场性因素、管理性因素和技术性因素等对农村劳动力转移的影响。第五章和第六章分别从微观和宏观两个角度，构建了劳动力转移机理、动因的理论模型。运用实证分析的方法，依据调查数据和相关的宏观经济数据，对中原经济区农村劳动力转移的内在动因和机理进行了研究。第七章在分析借鉴中外劳动力转移模式基础上，构建了包括政府主导体系、拉力体系、推力体系和政策支撑体系在内的中原经济区农村劳动力转移模式。第八章提出了促进区域内农村劳动力转移的制度和政策创新策略与建议。策略建议中提出要通过城镇化、工业化、发展第三产业等措施拉动农村劳动力转移；通过大力开展职业教育与技术培训、农业产业化、劳务输出等措施推动中原经济区农村劳动力转移。

1.4　研究方法和技术路线

1.4.1　研究方法

（1）定性分析和定量分析相结合

本研究在揭示劳动力转移普遍规律的基础上，重点对中原经济区的农村劳动力转移问题进行分析研究。在对劳动力转移一般规律、中原经济区农村劳动力转移基本状态的描述中，本书主要应用了定性分析的方法。而在对影响中原经济区农村劳动力转移的内在动因研究中，则主要应用定量分析的方法。在实证检验中，既有实地调查和统计分析，也运用了大量的 OLS、Probit 模型等计量分析方法。

（2）横向与纵向比较的方法

本书坚持了客观历史的观点，全面分析考察了中原经济区改革开放 30 多年来农村劳动力转移的历史过程，特别是与之相关的制度变迁过程，在制度变迁中探寻制度和政策改革、完善与创新的价值取向。同时，分析借鉴了国外典型发达国家和发展中国家的相关经验及教训，并结合国内不同地区农村劳动力转移的模式，从中获得制度、政策改革与完善的有价值的启示。

（3）宏观分析和微观分析相结合

劳动力转移既是一个宏观问题，又是一个微观问题。本书首先是从转移者个人或农户收益及效用最大化的微观角度研究了中原经济区农村劳动力转移的机理、动因和障碍因素，并从更加微观的个体主义角度分析了性别、文化、年龄等个性特征对劳动力转移的影响，然后是从宏观的角度分析了劳动力转移的机理、动因和障碍因素。

1.4.2 技术路线

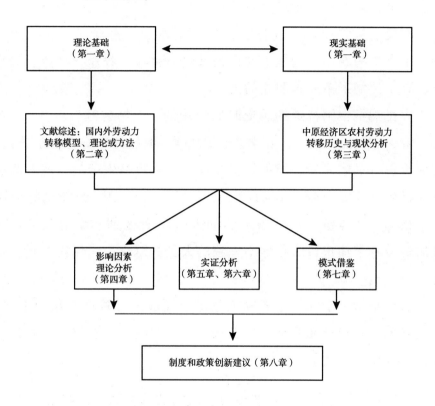

1.5 概念界定

为了行文方便和避免文字上的争议，特别是为了下文中实证分析数据的选择和处理，有必要先对本书的一些基本概念进行界定。

1.5.1 农业、农民、农民工、农户

农业有广义、狭义之分，广义农业是指农作物栽培业、林业、

畜牧业、渔业、狩猎业、野生植物采集业等；狭义农业，主要是指种植业。种植业又分为两类，一类是指粮、棉、油、麻、瓜、菜、饲料、绿肥等作物的生产，称为狭义种植业；另一类除狭义种植业之外，还包括果树、林木、茶叶、药材、花卉等，称为广义种植业。本书中的农业是指广义农业。

农民是从职业角度进行定义的一个概念，根据广义农业的概念，本书中的农民泛指从事农作物栽培、林业、牧业、渔业、狩猎业、野生植物采集业等职业的人口。

农民工是中国特殊的历史时期出现的一个特殊社会群体。"农民工者，农民工人也"（陆学艺，2003）。他们的户籍身份是农民，在家承包有集体耕地，但他们主要在城市从事非农劳动，就其职业来说已经是工人。需要说明的一点是，"农民工"的概念与"民工"的概念基本统一，但与"流动人口"有区别，流动人口是指现居地与其常住户口所在地不一致的人员的总称，内涵比农民工要大。

农户是指由亲缘、血缘等关系组合而成的一种社会组织形式。一般来说，农户家庭劳动成员以从事农业为主，非农收入占其整个家庭收入的比重较低。

1.5.2 劳动力、农业劳动力、农村劳动力与农村剩余劳动力

根据世界银行的定义，劳动力是指"在劳动年龄范围内（15~64周岁）有劳动能力的人口，即已参加劳动或可能参加劳动的人"。而我国《劳动法》规定，16周岁进入劳动年龄，凡是进入这个年龄的有劳动能力的人口都属于劳动力；男职工60周岁，女职工55周岁，女工人50周岁为退休年龄。本文采用世界银行的定义，但在下文的实证分析中，样本数据大多取18~60周岁。

农业劳动力是指从事广义农业生产活动的具有劳动能力的人

口。农村劳动力是指户籍所在地为农村社区的人口中 15～64 周岁的男性和女性个人，但不包括其中的在校学生、服兵役人员以及因身体原因不能劳动的人等。

对于农村剩余劳动力的概念，国内外学者的界定并不一致。刘易斯（1954）首先提出"边际劳动生产率为零或负数的劳动力为剩余劳动力"这一经典定义。郭熙保等人（1995）提出"地—劳比率变动"说，其判别标准是："当一个国家（或地区）农业劳动者人均耕地面积长期呈下降趋势时，我们认为该国（或地区）存在农业剩余劳动（力）"。夏杰长（1999）认为："农村剩余劳动力是指农业劳动者虽不处于零工时零收入状态，但其劳动能力不能得到充分利用，而且收入也不能达到维持基本生活水准的状态。"樊茂勇、侯鸿翔（2000）认为："剩余劳动力是生产过程中生产资料与劳动力构成失衡，劳动力供给超过由生产技术条件所决定的生产资料对劳动力的需求而出现的低效用或负效用现象。"何景熙（2000）认为："农村剩余劳动力应该是专指中国农村中不充分就业的劳动力，所谓劳动力不充分就业则是指每个单位农村劳动力每年有效工作时数（指农村劳动力从事农业和非农业的一切经济活动所耗费的有效时数）低于公认的单位农村充分就业劳动力年度有效工作时数标准，即制度工时数的一种状态。"庄核（2003）认为："农村劳动力是否过剩应该看农村劳动力在农业中的边际产品价值是否小于农村劳动力的机会成本，凡是小于机会成本的农村劳动力都有可能成为剩余劳动力。"综合以上学者的定义，笔者认为：农村剩余劳动力的实质是大量农民处于失业或半失业状态，它是指超过农村产业需求的那部分劳动力，将他们从农村转移出去，并不会减少农业的现有产量，即其边际生产率为零甚至为负。具体表述为：在一定时期、一定农业生产技术条件下，特定区域内从事农业生产的劳动者所能提供的劳动数量（潜在劳动供给能力）与农业生产实际需要的最低劳动投入之间的差额。需要说明的一点是，农业剩余劳动力和农村剩余劳动力并不是一个概念，后者包括前者，但本书并不详细地把这两个概念分开来讨论。

1.5.3　农村劳动力转移

农村劳动力转移是劳动力资源重新配置的过程，一般可分为两类：一类是产业转移，即由农业向第二、第三产业转移；另一类是地区转移，包括某一地区的农业剩余劳动力向另一地区转移，其突出的表现就是农民工进城务工问题。本书不把这两类情况分开来讨论。在实证分析的数据采用上，本书采用国家统计局的统计口径，即"凡是在一年之内从事非农劳动累计时间达到 6 个月以上的农村劳动力都划为农村转移劳动力"。

这里需要说明的一点是，考虑到我国农村劳动力转移的实际情况，在研究劳动力的地区转移时，我们界定两个概念，一个是永久性迁移，它是指农村劳动力永久性地从一个区域迁移并定居到另一个区域，通常以户籍的改变为标志；临时性迁移是指农村劳动力暂时地从一个地区迁移到另外一个地区从事某种职业，通常不改变户籍。按照该界定，我国的农民工进城问题主要表现为"临时性迁移"而不是"永久性迁移"。

1.6　研究特色和不足之处

1.6.1　研究特色

本书在前人研究的基础上，对农村劳动力流动的理论机制做了深入研究，具有以下几点特色：

第一，从微观和宏观两个维度，对中原经济区这一区域性的农村劳动力转移的内在机理作出了系统的分析和研究。建构了相关的中原经济区农村劳动力转移影响因素的理论模型，运用调查数据、统计数据和计量、统计工具，实证分析了影响区域农村劳动力转移的相关因素，并对其内在的影响作用机制进行系统分析，从而较为科学地透析了农村劳动力转移的内在动力和机理。

第二，在较为全面地分析了中原经济区农村劳动力转移现状和问题的基础上，借鉴国内外劳动力转移的经验，提出了中原经济区农村劳动力转移的模式和政策建议。

1.6.2 不足之处

本书的不足之处在于，由于中原经济区涉及 7 省 28 市，相关的经济数据和人口数据等资料获取困难，因此很多分析主要是以河南省的情况为主，尽管这种分析能够基本概括整个区域的实际情况，但不可避免地存在一定偏差。

1.7 小结

本章首先分析了本书选题的背景和意义。中原经济区是我国人口聚集的区域和农业主产区，农民人均收入低，农村剩余劳动力数量大，转移量大。鉴于中原经济区在农村劳动力转移方面具有很强的代表性，因此，本书分析、探讨中原经济区农村劳动力转移的现状、特点、转移的内在动力机制、制约因素、转移模式和政策建议，就具有了重要的理论意义、现实意义和长远意义。

其次，概括了本书的研究目的和内容。本书的主要研究目的是：试图从农村劳动力转移的视角对"三化"协调发展的有关问题进行解读，对中原经济区农村劳动力转移进行理论研究和实证分析，重点是为描述和解释劳动力转移的内在机理、根本动因及其影响因素提供一个理论框架和分析方法，并运用相关的宏观数据和微观数据对理论模型给予一定的检验和论证。并通过实证研究提出具有针对性和可行性的政策建议，为区域内农村劳动力转移工作提供政策参考依据。本书的研究内容包括对中原经济区农村劳动力及其转移的现状和问题分析、对影响中原经济区农村劳动力转移的制约因素分析、对中原经济区农村劳动力转移的内在动因和机理分析、对农村劳动力转移合理模式的构建、促进区域内农村劳动力转移的制度和政策创新研究等。

再次，介绍了本书所采用的研究方法。本书主要运用了规范分析和实证分析相结合的研究方法、比较分析的方法以及跨学科研究等方法。

最后，对本书中所涉及的概念（劳动力、农业劳动力、农村劳动力等）进行了界定，并对本研究可能取得的创新与局限性进行了简要分析。

2

农村劳动力转移及其动力
机制一般理论分析

基于本书的研究内容和重点，本部分主要从劳动力流动转移的影响因素和动力机制的角度对国内外的相关理论进行梳理和评述。

2.1　国外农村劳动力转移动力机制的主要理论综述

国外对劳动力流动转移的研究由来已久，已经形成了很多成熟的理论体系。有影响的理论主要有："生产压迫人口"学说、二元经济结构理论、新古典迁移理论、"推力—拉力"理论、成本—效益迁移理论等。

2.1.1　"生产压迫人口"学说

劳动力流动的经济理论分析最早可以追溯到马克思的劳动力流动理论。尽管从现代经济学观点看，马克思并没有提出专门的劳动力流动模型，但是他却在不同时期从不同角度提出了许多很有见地的思想。1853 年，马克思在《强迫移民》一文中论述了历史上和当时资本主义社会的劳动力迁移问题。在马克思看来，劳动力剩余和流动不是孤立存在的现象，而是同生产力及特定生产方式联系在一起的。相对过剩人口既是资本积累的必然结果，又是资本主义再生产顺利进行的必要条件。传统农民作为相对过剩人口的一部分，迟早要依照资本的需要从农村转移到城市中去。从农村劳动力个人角度考察，这种转移实质上是被迫的，但采取的则是在市场上出卖劳动力商品的完全平等的交换形式，参与交换或者把劳动力转移到工业和城市的直接目的是获得劳动力的价格或者工资收入。

马克思指出，不论是人口的国际迁移还是城乡间的流动，均受生产力和生产关系的制约。古代人口的大迁徙是由于生产力不足所造成的人口过剩的结果，资本主义社会的情况正好相反，"正是生产力的增长要求减少人口，借助于饥饿或移民来消除过剩的人口。现在，不是人口压迫生产力，而是生产力压迫人口"，从人口与生产条件的相互关系的角度出发，马克思阐明了人口迁徙的规律性及其不同社会的特点。这就是他首次提出的"生产力压迫人口"著名论断。

马克思关于"生产力压迫人口"的思想后来不断得到丰富和发展。在 1857～1858 年名为《政治经济学批判大纲》的手稿里，他结合对马尔萨斯人口理论的批判，从资本积累和过剩人口关系的角度出发，论述了资本主义社会的人口流动规律。认为在资本主义社会里，资本积累决定人口变动，在资本积累和剩余价值规律的支配下，总人口绝对量的迅速增加和劳动人口的日益相对过剩，是同一个人口发展过程的矛盾统一的两个方面；资本的趋势是："既增加劳动人口，又不断减少劳动人口的必要部分（资本不断地把劳动人口的一部分重新变为后备军）。增加人口本身就是减少人口的主要手段。"他深刻地揭露了资本主义社会人口过剩的实质和形成的根源，彻底批判了马尔萨斯的人口论。指出："不同的社会生产方式，有着不同的人口增长规律和过剩人口增长规律"，"这些不同的规律可以简单地归结为同生产条件发生关系的种种不同方式"。就人的个体来说，可以归结为同他作为社会成员的再生产条件发生关系的种种不同方式。过剩人口和赤贫，在资本主义条件下是资本家剥削工人的剩余劳动的结果，而且只有在资本主义制度下才表现为劳动生产力发展的结果。社会生产条件只能适应一定数量的人口，这种由一定形式的生产条件的扩展能力所设定的人口限制，"随生产条件而变化、收缩或扩大"，因此，"人口的绝对增长率也会随生产条件发生变化"。马尔萨斯的错误首先在于把经济发展的不同历史阶段上的过剩人口看成是一样的，不了解它们特有的差别，并且把一定数量的人口同一定数量的生活资料硬联系在一起。事实上，过剩人口"与并不存在的生存资料绝对量根本没有关系，而是同再生产的条件，同这些生存资料的生产条件有关，而这种生产条件同样也包括人的再生产条件，包括整个人口的再生产条件，包括相对过剩人口的再生产条件"。在此，马克思深刻地揭露了人口和生产条件的相互关系，并建立了自己的过剩人口理论。

《资本论》揭示了资本积累和资本主义人口的规律，进一步阐述了相对过剩的人口理论。马克思指出："每一种特殊的、历史的生产方式都有其特殊的人口规律。抽象的人口规律只存在于历史上还没有受过人干涉的动植物界。"在严密的资本和剩余价值理论的基础上，他揭示了在资本主义社会里，随着资本积累的增长，资本的有机构成在不断增加，对劳动的需求却相对减少，形成了大量过剩的人口即产业后备军。过剩的工人人口是资本主义积累的必然产物，反过来又成为资本主义积累的条件和杠杆，它不受人口实际增长的限制，为不断变化的资本增值需要创造出随时可供剥削的人身材料。他明确指出："工人人口本身在生产出资本积累的同时，也以日益扩大的规模生产促使他们自身成为相对过剩人口的手段。这就是资本主义生产方式所特有的人口规律。"他最先揭示了资本主义积累的一般规律，论述了过剩人口的各种形式以及它随资本主义经济的周期波动而变动的趋势①。

关于相对过剩人口存在形式，马克思认为，在资本主义条件下经常存在三种形态。第一，流动的过剩人口是指近代产业中的失业者，他们随着景气循环的局面反复出现暂时失业和暂时就业。第二，潜在的过剩人口是指广大破产的农民和小生产者。资本主义向农业的渗透，使农民不得不随时等待着流向城市工业部门。农村人口经常流入城市的情况，说明在农村存在着潜在过剩人口。第三，停滞过剩人口是现役劳动军的最底层，他们生活状况低于工人阶级的平均水平，劳动时间最长，工资最低，劳动条件最差，就业极不固定，往往只是被临时雇佣，为资本提供了一个取之不尽的劳动力"蓄水池"。在现代工业中心，随着各工业企业资本构成的提高和生产规模的扩大，工人时而被排斥，时而被吸引，一部分还会陷入需要救济的赤贫境地。

马克思认为，机器在农业中的使用是形成农业剩余劳动力的直接原因，而社会分工则是劳动力转移或者流动的基础。分工不仅促进了社会生产力的发展和生产工具的进步，而且会引起社会的进一步分化，也必然导致农业部门的劳动力向非农部门转移，人类社会的三次社会大分工与农业劳动力的大转移具有密切联系。

2.1.2　二元经济结构理论

2.1.2.1　刘易斯模型

著名的发展经济学家、美国普林斯顿大学教授刘易斯（W. A. Lewis）于1954年和1958年分别发表了《劳动力无限供给

---

① 《人口学辞典辞条选登》，《人口研究》1983年第6期，第48～55页。

条件下的经济发展》和《再论无限的劳动》两篇著名的论文，创立了农村劳动力转移"二元结构模型"（即"无限剩余劳动力发展模型"）。刘易斯指出，两篇论文"是按古典学派的传统写成的，作为古典学派的假设，并提出古典学派的问题。从斯密到马克思的古典经济学家都假定，或者说都认为，支付维持生活的最低工资就可以获得无限的劳动力供给"。他认为："劳动力无限供给"，作为一个有用的假设，适用于发展中国家中一些人口众多劳动力过剩的国家，如印度、埃及等。在这些国家中，整个经济分为资本主义部门和维持生计的部门，后者主要是传统的农业部门。维持生计部门劳动边际生产率很低或等于零，甚至为负数，有大量剩余劳动力存在。经济发展来源于资本主义部门的资本积累，资本主义部门的工资水平，取决于维持生计部门的收入，"维持生计部门收入决定资本家部门工资的下限；但是，实际上，工资必须高于这一水平，而且，资本主义工资与维持生存的收入之间的差额通常是30%左右"。①

刘易斯对这个差额的解释是：①资本主义部门集中在城镇，房租和交通费用比较高。②劳动者从熟悉的维持生计部门转移到资本主义部门，比较都市化的环境，需要心理费用。③为表明资本主义部门工人们所要求的嗜好与社会身份优越于维持生计部门也需要更高的实际工资的刺激。④资本主义部门的工会力量也可能使工资水平上升。资本主义部门资本积累的增加，不断增加了对农村剩余劳动力的需求，资本主义部门就业不断扩大。由于"资本形成和技术进步的结果，不是提高工资，而是提高国民收入中利润的份额"②，因此，资本主义部门就可以按照略高于农村生存收入的不变工资水平，源源不断地吸引农村剩余劳动力到城镇就业。正是在

---

① 亚当·斯密：《国民财富的性质和原因的研究》上卷，商务印书馆，1972 年 12 月第 1 版。

② 卢梭：《社会契约论》，商务印书馆，2003 年 3 月第 3 版。

这个意义上，刘易斯把资本主义部门的劳动力供给看成是无限的，新工业的建立或旧工业的扩大，在现行不变工资下而不受限制。当然，一旦农村以低生产率为特征的剩余劳动力全部转移到城镇资本主义部门就业，农业劳动生产率由于劳动力减少而提高了，农民收入也相应地增加了，从而也提高了资本主义部门的工资水平。这时，劳动力供给再也不是无限的了，而与资本一样成为稀缺资源，工资水平将随对劳动需求的增加而上升。

刘易斯认为，"经济发展的关键是了解资本家剩余的使用，资本主义部门由于把剩余再投资于创造资本而扩大，并吸收更多的人从维持生计部门到资本主义部门就业。资本形成越来越大，而这个过程要一直继续到剩余劳动力消失为止。"① 刘易斯的劳动力转移过程可以用图 2-1 来描述。

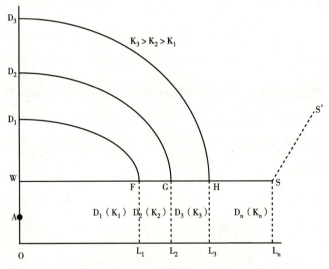

图 2-1 劳动力转移过程

资料来源：谭崇台：《发展经济学》，上海人民出版社，第 285 页。

_____

① 卢梭：《论人类不平等的起源和基础》，商务印书馆，1962 年 12 月第 1 版。

图 2-1 中横轴 OL 代表劳动量，纵轴 OD 代表劳动的边际产品和工资，OA 表示维持生计部门的收入，而 OW 代表资本主义部门的工资（实际工资，而不是名义工资）。在 OW 这个现行工资水平上，资本主义部门的劳动供给是无限的，因而劳动供给曲线 WS 是一条与横轴平行的直线（这里暂不考虑 SS'）。

刘易斯假定资本主义部门只使用资本和劳动两种要素，资本是稀缺的而劳动是无限的。按照可变化比例规律，一笔固定的资本额，就应对应一条劳动边际生产率曲线（劳动需求曲线）。假设资本主义部门最初的资本为 K_1，与其对应的劳动边际生产率曲线为 D_1D_1（K_1），它向右下倾斜，表示在既定的资本量 K_1 下，随着劳动投入的增加，劳动的边际产品递减。

刘易斯认为，资本主义部门不同于维持生计部门的地方之一，就在于前者以追求利润最大化为目标，而利润最大化的条件是劳动边际生产率等于工资。在图 2-1 中，当初始资本为 K_1 时，劳动边际生产率曲线为 D_1D_1（K_1），资本家应该雇佣 OL_1 的劳动，因为这时工资等于劳动的边际产品，利润量最大。这时，资本主义部门总产量为 OL_1FD_1，其中 WFD_1 为资本家的利润，OL_1FW 为工人的工资。

劳动力转移的过程可以描述如下：当初始资本为 K 时，资本主义部门雇佣的劳动为 OL_1，资本家的利润为 WFD_1，假设资本家的利润全部转化为资本进行投资，那么资本量从 K_1 增加到 K_2，劳动边际生产率曲线即劳动需求曲线也从 D_1D_1（K_1）外移到环 D_2D_2（K_2），这时资本家雇佣的劳动量为 OL_2，由于 $OL_2 > OL_1$，表明资本主义部门就业增加了，增加的数量为 L_1L_2，这时，资本家的剩余为 WGD_2，$WGD_2 > WFD_1$，资本家的利润也增加了。假定资本家的剩余 WGD_1 继续全部转化为资本进行投资，资本存量又从 K_2 增加到 K_3，劳动边际生产率曲线也从 D_2D_2（K_2）右移到 D_3D_3

（K_3），这时，资本家雇佣的劳动量增加到 OL_3，$OL_3 > OL_2$，雇佣的劳动力增加，这时资本家的剩余为 WHD_3，$WHD_3 > WGD_2$，资本家的利润增大，假定此时资本家的利润仍全部转为资本扩大投资，资本存量继续扩大，劳动边际生产率继续提高，劳动力转移到资本主义部门的规模进一步扩大，这个过程一直进行到维持生计部门的剩余劳动力全部转移到资本主义部门为止。

在刘易斯的分析中，资本积累是经济发展的唯一动力，技术进步对经济发展的作用没有单独作为一个因素。他认为，"对于我们的分析来说，区分资本主义部门内的资本形成与知识增长是不必要的。资本主义部门之外的技术知识增长是非常重要的，因为它将会提高工资水平，并同时减少资本家的剩余。但是，在资本主义部门内，知识和资本都是同一方向发生作用，即提高剩余并增加就业……因此，在我们的分析中，生产资本的增长和技术知识的增长，都被看做是一种单个现象……"

刘易斯把发展中国家的经济发展分为两个阶段：第一个阶段为无限的劳动力供给阶段，如图 2-1 中的劳动供给曲线的水平所示部分。在这个阶段，资本是稀缺的，劳动无限供给，资本家的剩余不断地转化为投资使资本存量持续扩大，从维持生计部门吸收剩余劳动力，当剩余劳动力消失时，维持生计部门的劳动边际生产率就会提高，维持生计部门的劳动者收入也会相应增加，从而必然会提高资本主义部门的工资水平，这时劳动供给曲线开始上升，如图 2-1中的 SS' 部分，这时经济发展就进入到第二个阶段，这时，所有的生产要素都是稀缺的。

刘易斯的劳动力转移模型作为第一个二元经济发展模型，强调了发展中国家资本主义部门和传统的维持生计部门即传统农业部门之间的差异，与总量经济发展模型相比，比较接近发展中国家的实际。刘易斯劳动力转移模型把经济增长和劳动力转移（人口流动）

过程有机地结合在一起，与发达国家的历史经验有一致之处，对发展中国家制定经济发展战略促进农村剩余劳动力向城镇转移有参考意义。

刘易斯模型的意义在于：刘易斯模型是第一个二元经济发展模型，强调了现代部门与传统部门的结构差异及其对人口流动的影响；模型把经济增长过程与劳动力转移过程有机地结合在一起。刘易斯阐述的农村剩余劳动力转移的过程较为接近发展中国家的实际情况，即发展中国家，如中国拥有大量的农村劳动力，虽然不能说用之不竭，但要吸收完却需要一个相当长的过程。因此，他的从农业吸收劳动力的理论为研究发展中国家农村剩余劳动力的转移提供了一种新思路和新方法，对中原经济区农村劳动力转移提供了基本理论依据和思路。

但刘易斯劳动力转移模型也存在某些缺陷，主要表现在以下五个方面：（1）该理论所说的"农村剩余劳动力的劳动边际生产率等于零，可为工业部门提供无限的劳动力"是不存在的。（2）该理论只强调现代工业部门的扩张对农村剩余劳动力的影响，忽视了农业部门发展和科技进步的作用。（3）该理论只认识到发展中国家工业部门自身的积累对农村剩余劳动力的吸收，忽视了外资对发展中国家农村剩余劳动力的吸收作用。（4）该理论暗含着现代工业部门的劳动与资本比例的刚性假设，这个假设与经济发展的实际不符。（5）该理论假定农村存在剩余劳动力，城市不存在失业，这一假定也不符合发展中国家的实际情况。

2.1.2.2 拉尼斯—费景汉理论

拉尼斯—费景汉理论是美国发展经济学家拉尼斯和费景汉在刘易斯农村剩余劳动力转移理论的基础上于 20 世纪 60 年代初创立的一种理论。费景汉、拉尼斯（G. Ranis）在 1961 年发表的论文《经济发展中的一种理论》和 1964 年出版的著作《劳动剩余经济的发展：理论与政策》中，认为刘易斯模型存在两个不足：一是对农业生产在推动工业发展中的作用重视不够，二是农业劳动生产率提高应是农村劳动力转移的前提条件。为此，费景汉和拉尼斯提出了以分析农村劳动力转移为核心、重视技术变化的"费—拉二元结构"模型。这一理论将农村劳动力转移分为三个阶段。

第一阶段，农村劳动边际生产率等于零阶段（与刘易斯理论类似）。假设农村劳动力存在，部分农村劳动力边际劳动生产率等于零，劳动力可无限供给。当农村劳动力向工业部门转移时，农业产出保持不变。由于他们的转移，使农业部门农产品产生剩余，而且剩余数量等于转移劳动力的农产品需求量。在此阶段中，由于农业总产出没有减少，粮价和工资不会上涨，因而农村剩余劳动力转移到工业部门不会遇到困难。

第二阶段，农业劳动边际生产率大于零但小于农业平均固定收入阶段。工业的发展和扩张，使农村劳动力减少，农业部门劳动边际生产率提高，但仍然低于制度工资。农村劳动力依然存在，并继续被工业部门所吸收，直至吸收完毕为止。由于这时转移出去的农村劳动力边际劳动生产率大于零，故而转移使农业总产量下降，农业总产量与工业产值增长不能同步，农产品剩余不能满足农村劳动力转入工业部门的需要，粮食出现短缺，从而导致工业产品比较价格降低，工人实际工资上涨，不利于工业的进一步发展，最终引起经济增长和劳动力转移过程减缓甚至停滞。

第三阶段，农业劳动边际生产率等于和大于农业平均固定收入阶段。在这个阶段，农业部门剩余劳动力已转移完毕。农民和工人的收入水平一样都由劳动边际生产率来决定。农业边际劳动生产率逐步高于制度工资，农民和工人都可以按照劳动边际产出获取工资，也就是说农业和工业劳动者工资均可按市场原则决定，农业劳动和农业生产趋向于商业化。这时，传统的农业经济就进入了发达的资本主义经济阶段。

在拉尼斯—费景汉的三阶段论中，最大的难题是如何使农村剩余劳动力持续转移到第三阶段，拉尼斯和费景汉认为，解决这一难题的唯一途径是在农村剩余劳动力转移过程中同时提高农业劳动生产率，即使农业生产部门和工业生产部门同步发展。为了保证工农业部门平衡发展，拉尼斯和费景汉又提出了一个平衡发展的原则，即工农业两个部门长期持续地保持增长刺激，每个部门的贸易条件都不能恶化。拉尼斯—费景汉理论是在假定人口不变的条件下提出的，实际上发展中国家人口增长是迅速的，从而加重了农村剩余劳动力转移的难度。拉尼斯和费景汉认为，要解决这一问题，必须使农村剩余劳动力转移的速度大于人口增长速度。为此，他们提出了一个"临界最小努力"的概念，即一个国家工业劳动力的增长刚好是农村劳动力全部被工业部门吸收所作的努力。显然，人口增长率的高低，就决定了临界最小努力的大小。

尽管拉尼斯—费景汉理论对刘易斯理论进行了完善和发展，但由于它以农村存在剩余劳动力、城市不存在失业、假定人口不变为前提，故它除存在和刘易斯理论共有的缺陷外，其自身还有一个重要缺陷，即它假定农业劳动者的工资不会随着农业生产率的提高而提高，显然这是不符合事实的[①]。

拉尼斯—费景汉理论的意义在于它发展了刘易斯理论。主要体现在以下三个方面：（1）该理论不仅把农业看成是为工业提供所需的廉价劳动力，而且也看成同时为工业提供农业剩余劳动力。因此，工业和农业两个部门必须平衡发展。（2）该理论不仅把资本积累看做是扩大工业生产和经济发展的基础，同时强调资本积累和

---

① 孙峰华：《农村剩余劳动力转移的理论研究与实践探索》，《地理科学进展》1999年第2期，第111~117页。

技术进步的重大作用。（3）该理论不仅提出了人口增长对农村剩余劳动力转移的阻碍，而且确立了临界努力准则。

中原经济区农村劳动力转移过程中，也需要兼顾工农业的平衡发展，同时还要重视技术进步对农村劳动力转移的促进作用。

2.1.2.3　乔根森模型

美国经济学家乔根森（D. Jorgenson）依据新古典主义（New Classicalism）的分析方法，分别于1961年和1967年发表了《二元经济的发展》和《剩余劳动力与二元经济发展》的论文，创立了乔根森理论。该理论认为，农村剩余劳动力转移的前提条件是农业。当农业等于零时，不存在农村剩余劳动力转移。只有当农业大于零时，才有可能形成农村剩余劳动力转移。在农业存在的前提条件下，乔根森又提出了一个重要假设，即农业总产出与人口增长相一致。在这种条件下，随着农业技术的不断发展，农业的规模将不断扩大，更多的农村剩余劳动力将转移到工业部门。因此，农业的规模决定着工业部门的发展和农村剩余劳动力转移的规模。乔根森模型通常被认为是新古典主义增长理论在发展中国家的应用。乔根森否认农业有边际生产率为零的剩余劳动的存在，并且认为农业与工业的工资水平并非是固定不变的，从这一点来说，乔根森模型已脱离古典主义的传统而属于新古典主义范畴。乔根森的整个分析从刘易斯的剩余劳动下的经济发展，转变为农业剩余产品下的经济发展。这是对刘易斯二元经济分析的一个重要发展。他认为，当农业部门的人均产出增长率大于人口增长率时，就会出现农业剩余。农业剩余的出现是工业部门出现的必要条件。

与刘易斯和拉尼斯—费景汉理论相比，乔根森的理论有以下四个特点：（1）乔根森理论是用新古典主义分析方法和依据农业剩余为基础创立的理论。刘易斯和拉尼斯—费景汉理论是用古典主义分析方法和依据剩余劳动力为基础创立的理论。（2）乔根森理论认为工资率是随着资本积累上升和技术进步而不断提高的。而刘易斯等人的理论认为：在全部剩余劳动力转移到工业部门之前，工资率由农业人均收入水平决定，是固定不变的。（3）乔根森理论认为：农村剩余劳动力转移到工业部门，是人们消费结构变化的必然结果。而刘易斯、拉尼斯和费景汉理论认为农村剩余劳动力由农业部门转移到工业部门，会提高整个经济活动的生产率，从而促进经济发展。（4）乔根森理论从马尔萨斯人口论的观点出发，认为人口增长是由经济增长决定的。正因如此，乔根森理论否定了刘易斯、拉尼斯和费景汉理论的剩余劳动假说和固定工资观点。[1][2]

乔根森模型与刘易斯模型、费景汉—拉尼斯模型相比，更强调农业的发展和技术进步。实际上，从刘易斯到费景汉和拉尼斯，再到乔根森的模型演变过程都是对农业部门在经济发展中的作用不断加深认识的过程。乔根森否定了工资既定的假设，这使他的模型更接近现实。但乔根森模型也存在许多缺陷，这些缺陷包括：首先，乔根森的农业部门生产函数中没有资本，而资本是农业发展的一个重要决定因素。其次，乔根森强调了供给因素在经济发展中的作用，但却没有论及需求方面因素的作用。再次，和古典模型的理论家一样，乔根森忽视了服务业对经济增长的重要作用。没有运输、信贷、营销、金融、通信、教育等方面的服务设施，无论是在传统部门，还是现代部门，持续、迅速的增长都是不可能的。最后，乔根森理论关于粮食需求收入弹性的假定，即存在农业剩余时，粮食需求收入弹性为零，这个假定显然与事实不符。此外，该理论应用了马尔萨斯人口论的观点，也不符合发展中国家的实际情况[3]。

① 蒋智华：《托达罗人口流动模型对我国农村剩余劳动力转移的启示》，《经济问题探索》2000年第5期，第22~24期。

② 蔡愚复、张燕生：《发展经济学概论》，北京经济学院出版社，1997，第89~100页。

③ 孙峰华：《农村剩余劳动力转移的理论研究与实践探索》，《地理科学进展》1999年第2期，第111~117页。

乔根森理论具有重要的借鉴意义。乔根森的农村劳动力转移"二元结构"理论在经济、人口、区域、社会学界产生了极为广泛的影响。该理论的主要贡献在于：第一，提出了发展中国家解决农村劳动力的方式，即可通过依靠工业的发展和扩张来吸引农村劳动力。工业的发展和农村劳动力转移相互关联和依赖，工业增长需要农村劳动力的投入，反过来又促进了农村劳动力的进一步转移。第二，探讨了农村劳动力向工业转移的条件。认为农业劳动生产率提高是剩余劳动力转移的前提，强调了技术进步在推动经济发展中的作用。第三，提出了在二元经济结构突出的发展中国家，农村劳动力转移具有阶段性。在农村劳动力转移中，必须重视农业和工业、传统部门和现代部门的综合发展，循序转移。这些观点对发展中国家，同时也对中原经济区的农村劳动力转移具有指导意义，尤其是劳动力转移的阶段性理论比较符合我国国情。

2.1.3 新古典迁移理论

早期的劳动力迁移理论源于新古典迁移理论，强调经济收益差异是劳动力空间迁移的主要因素。其代表人物托达罗（Todaro）系统地发展了这一理论，建立了一个解释发展中国家城乡劳动力迁移的模型。该模型认为劳动力的区域迁移是理性的经济行为，迁移决策取决于城乡之间的工资差异，而城乡实际工资差异和城市部门就业概率决定预期城乡工资差异。

美国发展经济学家托达罗（Michael. P. Todro）在1970年发表的《人口流动、失业和发展：两部门分析》一文中创立了著名的托达罗模型。其要点为：导致农村劳动力转移到城市的因素和基本动力是城乡收入的差异。他的农村劳动力向城市迁移决策和就业概率劳动力流动行为模型，其出发点是发展中国家的城市存在着普遍失业的现象，托达罗假定农业劳动者迁入城市的动机主要在于城乡预期收入差异，差异越大，流入城市的人口就越多，而人口是在农村劳动力没有剩余这一条件下流动的，流动的结果不仅是城市失业人口大量增加，而且导致农村劳动力严重不足，进而影响农业的发展。该理论认为，在许多发展中国家，农村剩余劳动力转移不仅存在，而且事实上正在加速。在许多发展中国家，尽管农业边际产品大于零，城市失业率很高，但农村剩余劳动力向城市转移的趋势仍在不断加剧，为了减轻城市的压力，可大力发展农村的各项事业，使农村剩余劳动力就地转移。

20 世纪 60 ~ 70 年代的实际情况表明，在许多发展中国家，尽管城市中的失业和就业不足现象在不断加剧，但仍有大量农村人口源源不断地流入城市。显然，"刘易斯、费景汉—拉尼斯人口流动模式"难以对这一现象做出解释。基于这样的时代背景，托达罗建立了自己的人口流动模式。

托达罗认为人口从农村向城市的迁移，不仅取决于城市与农村实际收入的差异，同时还取决于城市就业率的高低，农民向城市流动是在市场经济条件下既注重现实（包括承受的生理、心理成本），又含有预期（找到工作的概率）的理性行为。以美国为例，1932 年城市工资仍然比农村工资高并且下降很慢，但却出现了劳动力从城市向农村的迁移，原因就是当时美国处于经济大萧条时期，城市的就业机会少。农村劳动者如果只从现实的城乡收入差异出发，贸然决定向城市迁移，进入城市劳动力市场，那么他们有可能找不到工作，最终沦为失业者。因此，他们在比较城乡实际收入差异时，还必须预期到达城市后失业的风险有多大。

农民是否愿意转移的决策可通过如下公式表示：

$$Mt = f(p. Wu - Wr)，其中 f' > 0$$

其中，M 表示在第 t 期转移到城市的人口数，P 表示在城市找到工作的概率,Wu 是城市收入水平,$P \cdot Wu$ 表示预期的实际收入,Wr 为在农村的实际收入,$P \cdot Wu - Wr$ 为预期的城乡收入差异。当差值大于零时,M 才大于 0,即表示农民愿意迁移。当农村劳动力迁移到城市,使城市工资降低,或者增加了城市失业率,从而使得预期的城市实际工资和农村收入水平相等时,农村劳动力的迁移就会停止。$f' > 0$ 表示劳动力转移是预期收入差异的增函数,即差异越大转移的人口越多。

而在任一时期,迁移者在城市工业部门找到工作的概率 P 与城市工业部门新创造的就业机会成正比,与城市失业人数成反比。用公式表示为:

$$P = \beta N / (S - N)$$

其中,β 表示城市工业部门工作创造率,N 表示城市工业部门总就业人数,S 表示城市地区总劳动力规模。于是,β 和 N 的乘积表示城市工业部门在某一时期创造的工作机会,S 和 N 之差表示城市失业人数。而城市工业部门创造率 β 等于工业产出增长率与城市工业部门劳动生产率增长率之差。用公式表示为:

$$\beta = \lambda - P$$

其中,λ 表示工业产出增长率,P 表示城市工业部门劳动生产率增长率。同时,托达罗认为一个典型的非熟练农业劳动者从劳动生产率较低的农村进入城镇正规的高收入部门要经过两个阶段,首先进入城镇传统或非正规部门(建筑、服务、商业零售等)工作,然后,通过在工作中学习,等到具备了一定的素质条件才可能在正规部门找到工作,参与工业部门就业竞争。

托达罗的绝对收入差距说对于解释发展中国家的相关现象具有许多优势。首先,认为农村剩余劳动力的迁移是对城乡之间预期收入差距的反映,这比较好地解释了我国目前的民工潮现象。其次,托达罗比刘易斯、费景汉—拉尼斯人口流动模式更进一步注重二元结构中的农业部门，这一点比较适合发展中国家的国情，对发展中国家的实践更具有积极的指导意义。再次，托达罗对发展中国家的城市失业和农村劳动力向城市流动两者并存现象做出了解释，考虑到了农村劳动力流入城市与城市就业的相容性。最后，托达罗指出农村劳动力转移程序是先向城市边缘地区、部门或行业转移，通过学习，等到技术等基本条件成熟后再逐步参与城市工业就业竞争，这一次序与我国现实的农民工进城就业情况基本相符。

托达罗认为，农村青少年进城尽管不会很快在现代部门找到工作，但在城里待得时间越长，他们获得工作的机会就越大，因此他们仍然愿意在城里等待工作。

托达罗认为，发展中国家应该控制人口从农村向城市流动，这对于解决城市失业问题，促进城市经济和社会稳定发展，以及保证农业经济发展有足够劳动力都有重要意义。为此，应减少城乡经济机会不均等现象；适当控制工资补贴和政府雇佣人员的数量；不宜不恰当地过分地扩大对教育事业，特别是对中高等教育事业的投资；强调农村和农业部门发展的重要性，注重提高农民的就业机会和收入水平，改善农民生活条件，逐渐缩小城乡差距。

托达罗模型的缺陷主要有以下几个方面：第一，托达罗假定流入城市的劳动者即使找不到新工作也会做临时工或完全闲置。而实际上，流入城市的农村劳动力在城市如果找不着工作的话，一般都会返回农村，或者赚到一些钱后，又返回到农村。第二，托达罗模型没有考虑到农村剩余劳动力的供给不断增加的问题，或者说没有考虑到发展中国家为什么农村人口的增长率大大高于城市人口的增长率。托达罗假定发展中国家农村部门不存在剩余劳动力，认为农业劳动边际生产力始终是正数。而发展中国家情况恰恰相反，农村存在大量剩余劳动力，农村人口增长又快于城市人口增长，在有限的土地上必然存在大量的生产率很低的劳动力。托达罗提出的控制农村人口向城市迁移的模型在一定程度上加剧了农村人口的增长趋势。控制人口迁移，只是控制了城市人口不会大量增加，把城市中的失业问题转移到了农村，并没有从根源上解决农村剩余劳动力的就业问题。第三，托达罗没有看到第三产业在国民生产总值中比重不断增加导致第三产业特别是传统服务业对劳动力的大量需求。托达罗只强调了工业生产对劳动力的需求，而且认为应该多发展劳动密集型企业而避免发展资本密集型或技术密集型企业，这样可以增加对劳动力的需求而扩大就业机会。实际上，发展中国家恰恰是因为生产技术水平的落后而导致贫穷。因此，发展中国家不宜过分盲目发展劳动密集型企业，而应该适度发展技术密集型企业。这样一方面有利于其产业结构升级，通过提高劳动生产率促进经济发展来增加就业；另一方面也可以通过重新安排劳动时间或缩短劳动时间来换取就业人数的增加和经济发展的同步进行，使人们在增加收入的同时延长休闲时间，增加对旅游等第三产业的消费，促进第三产业对劳动力的吸纳。第四，托达罗只看到了农业发展缩小了城乡差距，降低了迁移人口的预期收入差异，减少了农村中愿意迁往城市的人口数量，没有看到农村人口收入的增加对城市经济增长的拉动作用。对农转非的种种限制和城市化水平滞后，是造成农民收入增加缓慢的重要原因。由于收入增长缓慢，农民对城市工业品有购买意愿却无力购买，造成农民消费需求不足。第五，托达罗模型假定发展中国家不存在剩余劳动力，而事实上广大发展中国家存在大量剩余劳动力。在我国，由于户籍制度和劳动人事制度对劳动力迁移的限制，导致我国剩余劳动力不能有效发挥作用，浪费了大量人力资本投资。我国的农业劳动边际生产率是接近于零的，减少一部分劳动力不仅不会减少产出，而且会使农业劳动边际生产率提高而农业产值保持不变。农村剩余劳动力迫切需要转移出去，而城乡劳动力市场分割限制了农村劳动力的流动，农村的剩余劳动力不能得到有效配置，严重浪费了大量的农村人力资本。

尽管如此，托达罗模型仍具有重要的理论借鉴意义。一是依靠工业扩张不能解决当今发展中国家城市严重失业问题。这是因为，一方面资本积累必然伴随劳动生产率的提高，对劳动需求的增长就会低于工业产出的增长；另一方面，现代工业部门创造的就业机会越多，就业概率"P"就越大，从而将会吸引越来越多的农村人口流入城市。据托达罗估计，每创造一个新的工作岗位，将会导致2至3个农民迁入城市。这就出现令人难以置信的现象，城市现代部门扩张得越快，就业机会创造得越多，失业人口就越多。二是一切人为地扩大城乡实际收入差距的行为必须消除。在发展中国家，由某些政治因素决定的工资水平远高于农民的平均收入，一般的高2~3倍，有的甚至达四倍以上，收入差距的拉大无疑将吸引更多的农村人口流入城市。我国的户籍制度、劳动人事制度和人口流动的实践自觉不自觉地遵循了托达罗模型的思想，用户籍制度限制农村剩余劳动力向城市流动，人为分割城乡劳动力市场，导致我国农村人口越来越多，农民的贫穷状况得不到改善，农村经济发展非常缓慢，城乡差距进一步拉大。因此大力发展农村经济是解决城市失业和实现农村剩余劳动力转移的根本出路。三是大力发展农村经济是解决城市失业和实现农村剩余劳动力转移的根本出路。

2.1.4　"推力—拉力"理论

"推—拉"理论（Push and Pull Theory）的起源可以追溯到19世纪。最早对人口迁移进行研究的学者是英国经济学家列文斯坦（E. Ravenstien）。他在《人口迁移规律》一书中指出，人口迁移的原因是多方面的，如受歧视、受压迫、沉重的负担、气候不佳、生活条件不适合等，但是人口迁移的主要原因是经济因素。在1880

年发表的题为《人口迁移之规律》的论文中，他提出了七条规律，一是人口的迁移主要是短距离的，方向是朝工商业发达的城市；二是流动的人口首先迁居到城镇的周围地带，然后又迁居到城镇里面；三是全国各地的流动都是相似的，即农村人口向城市集中；四是每一次大的人口迁移也带来了作为补偿的反向流动；五是长距离的流动基本上是向大城市的流动；六是城市居民与农村居民相比，流动率要低得多；七是女性流动率要高于男性。

列文斯坦的理论被认为是劳动力迁移"推—拉"理论的渊源。20世纪50年代末期唐纳德·博格（D. J. Bogue）提出了系统的人口迁移"推—拉"理论。唐纳德·博格认为，从运动学的观点看，劳动力流动是两种不同方向力作用的结果：一种是促使劳动力流动的力量，即有利于劳动力流动的正面的积极因素，另一种则是阻碍人口流动的力量，即不利于人口流动的负面的消极因素。在劳动力流出地，存在着一种起主导作用的"推力"把原住地居民推出常居地，产生"推力"的因素有自然枯竭、农业生产成本提高，农业劳动力过剩导致的失业和就业不足，较低的经济收入水平等。在流出地也存在"拉"的劳动力流动因素，如家庭团聚的欢乐、熟悉的环境、长期形成的社交网络等。只不过比较起来，流出地的"推"的力量要大，占主导地位。同样，在流入地，存在一种起主导作用的"拉"力把外地劳动力吸引过来。产生拉力的主要因素有：较多的就业机会，较高的工资收入、较好的生活条件、较好的受教育的机会等。与此同时，流入地也存在一些不利于劳动力流动的"推"的因素，如流动可能带来家庭的分离、陌生的环境、激烈的竞争、生态环境质量的下降等因素。综合起来，流入地的"拉"力比"推"的力量更大，占主导地位。①

---

① 钟水映：《人口流动与社会经济发展》，武汉大学出版社，2000。

在唐纳德·博格之后，谬尔达尔（G. Myrdal，1969）、索瓦尼（Sovani）、贝斯（Base）、特里瓦撒（Trewartha）都作了一些修正。埃弗雷特·李（E. S. Lee）在《移民人口学之理论》一文中，在巴格内理论基础上，认为流出地和流入地实际上都既有拉力又有推力，同时又补充了第三个因素：中间障碍因素。中间障碍因素主要包括距离远近、物质障碍、语言文化的差异，以及移民本人对于以上这些因素的价值判断。人口流动是这三个因素综合作用的结果。

"推—拉"理论的不足主要有：第一，该模型将迁移描述成某一群体被动地被推、被拉的过程，无视移民主体在这一过程中的主动性；第二，模型无法回答当原先存在的推—拉因素发生变化之后，为什么移民行为并不一定立刻终止，反之，在某些个案中，推—拉的因素并未发生明显变化，移民行为却减少或下降了；第三，该理论不能说明在相似的推—拉因素的作用下，人们有的走上了移民道路，有的却没有；第四，人口流动不可能完全用运动学来机械地解释，理性的移民行为不仅仅是推—拉因素作用下的结果。

"推—拉"理论基本反映了劳动力转移的动力和原因，以后的研究也大都是在这一理论的基础上解释劳动力转移，尤其是农村劳动力转移的基础动因。这对解释我国农村劳动力转移动力问题也具有很好的借鉴意义，但由于中国特殊的户籍制度，使"推—拉"理论变了形，导致中国的推拉模型与国际上的有巨大差别。

2.1.5 舒尔兹（T. W. Schultz）的成本—效益迁移理论

美国芝加哥经济学派的代表舒尔兹（T. W. Schultz），则把迁移看做是一种带来某种经济收益的投资行为。一个潜在的迁移者要综合考虑他（她）在迁移过程中的成本、投资、代价及迁移后可能获得的收益。这种理论的核心也是经济因素，所以，从本质上说，人口的迁移和流动是一种社会经济现象，人口的迁移和流动是以社会、经济因素为基本动力，社会经济环境的宏观格局及其动态变化无不反映到人口迁移和流动之中，人口的迁移和流动客观上充当了社会经济系统运行的"示波器。"

西奥多·W. 舒尔兹（T. W. Schultz）的成本—效益迁移理论为人口迁移理论引进了数量经济学定量分析模型，同时把人口迁移和社会经济系统运行统一起来，丰富和发展了人口流动、迁移理论。但其也存在某些缺陷，首先是影响人口流动、迁移的因素已经呈现多样化趋势，指标的选取难以概全；其次，众多的社会指标在很多方面无法量化，给成本—效益量化分析的完整性带来很多困难；最后，事实上并没有多少流动人口能够对于流迁的付出与回报做出准确的计算从而追求最高收益。

2.1.6 E. S. 李的人口流动因素理论

E. S. 李在其《人口迁移理论》中，对人口流动的因素进行了分析和总结。他认为引起和影响人口流动的因素有四种：①原居住地（迁出地）的因素；②迁入地因素；③介入障碍因素；④个人因素。前两个因素即宏观的社区因素，其中经济因素则是决定迁移的最基本因素。在原住地和迁入地因素中多存在两种不同的倾向：一是引起和促使人们迁移；二是排斥和阻碍其迁移，而且这两种倾向在不同人身上会产生不同的作用效果，人们最终是否决定迁移，取决于其对迁入地和迁出地正负因素的权衡和选择。此理论可以用图 2-2 表示。

李的人口流动理论在前人"推—拉"理论的基础上有了进一步的发展，特别增加了人口流动、移民的个人因素和中间介入障碍因素，更加完善了人口流动的动因。其批评意见主要有：其一，影响人口迁移的环境因素在不断增强，成为决定迁移不可忽视的最基本因素之一。比如，发达国家的老年人，向环境优越的地区迁移的

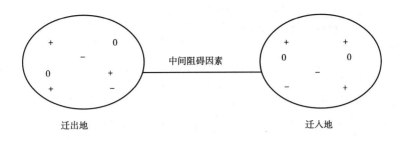

图 2 – 2　"＋"为正性心理评价（积极因素），"－"为
负性心理评价，"0"表示无所谓

趋势明显；SOHU 一族寻找环境优越的地方居家办公。其二，政策
因素对人口流动、迁移的影响较大，比如，二战以后世界各国纷纷
制定限制人口永久性移民的政策等。

2.1.7　多林格尔和庇奥尔（Piore，1970）等人的二元劳动力市场理论

该理论把劳动力市场划分为彼此不同的两个部分：主要部门和
从属部门。整个社会的劳动力市场可再进一步分为第一劳动力市场
和第二劳动力市场。第一劳动力市场是正规部门和高技能劳动者光
顾的市场，他们的工资较高、劳动条件好、工作岗位较有保障和职
业前景较好；第二劳动力市场是非正规部门和低技能劳动者光顾的
市场，他们的工资较低、劳动条件差、工作具有不稳定性和暂时性。

2.1.8　托马斯和兹纳列亚基的移民网络理论

移民网络指的是移民或返国移民同亲友同胞的种种联系，移民
网络提供各种形式的支援，例如通风报信、支援钱财、代谋差事、
提供住宿，等等。这就降低了移民的成本和风险。另外，移民网络
还有示范功能，吸引更多的人改变职业或选择迁移。可以把移民网
络看做一种社会资本。

2.1.9　国外研究评价

国外关于劳动力转移理论的研究，大体可以分为三类。一是从发展经济学视角出发的相关研究；二是从政治经济学视角出发的相关研究；三是从经济社会学视角出发的相关研究。

从发展经济学视角出发的研究，主要有二元经济结构理论、预期收入假说等。其中二元经济结构理论是由刘易斯（1954）创立的，后来拉尼斯—费景汉（1961）加以细化、完善。该理论抓住了当代发展中国家发展过程中的基本关系和主要问题——工业和农业、城市和乡村关系及城乡劳动力就业问题，为描述和分析经济发展以及进行政策评价提供了一个比较系统、科学的分析框架，对发展经济学做出了杰出贡献。但是，二元经济结构理论只是对劳动力流动的经济机制和经济行为的分析，现实中的劳动力流动是一个复杂的人口经济现象，涉及宏观、微观、经济、社会、自然等众多领域，而各个国家的国情又千差万别。中国的二元经济具有中国的特征，中国存在的极端二元经济结构不是在经济发展过程中自然形成的，而是由 20 世纪 80 年代前的计划经济体制所造成的。中国的具体国情和西方国家的差异导致二元经济结构理论在解释中国农村劳动力流动方面存在一些局限性。预期收入假说认为：劳动力流动主要取决于迁出地和迁入地之间的收入差距。该理论是建立在一定假设的基础上，在分析实际问题时还有局限性。劳动力的流动除了经济因素，还有很多其他的因素，要解释某一地区的具体情况还需要做针对性的研究。中国的现状有其自身的特点，中国的国情、制度、发展历程、传统、习俗、观念等均不同于西方国家，纯经济学的理论可以用来解决中国农村劳动力流动中具有普遍性的问题，对于特殊性的问题该理论还需要不断加以补充和完善。

马克思的人口转移理论是从经济政治学角度出发的，比起纯经济学的理论有一定的进步。其理论不仅考虑了经济因素对劳动力流动造成的影响，同时也涉及了一些制度因素。但是马克思的理论也是建立在西方资本主义发展的历史之上，在他的理论中劳动力流动是以资产阶级掠夺为前提的，这与中国的国情完全不同。在中国，劳动力流动是经济自然发展的结果，是在农户自己出现劳动剩余的前提条件下产生的。西方国家的工业雇佣工人是没有任何生产资料和基本保障的无产者，不向城市流动变成工业雇佣工人就没有其他任何出路。中国的农民，他们有土地作为生活保障，流动的农民家里还保留着土地，不到城市打工还可以从事农业生产，他们的流动是出于自愿，不是被迫无奈的一种表现。

"推—拉"理论等则可以看做是从经济社会学视角出发的一个代表，它更加完善了对造成劳动力流动原因的解释，认为造成劳动力流动的不仅有经济因素和制度因素，还有很多社会因素，各种因素共同作用产生了导致劳动力流动的力量。但是，中国的户籍制度和家庭观念和西方国家有明显的区别，在中国户籍制度的障碍下，农民以特殊的形式——"农民工"流入城市。将近两亿的流动大军，如此庞大的流动人口群体，这在国外是很罕见的。

通过以上对国外劳动力流动的经典理论的分析可知，国外的理论对分析中原经济区劳动力流动问题具有一定的借鉴意义，但是要解释具体现象还需要我们构建自己的、适用于区域实际的劳动力流动理论体系。

2.2　国内关于农村劳动力转移的研究

国内关于劳动力流动与经济发展的研究，相对国外起步较晚，但有关劳动力流动理论的研究很多，其研究内容主要集中于以下几个方面。

2.2.1 劳动力流动的影响因素

劳动力迁移动因的研究是学者们给予较多关注的内容之一，其研究成果也颇为丰富。王德和叶晖（2004）对1990年以后中国劳动力迁移的研究做出了总结，指出文献关于这一方面的研究非常全面，涉及决定迁移到迁移结束整个过程的各个环节，包括社会、经济、空间地域、个人特征，等等。

李树苗（1994）对20世纪80年代劳动力迁移进行了计量经济分析，指出经济水平与经济结构的差异越大，纯迁移率也越大，距离与纯迁移率之间有较强的负相关性。段成荣（2000）结合"时间"因素，利用logistic模型对我国人口流动的影响因素进行了回归分析，认为年龄、性别、受教育程度和婚姻状况等个人因素在决定个人是否进行省际迁移方面的确有着显著的影响作用，证实了人口迁移的"人力资本"理论。随后朱农（2001）又利用logit模型，结合1990年和1995年中国省际人口迁移数据分析了城市正规部门、非正规部门和农村非农业部门在中国农村劳动力迁移过程中的作用。

蔡昉（1998）根据劳动力跨地区迁移的空间特点，揭示地区差异与劳动力迁移之间的对应关系，指出劳动力大规模的区域迁移，既是对差异做出的反应，也是对区域差异扩大这一现象的解决办法。李立宏（2000）总结了影响人口迁移的10类因素：①迁出地和迁入地间的距离；②迁出地和迁入地的经济发展水平；③融资状况；④产业结构情况；⑤失业率；⑥经济体制与国家宏观经济政策；⑦迁出地和迁入地的总人口；⑧人口迁移量；⑨人地比；⑩资源、气候、环境和社会科技文化发展水平。在上述众多影响因素中，距离、经济因素和人口变量起主要作用。为此，王桂新在《中国人口迁移与区域经济发展关系之分析》一文中运用空间无制约引力模型分析了区域经济收入（人均国民收入）与经济规模（国民生产总值规模）对省际人口迁入和迁出所产生的吸引和推出作用，分析结果表明：经济规模对人口迁移的影响主要表现为迁出地对人口迁出的推排作用和迁入地对人口迁入的容量吸纳作用；经济规模因素主要影响人口迁出，且对迁出人口的供给迁移量的大小具有决定性影响，经济收入因素主要影响人口迁入，并对人口迁移的流向及分布模式具有重要的引导、定型作用。宋元梁（2005）认为人口流动分为被迫式和自愿式两种。当社会处于正常发展的稳定时期时，人口流动主要呈现出追逐自身利益及其发展的自愿式流动。俞宪忠（2005）认为中国人口流动的动因主要表现在：比较收益差别撬动、人口增长惯性促动、市场化进程推动、工业化浪潮启动、城市化进程发动等方面。

2.2.2 关于农村劳动力转移的原因和动力的研究

（1）推力理论。在农村人口转移的推力理论方面，多数学者认为，促使我国农村劳动力转移主要是由我国人口众多、耕地减少、农业边际生产率低、劳动力绝对和相对剩余、农村基础条件差、收入水平低等因素造成的，这些因素形成了农村人口外出转移的推动力。

（2）拉力理论。在农村劳动力转移的拉力理论方面，多数学者认为，促使我国农村劳动力转移主要是由城市预期经济收益高，城市基础条件好，二、三产业发展机会多、发展空间大，文明程度高等因素吸引所致，这些因素形成了农村劳动力外出转移的拉动力。

（3）"经济势差"理论。该理论认为，经济势差包括产业经济势差与地域经济势差。产业经济势差指的是从事农业生产与从事非农业生产所获得的经济利益差距；地域经济势差指的是在不同地域之间从事经济活动所获得的经济利益之间的差距。城乡之间，发达地区与不发达地区之间，高收入地区与低收入地区之间都存在着这种地域经济势差。经济学理论的假设前提之一就是"合理的人类行为"。它指的是，当一个人面临几种工作选择时，如果其他各方面的条件都相同，这个人将选择能给他带来最大收入的工作。产业之间、地域之间经济势差的存在，促使劳动力由农业向非农产业、由不发达地区向发达地区、由农村向城市转移。

2.2.3 劳动力流动的空间结构

对劳动力迁移空间结构研究的主要是地理学者，这也是他们的一项长期研究内容。阎蓓在《新时期中国人口迁移》一书中，对省际人口迁移的流向进行了总结，认为在改革开放以前，我国人口迁移的主导方向是从沿海到内地、到边疆；而改革开放以后，迁移的方向则发生了大逆转，与原来的方向完全相反。张善余（1999）、杨云彦（1993，2003）等多位学者总结了不同时期东部、中部和西部三大地带省际人口迁移的迁出、迁入人口比例及净迁移状况，指出近20年来东部地带迁出人口占三大地带迁出人口的比例逐渐下降，中部地带则快速上升，西部保持大致稳定；而相同时期，东部地带迁入人口占三大地带迁入人口的比例快速上升，中部地带同一比例则迅速下降，西部地带迁入人口比例略有下降。王桂新等（2000）学者根据人口迁移选择指数，系统考察了经济体制改革以来省际人口迁移的区域模式及其变化趋势。研究认为，自经济体制改革以来，中国省际人口迁移的"单向梯度东移模式"，已开始出现东强西弱的非对称"双向"迁移变化；人口迁移流向主要是向东部地带"集中"的同时，迁移吸引中心也发生着量的不断扩大的"多极化"和质的持续提高的"强势化"；并指出存在北京、上海两大全国级强势吸引中心和广东、新疆两大地区级强势吸引中心。丁金宏（1994）根据不同迁移原因对省际人口迁移的流场特征进行了探析，认为存在着以四川省、浙江省为源地的辐合流场，以广东省为引力中心，上海、北京和天津为次中心的辐合流场和山东与东北的对流流场等特征。于弘文（2001）也通过分析2000年全国第五次人口普查31个省的快速汇总数据，证实了近5年来我国人口地域分布东多西少的宏观格局没有改变，而且这一格局更加显著，从西部进一步向东部聚集。朱传耿等（2002）对中国城市流动人口的空间结构研究发现，中国城市流动人口客观上存在着以北京、上海和深广为中心的空间集聚状况。王琼、吴小艳（2006）研究农村劳动力转移时发现，劳动力转移就业存在东、中、西之间的区域性差异，中部地区是输出劳动力最多的地区，但是常年打工者比例并不是很大。

上述研究均是针对劳动力迁移的宏观区域模式的研究，是以省际迁移为主的分析，也有学者从微观角度对省内或市县内的劳动力迁移区域模式进行研究。如屈琼斐（1997）、章定富（2000）等分别就广东省及江西省内人口迁移态势在空间上的表现做了分析，周一星（2000）、伍理（2001）探讨了北京及上海市人口的迁移状况，宁建华（2004）研究了安徽阜阳的人口流动方向。王丽丽（2005）通过研究沿海地区的迁入人口来源得出，沿海地区的迁入人口主要来自中、西部地带的一些人口大省，如占全国迁出人口比例在5%以上的四川、河南、安徽、江西、湖南、湖北、广西等省区。这些迁入人口则主要集中在沿海地区经济比较发达的泛长江三角洲（包括上海市、江苏省、浙江省）和珠江三角洲（广东省）地区。

2.2.4 劳动力流动与产业结构升级

周君玉（1994）认为产业部门之间的人口流动规模随各产业

部门投资规模的变化而变化。由于产业结构调整引起的各产业部门投资规模的差异，从而造成部门间劳动力的流动，导致传统产业（农业）部门劳动力人口向建筑业部门流动。王磊（2006）也认为流动人口对地区建筑业和第三产业的发展有重要作用。俞宪忠（2005）认为劳动力流动的一般规律是：如果流动劳动力为理性行为选择者，在社会制度安排许可的发展环境下，当不同区域和不同产业间形成比较收益差异，存在着流动收益大于流动成本的潜在和现实的各种获利机会时，就必定驱使人们由低收益领域向高收益领域流动，而且比较收益差异量与流动人口的流速、流量正相关，并必然导致产生收益率及劳动力分布走向均衡化的趋势，社会发展也将获得最优化的人力资源配置结果。叶香丽（2007）进一步研究得出，劳动力流动加快了流入地的第三产业，尤其是服务业的发展，加速了城市产业结构调整。邓智团、但涛波（2005），徐德云、黄邦根（2005），褚志远（2007），綦松玲等也均认为劳动力流动有利于产业结构的调整。

产业结构升级导致劳动力流动。流出地的农民到城市务工促进了农民就业观念的转变，农村劳动力向二、三产业转移，农民兼业化、非农化更加普遍。同时，外出务工的农民带回了资金、技术、信息和市场，缓解了农村经济发展中要素短缺的瓶颈问题，推动了农村一、二、三产业结构的不断优化，带动了地方产业的发展。黄慧（2007），彭晖、郭晖（2007）认为经济增长是由高技术产业的发展带动的，这时二、三产业的发展很可能不会带动第一产业劳动力向二、三产业转移，因为这种增长只会增加对高技能劳动力的需求，原先第一产业从业者的人力资本则无法满足这种需求。

产业结构调整对劳动力转移有促进作用。廉晓梅（2002）认为劳动力流动对地区间的产业转移与产业分布具有极为重要的影响，甚至可以说已经成为制约发达地区向劳动力资源丰富的经济欠发达地区转移劳动密集型产业的最重要力量。王录仓（2001）则认为农村产业结构的变化，是以农村劳动力的重新配置为前提的，二者同步进行，互为因果，互相促进。

2.2.5 劳动力流动与经济发展

关于经济发展水平对劳动力流动影响的研究，邱子邑（2004）研究表明：劳动力流动与经济社会发展水平有着密切的关系，经济发展水平高，劳动力流出率低，流入率高；反之流出率高，流入率低。无论是从流出地来说，还是从流入地来说，劳动力流动对于经济社会的发展均有着积极的促进作用，而且随着社会主义市场经济的不断完善和改革开放的进一步发展，其作用会越来越大，同时也应当看到劳动力流动的负面影响。权衡利弊，人口流动利大于弊。

从研究结果来看，大部分研究表明劳动力流动对经济发展有着正的相关效应，对于城市来说劳动力流动主要以流入为主，既有正的相关效应也有负的相关效应。

2.2.6 国内农村劳动力转移动力的制约因素

蔡昉等专家学者从不同角度和层面总结了影响转移的因素。

（1）封闭的城乡二元结构制约。长期以来实行的城乡封闭的二元经济社会制度，严重阻碍了城镇化发展水平，也严重阻碍着农村劳动力的转移。

（2）城镇化滞后于工业化。按照城镇化、工业化发展规律，城镇化要与工业化发展相适应，但实际上我国城镇化发展水平一直落后于工业化发展。城镇化水平滞后发展造成了大量的农村人口滞留在有限的土地上，制约着农村劳动力转移。

（3）转移主体的数量约束。农村人口数量大，农村劳动力内部转移空间小，目前的生产技术水平还不高，农业深度广度开发有限，农业中种植业外其他行业所需的劳动力，由种植业人口的富余时间就能完成（农户的兼业性及种植业劳动时间的季节性）。

（4）转移主体的素质约束。研究证明，人口素质越高，实现转移的可能性越大。目前，农村人口的综合素质低下，使其向非农产业转移障碍重重，更难以进入较高层次产业，只能在低层次产业中就业，并形成了过度竞争。所以会出现一方面农村劳动力队伍庞大，另一方面非农行业技能型劳动力短缺的现象。

（5）城镇下岗职工增加，留给农村劳动力的机会减少。过去城市中无人愿意干的"粗、重、脏、累、差、险"工作及第三产业，下岗职工已开始问鼎。新建企业招工也主要优先从有技术的人员中招聘，这方面农民工先天不足，竞争力差。

（6）信息制约。由于信息不灵，农村劳动力转移的自发性、盲目性强，一般都是通过亲戚、朋友和同乡等社会关系的帮助实现外出就业，这也限制了农村劳动力跨区域流动，因为距离越远，其社会关系越少。这也与政府对农村劳动力转移组织化低或效率不高有关。

（7）乡镇企业吸纳力减弱。一方面，随着经济体制的改革，国家向城市投资政策倾斜，加上乡镇企业自身的发展潜力缺陷，原有的发展优势逐渐削弱，发展速度减缓；另一方面，乡镇企业开始转变机制，开始走资金和技术密集型道路，人口吸纳力下降，阻碍了农村劳动力的转移。

（8）政策因素制约。主要是户籍制度和福利性制度，使转移的农村劳动力无法获得真正的城市市民身份，加上一些限制农民工的不合理规定，进城农村劳动力不能与城市劳动者进行平等竞争，另外农民工的各项权益保障得不到落实。

2.2.7 国内农村劳动力转移的政策建议

根据农村劳动力转移存在的问题,结合农村劳动力的特点和现状,很多专家、学者提出了一些政策性建议,刘斌等学者主要总结有以下几个方面:

(1)提高我国城市化水平。一是从深度广度促进现有城市的城市化水平。发达国家经验表明,工业化与城市化同步发展,对于提供更多的就业机会是至关重要的。城市本身的聚集效应就有利于创造更多的就业机会。因此要加快以第二、三产业和扩大内需为特点的城市化建设,进一步提高现有城市的城市化水平。合理发展与改造大城市,重点发展中心城市,适度发展中小城市,增加城市的就业岗位,增强城市对农村劳动力的吸纳能力。

二是加快农村城镇化步伐。农村内部应在第一产业吸纳农村劳动力的基础上,通过大力发展第二、三产业,促进农村劳动力向农村非农产业的分化,实现离土不离乡的过渡发展模式,最终实现离土离乡的终极模式。而这一模式的实现最终须通过农村城镇化。要实施这个战略,关键是要解决两个问题:一是引导乡镇企业发展与小城镇建设相结合。二是要形成合理的城镇规模结构,特大城市、大城市、中等城市与小城市、小城镇要比例结构合理。加快城市化、城镇化建设将成为今后解决农村劳动力转移就业问题的根本出路,也符合现代化进程的要求。

(2)增强乡镇企业活力,提高劳动力吸纳能力。乡镇企业在新的形势下要适应国内和国际市场竞争的要求,对产业结构进行战略性调整,提高技术含量,增强竞争力,扩大市场,延长市场服务链,创造更多的就业机会。一是要大力发展农产品加工业。农村地区是农产品的主产区,发展劳动密集型的农产品加工业,有利于吸纳更多的劳动力,使农村劳动力就地转移;二是大力发展第三产业和非农产业。重点抓好农产品批发市场，积极开拓农村资金和劳动力要素市场，把交通、通信、保险、金融、信息服务、技术服务逐渐纳入发展的重点行业。同时扩大牧业、渔业、林果业等非种植业和兼业比例，使大量农村劳动力从事非农产业，从而吸纳更多的农村劳动力。

（3）完善劳动力市场体系。目前，劳动力市场的发育程度不高，特别是在劳动力供求信息收集和发布、劳动力中介组织发育、劳动力就业服务体系、劳动力就业法规体系和就业制度方面，还不适应新阶段农村劳动力转移的需要。因此一是要大力发展多种形式的劳动力就业中介组织。采取政府、民间组织多种渠道，开展职业信息咨询、职业介绍以及劳动技能、法律知识、权益保护等方面的培训，使农村劳动力能够合理、有序、安全地流动。二是要完善和规范政府对劳动力市场的管理。政府要建立和完善一套促进农村劳动力流动的市场组织，调控和保障就业者权益的规章制度体系。三是要加大户籍制度的改革力度。扩大牧业、渔业、林果业等非种植业和兼业比例，使大量农村劳动力从事非农产业，从而吸纳更多的农村劳动力。

（4）提高农村劳动力素质。一是要认真落实农村九年义务教育，防止和减少失学、辍学现象的发生，努力提高整个农村人口的基础素质；二是加强发展农村职业技术教育，大力推广实用技术，提高农村劳动力知识技能素质；三是搞好岗前培训，使农村劳动力适应转移的岗位要求。

2.2.8 中原经济区劳动力转移研究动态

鉴于中原经济区规划时间较短，对于区域内劳动力转移问题的研究很少。但对于中原经济区的主体河南省的劳动力转移学界进行了一定的研究。李小建、姚静（2008）等对河南农民外出务工的影响因素做了定量分析，认为农民外出务工的数量与规模是经济因素、家庭因素和环境因素综合作用的结果。他们在研究中特别指出，外出务工投入带有人力资本投资性质，农民受到的培训越多，意味着其专业素质越高，从而外出就业的机会越多。高更和（2008）研究了农户外出打工的区位选择，认为打工者的打工距离整体分散，局部集中，打工人数随距离的变化呈 U 形分布，影响农户打工距离选择的主要关系网络因子是农户的年龄、家庭类型、家庭代数、上学人数和关系网络。他还通过对河南南阳的调研分析，发现农户打工区位的选择具有明显的打工簇现象，在自然村尺度上，少数的打工簇集中了多数的打工者[①]。

2.2.9　国内研究评价

经过近 20 年的研究和探讨，当前学术界关于农村劳动力流动的研究成果确实不少，研究领域也在不断扩大，社会学、人口学、人类学、经济学、政治学、地理学、法学、管理学等多领域的专家学者都从各自学科的视角展开了研究。显然，这对于丰富人们对劳动力流动问题的研究思路有很大的帮助，为解决劳动力流动问题提供了多角度的思考。而且，一个明显的特点是，在劳动力流动问题的研究中实证研究的比例非常高，很多研究课题都开展了较大规模的问卷调查、个案访谈，为把握我国农村劳动力流动的总体状况提供了大量的数据和资料。学者们通过研究，提出了很多解决劳动力流动问题的政策建议，这些政策建议在实际的应用中也发挥了一定的作用，具有一定的实践意义。

本书在前人研究的基础上，结合国外学者关于劳动力流动的理

---

① 高更和、李小建：《中部农区农户打工距离研究——以河南三个样本村为例》，《人文地理》2008 年第 6 期，第 66～70 页。

论模型和中国经济社会发展的现状，结合中原经济区的区域特征，构建适用于中原经济区农村劳动力流动的理论模型，研究中原经济区这一特定区域的劳动力转移的动因、影响因素和内在机理。

2.3　小结

关于农村劳动力转移的相关理论一直受到当今世界各国的普遍关注。本章综述了国内外农村劳动力转移的主要理论和研究进展情况，特别是重点回顾了关于劳动力转移机理、动因和障碍的研究。重点介绍了国外"生产压迫人口"理论、二元经济结构理论、新古典迁移理论、"推—拉"理论、成本—效益迁移理论，以及国内关于劳动力转移的影响因素、原因和动力等方面的研究。对这些理论的分析和评述，为本书构建农村劳动力转移的动力机制、转移模式和政策建议提供了理论基础和借鉴。

3

中原经济区农村劳动力转移的
历史与现状

3.1 中原经济区农村劳动力转移的历史变迁过程

从发达国家经验来看，农村剩余劳动力的转移是每个国家或地区工业化过程中的必经阶段。作为世界上人口最多的发展中国家，农村剩余劳动力的转移早已成为中国工业化、城市化发展过程中不可回避的问题之一。但是，发达国家或地区农村剩余劳动力在工业化与城市化的进程中同步完成转移的一般经验在中国却没有得到验证，这是中国农村剩余劳动力转移过程区别于其他国家或地区的特殊性所在。已有的研究表明，政策和体制是影响劳动力转移的重要因素，政策的变迁对于劳动力的流动有着极大的导向作用。对于中国农村剩余劳动力转移的历程来说，政策与体制的烙印更是无处不在。从历史的角度来理解农村剩余劳动力转移的变迁过程，对于更好地制定加快农村剩余劳动力转移的政策无疑是必要的。

中原经济区作为全国人口集中和农村劳动力积聚的区域，农村劳动力的转移具有典型性，其发展变迁过程及其政策背景是中国农村劳动力转移的一个典型缩影。根据新中国成立以来国家关于农村人口转移的政策，可以将中原经济区农村劳动力转移划分为两个阶段：一是改革开放前计划经济时期的农村人口转移阶段；二是 1978 年改革开放以后，由计划经济向市场经济转型时期的人口转移阶段。下面以河南省为例进行分析说明。

3.1.1 计划经济时期的农村人口转移

新中国成立初期至 1978 年，由于受我国计划经济为主的体制和政策影响，这一阶段中原经济区农村人口转移是以计划转移为主。新中国成立初期，中国受"晚发外生型"现代化，"赶超型"的现代化心理和资本循环能力的约束，在经济上形成了以重工业为前导的经济发展战略模式，建立了以户籍制度为骨架的严格的城乡隔离制度，在农业生产上强调"以粮为纲"，农村人口转移受到严重阻碍，农村总人口占全国人口总数的 80% 以上。为了我国重工业发展的资本、资源得到保证，同时也为了降低重工业发展的成本，在国家绝对权威的控制下，一方面全部社会资源集中于国家控制的计划经济体制开始形成，另一方面也确立了农业服从工业、农村服从城市的社会资源划分界限。在工业化扩大的过程中，劳动力的需求不是按照部门之间的比较利益分配，而是由政府向农村下达招工指标，由乡村权力机构选择、推荐农业劳动力和农村预备劳动力来完成。中原经济区和全国的总体情况一致，其农村人口转移也是受制于计划经济政策和重工轻农思想，一直处于限制性流动阶段。

以河南省为例，如图 3-1 所示，改革开放以前河南省从农业中转移出来的人口一直保持在农村总人口的 15% 以内（其中 1958、1959、1960 年流动人口比较多，这是由于当时农业遭受 3 年的自然灾害，以及特殊的社会问题引发的个别现象，不作为整体发展趋势考虑），由于受到体制的限制，农村人口一直处于比较低的流动状态[①]。

[①] 图中数据来源于 2008 年《河南省统计年鉴》，下文中有关河南省统计数据未经说明都来源于《河南省统计年鉴》。

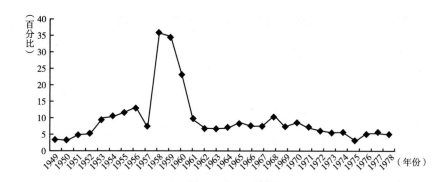

图3-1 1949～1978年河南省农村从事非农产业的
人数占乡村从业人员总数的比例

3.1.2 计划经济向市场经济转型期的农村人口转移

改革开放之后，农村劳动力的流动已成不可阻挡之势，国家对
农村劳动力流动就业政策的放开，经历了一个从内到外、由紧到
松、从无序到规范、由歧视到公平的过程。中原经济区农村劳动力
转移的历程可分为六个阶段：

第一阶段是1979～1983年农业深入发展，农村人口转移的徘
徊阶段。土地家庭联产承包责任制，调动了亿万农民的生产积极
性，一些已经脱离农业的农民也重新看到了农业生产的希望，回到
农村进行农业生产。经过几年的发展，再加上农业科技进步，解决
了长期困扰我国的农产品供给短缺的问题，先进的科技也使农村人
多地少矛盾凸显。农村劳动力由从事种植业这种单一经营向多种经
营转移，加快进入了第二、三产业。以河南省为例，从1979年到
1983年，河南农村从业人员中从事非农产业的人员从63万人增加
到149万人，占农村总人口的比重从2.59%增加到5.42%。

第二阶段是1984～1988年的快速转移阶段。1984～1988年乡
镇企业的高速发展，促使农村劳动力流动进入快速转移阶段。1984
年3月，党中央、国务院批复了当时农牧渔业部向中央送交的

《关于开创社队企业新局面的报告》（中发［1984］4号文件）。这个文件将社队企业正式改名为乡镇企业，由原来的社办、队办改变为乡办、村办、联户办、户办，扩大了乡镇企业经营领域，农业、工业、商业、建筑业、运输业、服务业向乡镇企业开放，突破了乡镇企业就地取材、就地生产和就地销售的"三就地"限制。乡镇企业开始出现超常规发展，农村劳动力转移也获得高速发展，这段时期是农村剩余劳动力转移的"黄金时期"。

第三阶段是1989～1991年的整顿调整阶段。受国家宏观调整的影响，1989～1991年乡镇企业发展势头明显受到抑制，乡镇企业对农村剩余劳动力的吸纳能力受到影响，农村剩余劳动力转移速度出现减缓甚至出现了倒退。

第四阶段是1992～1996年的超常转移阶段。1992～1996年乡镇企业发展又进入第二个高潮时期。1992年国务院下发了国发［1992］19号文件，要求各级人民政府和有关部门把发展乡镇企业作为一项战略任务来对待，1993年2月国务院颁布了《关于加快中西部地区乡镇企业发展的决定》，1995年2月下发的《国务院办公厅转发农业部乡镇企业东西合作示范工程方案的通知》（国办发［1995］14号），拉开了乡镇企业东西合作、中西部乡镇企业快速发展的序幕。这些政策和措施，极大地促进了乡镇企业的快速发展，使其对农村剩余劳动力转移的吸收能力也提升到了一个较高水平。

第五阶段是1997～1999年调整重组阶段。1996～1997年乡镇企业进入分化调整期，农村劳动力转移增长速度减缓。1997年部分工业和农业产品开始相对过剩，我国实行了战略性的结构调整，重点是解决工业经济中心产业和产品两个"同构"的问题，对乡镇企业进行了压缩和调整。在一部分乡镇企业走向大规模、高科技、外向型的同时，也有很多乡镇企业跌入低谷，"两极分化"步伐加快，劳动力的转移出现了大面积滑坡。1997年农村劳动力转移数量增长率基本处于停滞状态。1998 年略有好转，但是随后在亚洲金融风暴的冲击下，1999 年农户外出务工人员又开始大幅回落。

第六阶段是 2000~2007 年，机遇与挑战并存阶段。1999 年以来，我国进入新的一轮战略调整期。特别是加入 WTO 后，国家实行了积极的财政政策和国有企业改革，大力发展民营经济。在此背景下的农村剩余劳动力的转移，出现了机遇与挑战并存的局面。一是以乡镇企业为代表的农村非农产业对农村劳动力的吸纳能力开始下降，从而导致第一产业在国民经济中的就业比例呈现缓慢的下降趋势；二是以城镇非公有经济为代表的城镇产业对农村劳动力的吸纳能力不断加强；三是国有企业下岗职工队伍增大，城市就业问题逐渐突出，农村就业和城市就业开始直接交汇；四是城乡壁垒的松动和市场化进程的加速，为农村劳动力异地转移创造了宽松的环境；五是农村劳动力转移的区域性特征进一步明显。

3.2 中原经济区农村劳动力转移和就业调查分析

本书对中原经济区的相关地市进行了调查，调查范围涵盖区域内 11 个地市，共获取有效调查问卷 1364 份，其中，河南省 950 份，山东省 128 份，山西省 86 份，河北省 90 份，安徽省 110 份。调查内容除包括调查对象的基本人口学特征要素例如年龄、性别、教育程度和婚姻状况等因素外，还包括就业的职业状况、行业分布、就业时间和收入情况等基本的转移就业状态。另外，为了分析劳动力转移的内在动力机制，在调查问卷中，就农民工的进城动因、进城障碍、进城途径、进城费用、务工收入、就业风险等进行了调查，并取得了相关数据。本部分我们主要分析和概括调查样本的基本描述性特征和劳动力转移就业的基本状况。对于涉及劳动力转移内在动因和机制的调查内容，将在后面的章节进行分析。

3.2.1 调查样本的人口学特征描述

调查对象的年龄分布情况为（见表 3 - 1）：14 岁及以下占 12.11%，15 ~ 24 岁占 22.21%，25 ~ 34 岁占 16.70%，35 ~ 44 岁占 12.74%，45 ~ 54 岁占 15.31%，55 ~ 64 岁占 13.53%，65 岁及以上占 7.39%，其中 75 岁及以上占 2.23%。

就性别年龄分布看（见表 3 - 1），年龄在 14 岁以下的男性的比例为 12.09%，女性为 12.12%；15 ~ 24 岁，男性的比例为 23.18%，女性为 21.03%，男性较女性高 2.15 个百分点；25 ~ 34 岁，男性的比例为 18.47%，女性为 16.37%，男性较女性高 2.10 个百分点；35 ~ 44 岁，男性的比例为 16.01%，女性为 15.16%，男性较女性高 0.85 个百分点；45 ~ 54 岁，男性的比例为 11.29%，女性为 13.31%，男性较女性低 2.02 个百分点；55 ~ 64 岁，男性的比例为 10.74%，女性为 11.30%，男性较女性低 0.56 个百分点；65 岁及以上，男性的比例为 7.41%，女性为 8.09%，男性较女性低 0.68 个百分点，其中，75 岁及以上，男性较女性低 1.81 个百分点。

表 3 - 1 调查对象的年龄分布

单位：%

	性别	
	男性	女性
≤14 岁	12.09	12.12
15 ~ 24	23.18	21.03
25 ~ 34	18.47	16.37
35 ~ 44	16.01	15.16
45 ~ 54	11.29	13.31
55 ~ 64	10.74	11.30
≥65	7.41	8.09
≥75	0.81	2.62

就婚姻状况与子女管理特征而言，外出就业的农民工已婚比例是比较高的，占 68.24%。在已婚外出就业农民工中，一个在家务农，一个在外打工（简称"在老家"）的比例占 47.79%；两个均在外打工，且工作在一起的比例占 36.38%。显然，这一工作方式与打工职业特性相关。就已婚农民工的子女生育情况看，有 89.11% 的样本已有孩子。在这些有孩子的农民工中，与孩子分处，且把孩子放在老家生活的比例最高，达 69.83%，而与孩子共同居住生活的比例为 26.77%（见表 3-2）。

表 3-2　样本的婚姻及子女管理特征分布

单位：%

已婚	夫妻工作方式			已婚有孩子	与子女生活方式		
	在老家	在一块	其他		在老家	在一块	其他
68.24	47.79	36.38	15.83	89.11	69.83	26.77	3.4

从样本的教育程度来看，受教育时间最长为 16 年，最短为 1 年，平均年限为 8.04 年。其中女性分别为 15 年、1 年和 6.67 年；男性分别为 16 年、2 年和 8.97 年。显然，在外出就业过程中，男性之所以优于女性，还有一个重要原因就是男性的受教育时间显著高于女性。总的来看，外出务工样本的受教育时间分布最集中的为初中段（即 7~9 年），达 58.84%，其次为高中及以上段（10 年及以上），为 21.24%，再次为小学段（即 3~6 年），为 18.22%，文盲半文盲段（2 年及以下）的外出劳务者只有 1.61%。分布整体呈正态偏高型，其中，男性呈偏高型，女性呈偏低型。

3.2.2 职业分布

从表 3-3 可以看出，调查对象从事最多的职业为"家庭经营劳动者"，在这一职业中就业的比例为 59.53%，其中家庭经营农业

表 3 - 3 调查对象从事职业的分布

单位：%

职业	性别		年龄						受教育时间						总体
	男性	女性	17~35岁	36~45岁	46~55岁	56~65岁	≥66岁	≤2年	3~6年	7~9年	10~12年	≥13年			
1	34.35	44.21	35.88	52.38	61.06	64.50	55.19	67.42	62.07	46.30	31.56	11.68			47.22
2	17.61	10.03	15.43	14.75	12.92	11.95	13.20	9.26	9.78	11.65	12.28	8.87			12.31
3	36.78	32.86	32.43	20.91	14.73	10.87	3.77	7.57	13.95	26.32	27.51	30.71			21.53
4	2.79	1.77	2.76	3.45	1.93	1.27	0.83	1.95	2.65	2.87	3.56	2.35			2.35
5	1.24	0.92	1.37	1.27	0.97	0.53	0.22	0.44	0.59	1.42	2.25	1.79			1.08
6	2.18	0.58	0.85	1.48	2.26	1.73	2.16	0.21	1.64	1.61	5.39	13.22			2.78
7	1.33	0.99	1.54	0.34	1.19	1.64	0.48	0.13	0.52	0.83	7.23	19.81			3.0
8	3.72	8.64	9.74	5.42	4.94	7.51	24.15	13.01	8.80	9.01	10.22	11.57			9.73

注：表中职业编号分别为，"1"家庭经营农业劳动者；"2"家庭经营非农业劳动者；"3"受雇劳动者；"4"个体合伙工商劳动经营者；"5"私营企业经营者；"6"乡村及国家干部；"7"教育科技医疗卫生和文化艺术工作者；"8"其他。

劳动者为 47.22%，家庭经营非农业劳动者为 12.31%；第二大职业是"受雇劳动者"，在这一职业中就业的比例高达 21.53%；第三大职业是"企业经营者"，在这一职业中就业的比例为 3.43%，其中个体合伙工商劳动经营者为 2.35%，私营企业经营者为 1.08%；第四大职业是"乡村及国家干部"，在此就业的比例为 2.78%；第五大职业为"教育科技医疗卫生和文化艺术工作者"，在这类职业中就业的比例为 3.0%；从事其他职业的比例为 9.73%。比较家庭成员性别间的就业差异发现，女性从事农业的比例显著高于男性，而从事非农业和受雇劳动者的比例则明显低于男性，从事其他职业的比例则高于男性。综合上述分析，可以看出，农民选择职业的趋向是：受雇劳动者和企业经营者。但家庭经营劳动者依旧是观察村农民从事职业的主体。

就职业选择与年龄的关系看，青年人选择的职业以"受雇劳动者"和"家庭非农业经营"为主，中老年人选择的职业则以"家庭农业经营"为主。中年人在"企业经营者"方面具有很高的就业机会。

就职业选择与受教育情况来看，随着家庭成员受教育时间的加长，家庭经营，特别是农业经营是放弃选择的职业，而乡村及国家干部、教育科学文化卫生等是期盼选择的职业，"受雇劳动者"的选择与教育的关系表现为一种正相关关系。这一趋势表明：从事受雇劳动者也需要一定的文化程度做基础。

3.2.3 行业分布

从所从事的行业分布来看（见表 3 - 4），第一大行业为农业，占 49.96%，第二大行业为工业，占 12.4%，第三大行业为商业饮食服务业，占 9.05%。就从事行业的性别比较来看，农业和服务业女性优于男性，工业、建筑业和运输业则是男性优于女性。

表 3 - 4　调查对象从事行业的分布

单位：%

职业	性别		年龄						受教育时间						总体
	男性	女性	17~35	36~45	46~55	56~65	≥66岁	≤2年	3~6	7~9	10~12	≥13年			
农业	41.13	55.04	33.13	52.34	62.14	70.57	65.06	70.41	64.36	43.87	30.18	11.26			49.96
工业	15.18	11.96	18.73	13.02	10.03	6.07	3.94	5.93	8.76	15.56	19.22	20.39			12.40
建筑	10.97	1.26	11.43	9.46	5.39	2.61	0.42	3.92	4.73	7.43	3.65	3.71			5.42
运输	5.53	0.47	3.90	5.31	3.57	0.54	0.23	0.67	1.65	3.85	3.25	1.01			2.50
服务	9.15	13.90	12.10	8.14	6.57	5.02	3.73	4.46	6.96	12.08	13.50	13.98			9.05
其他	18.04	17.37	20.71	11.73	12.31	15.19	26.62	14.61	13.54	17.21	30.2	49.65			20.43

就调查对象从事行业与其年龄以及教育程度的关系来看，随着农户家庭成员年龄的上升，从事农业的比例呈明显上升趋势，从事工业和服务业的比例呈显著下降趋势；而随着农户家庭成员受教育时间的加长，从事农业的比例呈显著下降趋势。与此相对，从事工业和服务业以及其他行业的比例呈明显上升趋势。显然，在从事行业选择上，家庭成员的年龄与受教育程度有着重要的影响。

综上所述，在农户家庭成员就业的职业选择与行业选择上，成员的年龄与受教育程度有着明显的影响，甚至在某种程度上是决定性的影响。因此，抓好教育，特别是基础教育就成为未来农民寻找就业门路，提高家庭收入水平的一个重要法宝。

3.2.4　就业时间与就业方向

从表3-5可以看出，调查的农户家庭有劳动能力的成员中[1]，年平均工作或劳动时间为196.33天，其中有121.10天是在村域内度过，这些时间主要用于从事家庭农业经营（79.89天）与非农业经营（41.21天），另外，还有75.23天则是出村到外地从事打工、经商或其他等。可见，家庭经营是农户家庭成员就业的最主要方式，外出就业是农户家庭成员实现充分就业的重要渠道或途径。在全部劳动时间中，家庭经营所占比例达62.34%，其中农业为43.49%，家庭非农业为18.85%，外出劳务为37.66%。比较一下农户家庭成员性别间的就业差异发现，男性的平均就业时间明显高于女性，两者相差43.37天。在就业选择上，男性在非农业与外出就业方面明显优于女性，而在农业上则较女性少得多。显然，在全国观察村，传统的"男主外，女主内"生活模式已演变为一种劳动分工模式，由女性来承担家中农活是农户家庭农业经营的一个重要特色。

---

[1]　因为尽管有一部分成员也已进入劳动者行列，但并没有为家庭经济收入增长做出直接贡献，诸如家庭主妇、身体不适成员等。在接下来的分析中，我们会对这一情况做进一步分析。

从就业时间与年龄的关系看，很明显，随着农户家庭成员的年龄增长，其就业的时间呈现一种倒 U 形下降变化。成员年龄在 36～45 岁之间达到最高，全年就业时间为 217.34 天。而就业方向则表现为：农业的份额呈现一种增加趋势，非农业的份额呈一种倒 U 形下降趋势，而外出就业的比例则呈现一种 U 形上升趋势。年轻人的就业方向是非农业，而中老年人的就业方向则是农业，外出对中年成员的就业影响相对较高。

表 3-5　农户家庭成年成员在村及外出就业情况

			全年工作（日）	其中:在村内与外出（%）			外出就业（元/日）		
				农业	非农业	外出	收入	支出	净收入
性别	男性		218.01	36.27	20.11	43.62	35.38	7.38	28.00
	女性		174.64	50.71	17.59	30.70	26.22	5.54	20.68
年龄	17～25 岁		200.29	20.04	11.53	68.43	22.74	4.59	18.15
	26～35 岁		215.64	31.78	16.78	51.43	32.42	6.81	25.61
	36～45 岁		217.34	47.84	21.86	30.30	37.33	6.72	30.61
	46～55 岁		188.76	58.15	23.51	18.34	36.76	5.44	31.31
	56～65 岁		148.84	66.34	21.39	12.27	28.24	3.52	24.71
	≥66 岁		72.37	72.24	21.12	6.64	40.76	12.36	28.39
受教育时间（年）	0～2		138.90	69.33	17.05	13.62	24.36	3.84	20.52
	3～6		178.28	55.45	19.66	24.90	29.15	5.46	23.69
	7～9		209.55	34.76	18.45	46.79	29.67	5.74	23.94
	10～12		208.70	25.10	24.13	50.77	34.59	6.54	28.06
	≥13		186.35	10.04	17.16	72.80	38.85	7.36	31.49
劳动经营者	主要	男性	222.34	44.88	22.23	32.89	37.59	7.42	30.17
		女性	192.40	60.46	17.72	21.82	25.78	5.22	20.56
		合计	210.88	50.32	20.66	29.02	34.46	6.84	27.62
	一般	男性	184.18	18.61	14.04	67.35	27.25	4.92	22.33
		女性	144.87	41.82	17.61	40.57	23.34	4.12	19.22
		合计	159.37	31.93	16.09	51.99	25.49	4.56	20.93

从就业时间与教育的关系同样也可以非常明显地看出，随着农户家庭成员受教育时间的加长，平均就业时间呈现一种 U 形

上升趋势,受教育时间在 7～9 年达到最高,全年就业时间为
209.55 天。而就业方向则表现为:农业的份额呈快速下降趋势,
非农业的份额则相反,外出就业的份额也呈现一种上升趋势,但相
对家庭经营非农业的变化,其程度明显低了很多。

就家庭成员在家庭的地位来看,作为主要经营者,其全年就业
时间平均为 210.88 天,明显较其他成员的 159.37 天高出 51.51
天。在家庭主要经营者中,男性成员的就业时间又明显高于女性,
平均高出 34.63 天。作为家庭主要经营者,其不仅在就业时间上较
家庭其他成员高,在就业方向上,也与家庭其他成员有明显不同,
家庭主要经营者在村内取得就业的机会显著高于其他成员,女性又
要高于男性。与此相对,家庭非主要经营者的就业格局为:外出显
著高于村内,男性显著高于女性。显然,在劳动就业与家庭方面,
家庭主要经营者承担的责任非常大,尽管也期盼着外出,但迫于家
庭的压力,留在村里工作就成为其就业的主要方式。

3.2.5 转移途径

对于转移途径,调查问卷设计了 6 个农民工进城的主要途径:
自己进城(自己没有目标地贸然进城务工;自己重返往年务工过的
企业;从报纸、广播、电视等媒体得到信息后自己进城);企业直接
来农村招工;社会亲情网络(城中有亲戚、朋友、老乡或本村邻居
带领或介绍);由政府机构组织进城(乡、镇或县就业服务站);由
民间中介机构组织进城;其他途径。从样本总的趋势看(见表 3 -
6),农民工外出就业的主要途径有三种:一是自己主动进城,高达
37.61%,二是通过社会亲情网络外出,高达 21.59%,三是城镇企
业到农村招工,为 15.83%。而依靠政府组织或工头组织、民间中介
组织介绍外出只是次要途径,仅仅分别为 12.50% 和 4.13%。这表
明,我国农民工进城的主动性很强,总体处在一种自发状态;社会

亲情网络对于其进城务工起着重要的作用；城镇企业主动到农村"上门"招工的趋势有所增强；但农民工进城务工的组织化程度还比较低，政府组织或民间中介机构还没有发挥应有的作用。

表 3 - 6   农民工进城途径分布

单位：%

转移途径	自己主动进城	企业到村招工	社会亲情网络	政府或工头组织	民间中介介绍	其他
占比	37.61	15.83	21.59	12.50	4.13	8.34

3.2.6　外出就业收入水平

调查对象的外出就业的日平均净收入为 27.31 元，其中男性成员为 28.79 元，女性成员为 20.68 元，相差 8.11 元。

从外出就业的工资水平与农户家庭成员年龄的关系看，随着年龄的增长，工资水平呈现一种 U 形上升趋势，这一趋势完全符合生命周期假说。工资水平最高的年龄段出现在 46～55 岁，其水平达到 32.42 元，之后，随着年龄的下降，工资水平呈急速下降趋势，显然，这一下降趋势是一种以出卖体力为工资赚取手段者的真实表现，经验与智慧在这里没有太多的体现。年龄超过 66 岁时，工资的再度上升才体现了经验与智慧的价值。

同样，从外出就业的工资水平与农户家庭成员受教育时间的关系看，很明显，随着农户家庭成员受教育时间的加长，其在外就业的工资水平明显呈上升趋势，受教育时间在 2 年及以下时，工资水平仅为 18.32 元，当受教育时间提高到 3～6 年时，工资水平也相应升至 21.79 元，当受教育时间提高到 7～9 年时，工资水平会上升至 25.94 元，当受教育时间进一步提高到 10～12 年时，工资水平会升至 30.06 元。当农户家庭成员完成整个十二年制基础教育，进入中高等教育后，其工资水平再次上升，达到 34.39 元，这一水平较十二年制基础教育完成者的水平提高了 4.33 元，较九年制基础教育完成者的水平提高了 8.45 元。显然，教育在提高农民外出就业工资水平方面有着重要的作用。

3.2.7　外出就业活动圈

从表 3 - 7 可以看出，农户家庭成员外出就业的主要集中地为本乡（镇）外村，其比例占全部外出者的 30.87%，其次是外省城镇，其比例为 27.53%，再次是本县外乡，其比例为 25.62%。显然，在农民外出就业过程中，就近外出是首要选择，其次跨省外出也非常重要。比较家庭成员外出就业的活动圈发现，男性的视野要略高于女性，换句话说，女性较男性更恋家，即使外出也多集中在本乡（镇）的其他村庄。

表 3 - 7　农户家庭外出就业地点的分布

单位：%

就业区域	性别		年龄						受教育时间（年）				
	男性	女性	17 ~ 25 岁	26 ~ 35 岁	36 ~ 45 岁	46 ~ 55 岁	56 ~ 65 岁	≥66 岁	0 ~ 2	3 ~ 6	7 ~ 9	10 ~ 12	≥13
本乡外村	30.57	36.41	15.80	25.79	40.49	53.69	65.28	79.73	60.06	42.87	27.64	25.45	18.01
本县外乡	20.91	16.20	17.37	19.44	21.87	20.46	18.02	11.05	11.63	17.34	19.79	23.87	21.44
外县农村	1.92	0.93	1.23	1.53	1.95	1.95	1.41	0.64	2.27	1.92	1.44	1.19	0.86
外县城镇	9.62	8.52	11.96	10.31	7.16	6.24	5.29	3.29	4.90	6.93	10.09	10.79	17.68
本省省城	9.59	8.28	12.88	10.22	6.67	5.25	3.38	2.10	5.11	6.58	10.01	11.22	15.90
外省农村	2.33	2.21	2.19	2.82	2.64	1.55	1.41	0.46	2.40	3.31	2.02	1.06	1.06
外省城镇	24.29	26.89	37.97	29.23	18.22	10.11	5.00	2.56	13.29	20.23	28.36	25.70	23.94
境外	0.77	0.56	0.61	0.67	1.01	0.76	0.20	0.16	0.34	0.82	0.66	0.72	1.12

就外出就业圈与农民的年龄关系看，随着年龄的增长，外出就业的就近程度明显增强，与此相对，远离家乡的特征明显减弱，真正跨省外出就业的主要是一些年轻人。同样，就外出就业圈与农民的受教育程度关系看，随着受教育时间的延长，远离家乡的就业特征越来越明显，而就近就业的特征则越来越弱。显然，教育会使农民眼界更加开阔，更有胆识敢于跨省市去闯荡。

3.3 中原经济区农村劳动力转移的特点及发展趋势

3.3.1 农村劳动力转移的主要特点

（1）总量大且增长速度快

中原经济区是农业人口集聚的区域，长期以来都是输出农民工数量集中的区域，农民工总量大而且增长速度快。以河南省为例，根据河南省人力资源和社会保障厅公布的数据，截至 2010 年底，河南省农村劳动力转移就业总量已达 2363 万人，约占全国农民工总量的 10%（根据国家统计局公布的数据，截至 2010 年底全国农民工总量 24223 万人），与 2007 年河南省农村劳动力转移就业总量1746 万人相比较，3 年间增加 617 万人，年均增加 205.67 万人，年增长速度达到 11.78%。

（2）从供求关系看，正从"供过于求"转向总量过剩，结构短缺

根据《河南省第二次农业普查主要数据公报（第五号）》公布的全省农村劳动力资源与就业情况调查数据测算，2006 年末，全省农村劳动力资源总量为 4605 万人，农村从业人员 4117 万人，占农村劳动力资源总量的 89.4%。其中，在第一产业就业的占76.3%；在第二产业就业的占 11.9%；在第三产业就业的占

11.8%。农村劳动力资源中，文盲 240 万人，占 5.2%；小学文化程度 1036 万人，占 22.5%；初中文化程度 2783 万人，占 60.4%；高中文化程度 494 万人，占 10.7%；大专及以上文化程度 51 万人，占 1.1%。同时数据显示，农村外出从业劳动力 1148 万人。其中，20 岁及以下占 18.5%；21～30 岁占 35.4%；31～40 岁占 27.6%；41～50 岁占 12.6%；50 岁以上占 5.9%。综上分析测算出，约有 72% 的农村青壮年劳动力转移到非农产业，30 岁以下的农村劳动力供求明显偏紧，青壮年是外出农民工的主体。在全部外出从业的农民工中，40 岁以下的占外出务工人员的 63%。虽然总体上青壮年劳动力仍存在过剩现象，但经过常年的持续转移，越来越多地区的农村青年富余劳动力正被吸纳殆尽。而且，在转移就业的农村劳动力中有约 77.6% 的人员具有初中以上文化程度，农村劳动力中有一技之长的农民工供给已经严重不足。农村劳动力正从长期供过于求，转向总量过剩，结构短缺。

（3）农村劳动力转移就业的稳定性特点显现

根据调查，举家外出即已经在城市稳定居住的农民工已占到较高比例。农民工转移流动就业的稳定性特征正逐步显现并不断强化，主要表现在：一是转移就业岗位已经相对稳定。据调查，目前河南大、中城市各类"脏、险、苦、累"工作岗位的绝大多数和制造业、服务业工作岗位的大多数已经被农民工占据，并且其就业领域已经从最初的临时性岗位、补充性岗位向各个行业、各类岗位扩张，就业岗位的稳定性得到显著提升。二是流动就业家庭化特点凸显。随着经济生活水平提高和价值观的转变，农民工日益看重家庭成员的团聚生活以及子女的教育问题。外出务工赚钱不再是其唯一目的。夫妻二人同时外出务工或携带子女一起进城创业的农民工数量快速增加，农民工流动就业家庭化的特点日趋凸显。三是在流入地居住趋于长期稳定。在农民工转移就业的初期阶段，多以季节性流动为主，农忙时在原籍务农、农闲时外出务工，在流入地全年或多年长期居住者很少。随着社会经济水平及其结构形式的发展变化和30年农民工流动就业的历史变迁，目前，流动就业农民工在现居住地稳定居住的持续时间逐年增加，返回户籍地务农的人数减少，部分已经融入现居住地过上长期稳定的城市生活。

（4）农村劳动力转移就业的地域逐渐由东南沿海转入省内

以河南省为例，近年，河南大力实施产业集聚区建设工程，出台并实施了一系列加快产业集聚区发展的扶持政策，加快基础设施和配套服务设施建设，为产业转移和农民工省内转移就业创造了条件。2010年上半年，全省180个产业集聚区完成投资20904亿元，实际利用省外资金13738亿元，同比增长28.5%，尤其是服装、电子等企业，加快了向河南省的转移。河南省人力资源和社会保障厅公布的数据显示：全省通过产业转移，建设纺织服装产业园区达27个，吸纳农民就地就近转移50多万人。承接产业转移直接带动了农民工省内转移就业，农民工省内就近就地转移规模逐年扩大。到2008年底，全省农村劳动力转移就业总量达2155万人，居全国首位，比2007年增加181万人，其中省外输出1200多万人，省内转移945万人，境外就业（含外派劳务）9万多人。到2010年上半年，农村劳动力转移就业总量达2341万余人，其中省内转移就业人数达1140万人，第一次高于1000万人，转移就业农民工人数比2009年底增加了164万人，省外转移就业人数比2009年底减少81万人。河南吸纳农民工就业的能力越来越强，越来越多的农民工在省内转移就业。

（5）跨域转移仍主要集中在东部地区，但转移到中部地区的数量快速增长

从转移到东、中、西部三个经济地带人员数量看，仍以东部地区最多，据不完全统计，2010年区域内农村劳动力转移到东部的

人数仍占跨域转移总量的50.1%。"十一五"期间，随着中部地区基础建设进程的加快、非农产业的发展和东部地区产业在经济发展中逐步向中部地区转移，以及日益增多的用工需求和较低的生活成本，中部地区吸纳农村劳动力的就业能力越来越强，所占比重迅速上升，而转移到东部地区的劳动力数量则呈减少趋势。以河南为例，2010年，全省转移到中部地区就业的劳动力达到498万人（其中省内437万人），比2005年增加350万人，占跨域转移总量的比重为47.6%，2005年这一比重仅为19.2%；转移到东部地区的劳动力人数则减少了65万人，占跨域转移总量的比重比2005年下降了26.3个百分点；转移到西部地区的劳动力人数占2.1%。

（6）中小城市对农村劳动力就业的吸纳能力持续增强

以河南省为例，2010年在省会城市和直辖市就业的占29.2%，比2005年降低9.2个百分点；在地级市就业的占44%，提升5.7个百分点；在县级市就业的占15.8%，上升2.1个百分点；在建制镇（包括城关镇）及其他地区就业的比重为6.2%，几乎没有变化。由于农村劳动力在大城市就业门槛较高、生活成本不断加大，地级市、县级市等中小城市愈来愈成为农村劳动力外出就业的优先选择地点。

（7）第三产业的农村劳动力转移就业超越第二产业

以河南省为例，2010年，河南省农村转移劳动力中，二、三产业劳动力分别占49.1%和50.6%。与2005年比较，第三产业人数占比上升3.6个百分点，第二产业人数占比下降3个百分点。2010年从事第三产业的劳动力数量为931.7万人，比2005年增加292.7万人，是第二产业劳动力增加量的近1.5倍。2010年之前，河南省农村劳动力转移一直以第二产业为主，随着经济发展水平提高，第三产业吸纳劳动力的能力逐步增强。"十一五"期间，河南省农村劳动力就业结构发生了历史性变化，第三产业超过第二产业，成为吸纳农村劳动力就业的重要产业。

从转移的行业分布看，仍以转移到制造业的劳动力最多，2010年达到495万人，比2005年增加66.3万人，占当年转移劳动力总数的26.9%；其次为转移到建筑业的劳动力，达到349.1万人，增加98.8万人，占当年转移劳动力总数的比重为18.9%。转移人数超过100万人的行业还有：服务业179.6万人，增加80万人，占9.7%；批零贸易业131.8万人，增加37.7万人；转移到交通运输仓储及邮电通信业112.6万人，增加38.3万人，分别占转移劳动力总数的7.2%和6.1%。

（8）转移劳动力整体文化程度有所提高，但仍以初中文化程度为主体，三分之一的转移劳动力接受过专业培训

以河南省为例，2010年转移劳动力中高中以上文化程度所占比重为29.1%，初中以下文化程度所占比重为70.9%。2010年转移劳动力中受过专业培训的为618.9万人，所占比重为33.6%；但由于转移规模扩大速度快于接受培训人数的增长速度，66.4%的转移劳动力未受过专业培训。从地域转移劳动力来看，转移到省外的劳动力接受过专业培训的比重为35.1%，比省内转移的劳动力高3.3个百分点。

另外，当前农村劳动力转移的主体已经以"新生代农民工"为主。新生代农民工的受教育程度普遍较高，部分人具有大、中专及以上文化水平，受教育程度明显高于上一代农民，带动农民工群体素质有了大的提高，农民工年轻化、知识化和技能化趋势明显。

（9）流出形式以自发为主

外出务工的农民多以自发转移为主，在外务工的时间有限，限制了务工总收入的进一步提高。目前在外出务工的农民中，自发转移是主要形式，大多数还是以地缘、亲缘等社会关系来寻求就业。据有关统计分析，中原经济区农村劳动力自发转移的占72.4%，农村劳动力的转移具有明显的兼业性。这些转移的劳动力绝大多数还

保留着对土地的承包权，每年农闲季节外出务工，农忙季节都要回家从事农业生产，属亦工亦农性转移。兼业时间长短因家庭劳动力的多寡与从事劳务收入的高低而不同。一般而言，家庭劳动力较多，从事劳务收入较高的，在外务工的时间就长，反之则短。兼业性还体现在劳动力转移存在一定的间隔性，今年外出，而明年可能不外出。

3.3.2 中原经济区农村劳动力转移的中长期发展趋势

新时期农民工转移就业在具备以上新特点的同时，呈现出新的发展趋势。主要有以下几点：

（1）"十二五"期间，农村劳动力总量供大于求的局面不会改变，转移就业的规模和增长速度将逐渐趋向平稳

首先，在未来5年的时间内，区域内农村劳动力的供给总量仍然处于过剩状态，农村仍有大量富余劳动力需要转移就业；同时，随着新型城镇化和农业现代化的建设，农村耕地面积进一步减少，将有更多的农业劳动力从农业中分离出去。由此可以判断，今后较长时期内，区域内农民工仍将保持较大规模，农村劳动力总量供大于求的局面不会改变。另外，经过今后若干年的转移流动，农村劳动力的富余程度将大大降低，转移就业的规模和增长速度将逐渐趋向平稳。一是，随着城市化的发展，进城农民工在城市中沉淀的数量逐步增加，自然减少了农村劳动力的转移规模；二是，在劳动力大规模流动和转移的条件下，仍然存在的富余劳动力已经与以往有了巨大的差异，其中大部分已经是40岁以上的劳动力。这些年龄较大的农村富余劳动力，在向外转移的过程中，由于人力资本和家庭等方面的原因，比年轻人会遇到更大的障碍。

（2）"刘易斯拐点"即将出现

诺贝尔经济学奖获得者刘易斯（W. A. Lewis）在《劳动无限供给条件下的经济发展》一文中提出的"二元经济"的发展模式

分为两个阶段：一是劳动力无限供给阶段，此时劳动力过剩，工资取决于维持生活所需的生活资料的价值；二是劳动力短缺阶段，此时传统农业部门中的剩余劳动力被现代工业部门吸收完毕，工资取决于劳动的边际生产力。由第一阶段转变到第二阶段，劳动力由剩余变为短缺，相应的劳动力供给曲线开始向上倾斜，劳动力工资水平也开始不断提高。经济学把连接第一阶段与第二阶段的交点称为"刘易斯转折点"或称"刘易斯拐点"。在"刘易斯拐点"之前，是人求工作，不涨工资也会有源源不绝的劳动力；在"刘易斯拐点"之后，是工作求人，不涨工资就找不到合适的员工。从全国大局看，自 2004 年开始，珠江三角洲地区普遍出现了"民工荒"，近年，这一现象不仅没有消失或缓解，反而蔓延到全国其他地区，这个现象已经不是短期的或周期性的，而是成为具有长期性和稳定性的现象。这说明，中国经济已经出现"刘易斯拐点"的迹象，农村劳动力已经告别了无限供给的时期，农村已经不再是用之不竭的劳动力"仓库"。根据二元经济理论，一旦农村富余劳动力的"库存"被完全消耗，就标志着二元经济结构特征开始转变。这时，虽然农村劳动力还具有可以转移的潜力，但是，如果没有工资水平的提高，或者其他等值的激励手段的加强，非农产业就不再能够像典型的二元经济发展时期那样，轻而易举地得到所需的劳动力供给。就河南省现实情况看，由于地域经济发展的不平衡，与已经出现刘易斯拐点的沿海地区相比，经济相对不发达，城镇化水平相对较低，刘易斯拐点的到来时间会相对推迟，但是，推迟出现的时间不会太长。

（3）未来一段时间内，农村劳动力转移流动就业的形式仍以流动型和定居型存在，以在城乡之间双向流动为主，定居型所占比例逐步增大

未来相当长一段时间内，外出就业仍然是农村劳动力转移的主

要途径，转移就业的形式仍以流动型和定居型存在，以在城乡之间双向流动为主，定居型所占比例逐步增大。刘易斯理论认为，劳动力从农村流向城市的决策取决于城乡实际收入差异。只要城乡收入差距的实际存在或预期存在，都会促使农民工做出流向城市的决策。但农民工最终是否选择定居城市的意愿并不是在最初就形成的，最初往往是就业型流动。是否定居城市是农民工流动的结果，是农民工在城市的不断磨炼和奋斗中逐渐形成的。从农民工自身角度讲，只有那些在经济收入、社会交往和心理上等都适应了城市生活的农民工，才能够最终选择定居城市；而那些城市生存能力较低、长时间难以适应城市社会文化环境的农民工群体只能选择在城乡之间双向流动；以在城乡之间双向流动为主是目前及今后相当长一个时期内农村劳动力转移就业的主要形式。其主要原因是，我国农村劳动力转移限于城乡分治的户籍制度，职业与身份相分离。与此同时，农村劳动力人口转移到城市定居就业的比例逐步增大。一方面，随着新型城镇化建设的进展，户籍政策和城市公共服务政策逐步改革开放，为农民工进城定居创造了政策条件和环境；另一方面，新生代农民工队伍不断成长壮大，他们的文化和务工技能水平普遍较高，职业固定，工资收入多，具备定居城市的基本条件，再加之，其土地情结淡化，思想观念、生活习惯、行为方式日趋城市化，大多数愿意放弃土地到城市定居。

3.4 小结

本章分析了中原经济区农村劳动力转移的发展历程，通过运用调查数据和河南省的有关数据，分析了农村劳动力的规模及分布状况，农村劳动力转移的情况、特征和发展趋势，并对农村劳动力转移存在的问题和制约因素进行了分析。

4

中原经济区劳动力转移影响因素分析

农村剩余劳动力的转移一般要受到以下几方面因素的影响：制度和政策因素、经济因素、资源因素、劳动力因素、农村发展状况、城市状况等。

4.1 制度和政策因素

在社会主义市场经济体制下，政府对经济运行的调控职能对农村劳动力转移会产生重要影响。如人口流动政策、城市化政策、人力资源开发政策、外出务工人员权益保障法规政策、鼓励创业政策等，都会影响农村劳动力向城市转移配置的效率和效果。

4.1.1 国家和地方政府的人口流动和转移政策

国家对农村劳动力流动就业政策的放开是在改革开放之后，这种放开经历了一个从内到外、由紧到松、从限制到鼓励、由歧视到公平的过程，因此，目前可视其为正推力。改革开放前中国实行的是城乡分割的户籍制度和就业制度，农村劳动力的流动受到严格的限制，这种限制到改革开放初期并没有根本的改变。1980年的全国劳动就业工作会议及其后下发的文件，一方面解开了对城镇职工流动的禁锢，另一方面又加强了对农村劳动力流动的限制。1981年中央在提出城市实行合同工、临时工和固定工相结合的多种就业形式的同时，又进一步强化了对农村劳动力流动的管理。从1984年开始，国家准许农民自筹资金、自理口粮，进入城镇务工经商。这一小小的城门开放是农村劳动力流动政策变动的一个标志，它表明实行了30年的限制城乡人口流动的就业管理制度开始松动。之后，政府又进一步出台了一些政策和措施，允许和鼓励农村劳动力的地区交流、城乡交流和贫困地区的劳务输出，使农村劳动力的转移和流动进入了一个较快增长的时期。1989～1991年，政府对前一个时期实行的农村劳动力流动政策进行了局部的调整，加强对农村劳动力盲目流动的管理。其原因是：一方面，前一个时期实行的允许与鼓励政策引发了大规模的农村劳动力跨地区流动，其负面效应通过交通运输、社会治安、劳动力市场管理等方面的不适应问题凸现出来；另一方面，由于治理经济环境、整顿经济秩序造成了城市与乡镇企业新增就业机会的减少，使得农村劳动力的转移和流动的空间缩小。自1992年以来，农村劳动力流动的政策逐渐发生变化，从控制盲目流动到鼓励、引导和实行宏观调控下的有序流动，开始实施以就业证卡管理为中心的农村劳动力跨地区流动的就业制度，并对小城镇的户籍管理制度进行了改革。需要指出的是，1998年以后，由于城市下岗职工的增加，实施再就业工程已成为各级政府的重要任务。在这种背景下，虽然国家仍继续强调要根据城市及发达地区的需要，合理引导农村劳动力进城务工，但部分省市却出台了各种限制农村劳动力进城及外来劳动力务工的规定和政策。从2000年下半年开始，国家关于农村劳动力流动就业的政策发生了一些积极的变化。这些变化有以下两个突出特点：一是赋予城乡统筹就业以新的具体的含义，即取消对农民进城就业的各种不合理限制，逐步实现城乡劳动力市场一体化；二是积极推进诸多方面的配套改革，农村劳动力流动涉及就业、保障、户籍、教育、住房、小城镇建设等多个方面，仅靠单个方面的改革是难以奏效的。对于农村劳动力流动的政策演变，中央政府、输入地政府和输出地政府对农村劳动力流动问题的定位是不同的。对中央政府而言，农民是整个国民中的一个重要群体，也是我国经济发展过程中经济状况改善较慢的群体。随着农产品供求状况的好转，农民收入增长趋缓问题逐渐成为中央政府重视的焦点，为了提高农民收入、缩小城乡差距，加快城镇化进程、鼓励农民向城镇有序流动便成为中央政府农村劳动力流动政策的主流。对于输入地政府而言，在地方分治的体制下，只对所管辖范围内的城乡居民的公共事务承担责任，既面临着经济发展所带来的劳动力需求压力，又面临着国有企业改革带来的下岗职工增加的问题。现有的城乡分割体制为输入地城市政府提供了根据本地劳动力市场供求状况决定是否采取排斥外来务工人员的制度依据，因此就出现各个城市对外来务工人员限制程度宽严不一的现象。总体而言，输出地政府鼓励农民外出，而输入地政府则以户籍管理制度为由拒绝流动劳动力进入本地市场或限制其本地化，致使转移到输入地的农村劳动力面临着就业管理体制、就业服务、社会保障、权益保障等方面的不平等待遇。由于农民缺乏组织性，虽人多但不势众，形不成集中的谈判力量，是利益博弈的弱势群体，没有稳定的利益表达机制，进城务工或经商的农民工的意愿很难反映到中央政府。

各级政府的人口流动政策会直接对农村劳动力的转移产生影响。政府如果制定促进人口流动的政策将有利于农村剩余劳动力的流动，反之，限制人口流动的政策将阻碍农村剩余劳动力的转移。

4.1.2　户籍制度

户籍管理制度制约着农村人口流动和转移。不仅河南省，我国各地的人口流动转移都与户籍制度有着紧密的关系，可以说正是由于户籍制度的存在，才产生对农村劳动力转移进行限制的人口流动政策。

改革开放前，为了适应推行以优先发展重工业为主的战略需要，我国实行严格的城乡隔离的户籍制度。现行的户籍制度源于1958年的《中华人民共和国户口登记条例》，它不同于其他国家实行的居住地登记制度，而是把城市和农村分割为两个"社会"，将居民人为划分为城市居民（或非农业人口）和农村居民（农业人口）两大类，形成封闭的城乡二元结构。相互之间不能自由流动。这样的二元经济结构下，城乡人口的分布、劳动力配置固定在农村和城市两个相对固定的区域，从而限制了人口在城乡区域间的迁移，尤其是从农村到城市的迁移；并由此产生了排他性的城市劳动就业福利体制。长期以来，城市居民和农村居民相对独立，农村居民一般不能到城市里定居、就业，城市居民在教育、医疗、就业、社会保障等福利方面享有比农村居民更多的权利。这种二元经济结构下的户籍制度严重阻碍了农村劳动力向城市的转移就业。

随着市场经济体制的建立和发展，户籍制度的弊端日益暴露，户籍制度改革也成为社会各界关注的热点问题。20世纪80年代以来，随着社会主义经济体制改革的推进，城乡社会体制改革的深入，我国二元结构的户籍制度已经开始松动，近几年则加快了改革的步伐。2001年3月底，国务院批转了公安部关于推进小城镇户籍管理制度改革意见，小城镇的户籍制度改革从此全面推开。河南省各地目前也在逐渐推进小城镇和城市的户籍制度改革。

但是，迄今为止的户籍制度改革仍不能满足农村劳动力转移和农村人力资源开发的要求。虽然农转非限制在减少，农民落户城市（镇）所收取的城市增容费以及其他费用也在逐步取消，但二元经济结构下的户籍制度并没有完全消除，尤其对留在大中城市的人口有一定的条件限制，如必须是高级人才、中高级专业技术人员等。户籍制度制约农村劳动力的转移，其主要原因在于：一是户籍制度阻碍了农民进城务工，近年来，虽然放宽了农民进城的管制，但进了城的农民生活在城市边缘，属于城市的"次等公民"，他们在城市工作和生活要付出比城市人口更多的辛劳和代价。首先是找工作难，即使找到工作也多是粗活、累活和脏活，危险性大、报酬低；其次是从事生产经营活动难，麻烦的手续和各种名目的费用，让农民无所适从。二是户籍制度使农民不能享受城市的公共福利，我国几十年的城市化建设为城市带来了繁荣的工业文明和城市文明，但现行的户籍制度使进城农民无法像城市居民那样接受教育、享受医疗保障、充分就业等；这对进城农民来说不仅是明显的经济利益损失，同时也使他们失去了增加收入、改善生活的资本和机会；进城民工没有城市户口，方方面面受到约束，所以只能"进厂不进城"、"离乡不离土"。三是转移出去的农村劳动力仍受到一定程度的歧视，在社会保障、就业和子女教育等方面还是不能与城镇居民保持一致，甚至对于转移出去从事工商业生产经营的农村劳动力，还冠以"农民工"带有户籍制度痕迹的称谓，所有这些都不利于农村劳动力的转移。

因而从总体上讲，尽管我国在户籍制度上进行了一系列有利于农村劳动力转移的改革尝试，但对农村劳动力转移仍起着一定的阻碍作用，因此目前的户籍制度仍然是影响农村劳动力转移的反推力。

4.1.3 土地经营制度

土地的家庭承包经营制基本上是农民自发形成的制度安排，这种自发性的、渐进性的、从局部到整体的制度变迁过程，是由民间团体在原有制度安排激励不足条件下引发的诱致性制度变迁。实践表明，农村家庭承包责任制的确是一种有激励、有效率的制度，以家庭为单位的农业经营机制，使农民的努力直接与所获报酬联系起来，家庭生产效率的提高，也使家庭劳动力逐渐富余。为了家庭利益的最大化，农民在对不同产业间进行利益比较之后，自然有脱离农业，进入二、三产业的倾向。白南生分析了人口流动和农村经济体制改革后，认为农村普遍实行的家庭联产承包责任制是农村劳动力转移到城市的原因之一。家庭承包经营制也有明显的缺陷：（1）家庭经营规模小，达不到规模效益。河南省是人口大省，人均耕地面积一般在 1.16 亩左右。在目前的家庭承包责任制下，稀缺的耕地面积，使家庭劳动不能充分利用，达不到规模效益，必然引起劳动力转移。（2）土地承包经营权的主体不明确，不能适应经济发展的变化，比如，使用权中不包括抵押权，拍卖后所有权的实现又成问题。（3）土地承包期限不稳定，频繁调整，使农民没有安全感；土地流转机制不完善，农户权利经常受到损害，因此，在没有其他任何社会保障的条件下，除非万不得已，他们是不愿意离开土地的。农民工对土地的占有情况恰如其分地说明了恩格斯的论述，即"个人占有生产资料已经不能保证小生产者的自由"。随着兼业农户的增多，农户收入来源多样化，承包农地不再是农民赖以生存的基础，而日益成为从事非农产业的退守地。家庭主要劳动力转移出去后，家中的留守人员种地，一般不追求经济利益，只是为了在城镇脚跟未立稳之前留一条后路；有的是把土地转包给他人耕种，把地白白给人耕种，而不愿意放弃对土地的支配权力。因此，现行土地制度的缺陷是农村劳动力转移的反拉力。

4.1.4 产业发展政策

一、二、三产业发展的政策对农村劳动力转移的速度和方向有较大的影响。若国家重视二、三产业的发展，自然会给城镇居民带来实惠，同时，城乡生活的差距，产业间产出效益的差距，就会激发农村劳动力转移的欲望，有可能成为农村劳动力转移的正拉力。若国家重视第一产业，对农村、农民、农业的发展给予足够重视，劳动力转移工作就能有序地进行。对农业生产的补贴和免税政策，可能会提高农民从事农业生产的积极性和提高农民的农业收入，使得农民的农业收入占农民收入的绝大部分，农民暂时可能不再考虑劳动力转移，可以暂时缓解农村庞大的待转移的劳动力队伍，成为农村劳动力转移的反拉力。在国家的宏观政策前提下，前几年的产业政策一直是偏重于二、三产业的，2004 年的中央一号文件，可以视为我国产业政策发生了转变。相对而言，国家二、三产业的发展政策对农村劳动力转移的正拉力较大。

4.1.5　城镇化战略

城市化反映了不同地区的经济结构在农村和城市这两个区域中的转换过程，即以农业活动为中心向非农业活动为中心的转换，这个转换的过程中会形成生产要素的流动，比如资本流、劳动力流，同时使经济中心向城市转移，出现城乡经济一体化，城市的数量增加，每个城市的面积都在扩大。发展经济学认为，城市化尽管它包含多种层次，但它主要是指乡村人口向城市流动这一过程，这也是城市化最基本的内涵。

从城市化的定义我们可以看出，政府制定的城市化政策会对农村劳动力向城市的转移产生重要影响，同时城市化的过程也是打破城乡二元经济结构，形成城乡经济一体化的过程。河南省城市化的进程本身也符合发展经济学中所定义的城市化，即农村劳动力向城市转移就业的过程。城市化作为经济发展的一个高级阶段，实现省级、市级和县级经济中心向以省会城市、地市级、县级城市带动的城乡一体化转移，实现二元经济结构向城乡经济结构一体化的转换，就要求较高素质的劳动力，从农村转移到乡镇、县城、地市级城市和大中城市，从而促进大量的农村劳动力进行转移。因此，城市化和城乡经济一体化对农村劳动力的转移产生积极促进作用是毫无疑问的。中原经济区总的特征是城镇化水平偏低，城镇化滞后于工业化。城市经济实力不强，对国民经济的贡献和支撑不足，使农村剩余劳动力转移失去依托。以河南省为例，根据第五次人口普查数据，河南省全省的城镇化水平（以城镇人口占总人口比重表示）为23.2%。地级市最高的郑州为55.1%，最低的周口为11.4%，平均为24.8%；县级市县在10%~60%之间不等。从2000年的各地级市的经济、社会、环保与基础设施综合排序情况看，处于全省城镇综合发展水平首位的城市是郑州市，其次是焦作市、洛阳市、新乡市，之后的城市是安阳市、深河市、淮阳市、南阳市、三门峡市、许昌市、鹤壁市、平顶山市，排位靠后的城市有商丘市、开封市、信阳市、周口市、驻马店市。当地城镇化水平越低，本地转移的农村劳动力就越少，异地转移的农村劳动力就越多，反之亦然。可见当地城镇化水平越高对农村劳动力就地转移的正拉力就越大。

4.1.6　人力资源开发政策与教育制度

人力资源开发政策与教育制度改革是农村劳动力转移的助推器。同人口流动政策一样，政府部门的人力资源开发政策同样也会对农村人力资源开发产生重大影响。积极的人力资源开发政策可以促进农村人力资源的合理开发和转移就业，而消极的人力资源开发政策则可能阻碍农村人力资源开发的进程。如河南省制定的《河南省人民政府关于加强农村劳动力转移培训工作的意见》，就是本着提高农村劳动力综合素质的目的，推进农村人力资源开发。农村人力资源开发做好了，会极大地促进农村剩余劳动力的顺利转移。

各级政府的人力资源政策与教育制度密不可分。教育，特别是中小学教育是政府提供的公共产品，任何公民都享有受教育的权利。然而在现实教育制度中，农村和城市存在较大的差距，主要表现在：一是接受教育的机会不平等。在我国目前的教育体系中，农民接受教育的机会相对城市居民来说比较少；在初等教育阶段，农村孩子获得教育的质量与城市孩子有较大的差别；农村学校的教育设施，在数量和质量上普遍不如城市，师资队伍的素质也与城市有很大差距。而中等教育则不属于强制性的义务教育，由于经济和认识方面的原因，很大一部分农村孩子不能享受；现行的高等教育制度更能体现农民接受教育机会的不平等，首先是因支付能力的限制而导致实际上的机会不平等，其次是我国高校一直采用划片招生的办法，农村考生的录取线总是高于城市考生的录取线；至于职业培训，农民的机会更少，目前城市的下岗工人、企业员工在职业技能培训方面可以无偿获得，而进城打工的农民则不能。二是接受教育成本相对过高，而接受教育后就业机会少、报酬低。尤其这几年，随着高校收费制度的改革，农村孩子通过很大努力考上大学后，面临的是高额费用，有些贫困家庭的孩子因此放弃学业。就相对高成本而言，与城市居民比较，受过高等教育但是来自农村的人，择业的机会没有来自城市的多。接受的是同等的甚至是同样的教育，学习成绩差不多，能力也相仿，甚至农民子弟学得更好、能力更强，但是，由于农村孩子没有城市孩子好的"背景"和"关系"，他们找工作难，找高收入、有发展前途的工作更难。教育制度的缺憾造成了对农民客观上的歧视，农民直接负担的加重，也制约着农村劳动力转移。三是进城务工人员的子女接受教育难。由于害怕过多的生源导致出现与教育基础设施、学校承受能力之间的矛盾，破坏孩子受教育的环境，降低教育质量，一些地方政府采取歧视性的城乡教育制度与政策，对外来人口子女受教育进行限制，要么不收农民工子女，要么收取高额借读费，导致大量外来民工的子女读书难。由于合理的劳动力转移决策是建立在预期转移收入大于转移成本基础之上的，农村劳动力的转移成本又包括子女受教育的直接经济成本和机会成本，因此如果农村劳动力子女受教育的成本太高，导致转移不能获得收益，将阻碍农村劳动力向城镇转移。同时，教育是农村人力资源开发的主要内容，是提高农村劳动力素质的重要方式。外出务工人员子女的教育问题没有解决好，必然影响人力资源开发的效果，不利于农村人力资源开发的推进。因此教育制度是否完善对农村劳动力转移有重要影响。目前我国新出台的人力资源开发政策、农村义务教育补贴制度和职业教育的优惠政策、培训的财政补贴政策，将逐步打破农村劳动力转移的障碍，并将逐步作为加速河南省农村劳动力转移的助推器。

4.1.7　权益保障法规政策和社会保障制度

完善的权益保障法规政策和社会保障制度是农村劳动力转移的保障。在农村外出务工人员的权益保护方面，仅仅只是完善了社会保障制度是不行的。社会保障制度保证了外出务工人员在养老、失业和医疗等方面享有的权益，但在平等的就业机会、良好的工作环境等其他一些权益方面，则还需要其他的权益保障法规政策来予以保障。良好的外出务工人员权益保障法规政策，可以保证农村劳动力在城市劳动力市场的正常合法权益，使农村劳动力享有和城镇居民相同的就业机会，保证不被恶意拖欠工资，保证职业介绍机构不敢欺骗农村劳动力，保证正常的工作环境，等等。所以，外出务工人员权益保障法规的制定与执行情况会对农村劳动力转移产生重要影响。社会保障制度对农村剩余劳动力转移与农村人力资源开发的影响是随着户籍制度产生的。当前城乡有别的社会保障制度使从农村转移出来的劳动力在城市里没有安全感，影响了农村剩余劳动力向城市的转移就业。

目前我国实施的《劳动法》、《劳动合同法》，以及实施的最低工资制度，养老、失业、医保等社会保障制度和建立的社会保障体系，将保护和改善外出务工人员的权益，解除外出务工人员的后顾之忧，必将促进农村劳动力的进一步转移。

4.1.8 创业政策和就业制度

鼓励性创业政策和就业制度将极大促进农村劳动力的转移。鼓励性的创业政策和就业制度是紧密联系在一起的，鼓励性创业政策往往采取税收减免、资金支持、放宽限制等手段，也会对农村劳动力转移产生影响。一方面，鼓励创业政策会促进农村人力资源的开发。因为农村劳动力要进行创业，就必须有一定的专长或有较高的素质；鼓励创业政策可以增强人们的创业激情、创业要求，从而促使人们为了创业、为了提高素质而增加对自身的人力资本投资。另一方面，鼓励创业政策也可以促进农村劳动力的转移。农村劳动力在转移到城市的过程中，不得不考虑的一个因素是在城市成功找到工作的可能性有多大，如果觉得自己很难在城市找到工作，那他肯定不会进行转移。然而，如果有鼓励创业政策的存在，农村劳动力即使一时在城市找不到工作，也没有太大关系，他还可以尝试在城里自己创业当老板。

近年来，国家和各级政府出台了许多优惠政策支持创业，涉及融资、企业注册、开业、税收、创业培训、创业指导等诸多方面，这些创业政策的实施也必将促进农村劳动力转移。

在就业制度方面，目前城乡劳动力在就业上仍然存在较大的差异。城镇劳动者被用人单位录用叫就业，通常都能建立相对规范、稳定的劳动关系；而农村劳动者被用人单位录用则叫"打工"，大多数情况下没有建立正规的劳动关系。同时，地方政府在制定就业政策时，也只考虑到城镇居民的利益，对外来务工人员关注较少，很少为农民工提供就业指导和就业培训，也很少专门对外来务工人员进行教育投资。因此，从农村转移出来的劳动力在城镇面临较大的就业风险，而且从城镇政府部门获得的直接利益与城镇居民相比也较少，这种城市偏向型的劳动就业制度不利于农村剩余劳动力向城镇的转移就业。

2008年1月1日实施的《国家就业促进法》中在政策支持、公平就业、就业服务和管理、职业教育和培训、就业援助、监督检查、法律责任等方面对就业政策作出了法律规定。国家把扩大就业放在经济社会发展的突出位置，实施积极的就业政策，坚持劳动者自主择业、市场调节就业、政府促进就业的方针，多渠道扩大就业。《国家就业促进法》第三十一条中明确规定"农村劳动者进城就业享有与城镇劳动者平等的劳动权利，不得对农村劳动者进城就业设置歧视性限制"。这无疑为农村劳动力进城公平就业提供了制度保障，农村外出务工人员将是该部法律的受益者，必将极大促进农村劳动力转移。

4.1.9　资金转移支付制度与职业教育制度

资金转移支付制度与职业教育制度能有效地推进农村劳动力的转移。对农村人力资源进行开发，加快农村剩余劳动力向非农产业转移的主要方式包括对农村劳动力进行职业技能培训，建立健全相应的职业培训、职业指导与职业介绍机构。这就涉及资金的来源问题，目前要么没有建立农村人力资源开发和劳动力转移培训资金的具体转移支付制度，要么就没有为农村人力资源开发和劳动力转移培训提供足够的资金支持，或者政府转移支付的就业培训资金运用效果较低。这些都不利于农村劳动力培训的开展，也不利于职业培训与职业介绍机构的建设，从而对农村劳动力转移产生不利影响。

2008年起财政部在中央预算资金上积极支持职业培训和就业服务，这项促进劳动力市场建设的财政政策对于提高外出务工人员的素质，培育面向未来社会经济发展的新型农民有着重要的作用。一是政府对外出务工者进行财政补贴性培训，特别是对刚毕业的初中生、高中生有针对性地进行职业培训、技术培训、法律培训，帮助农民工提高自身素质，增加外出就业人员的社会判断力和就业适应能力。二是培养具有相当文化水平，一定的农业或其他技能，并能实现知识自我更新、技能自我提高的农民。这种支持农民职业教育、职业培训的中央财政资金转移支付制度的实施，必将有效地推进农村劳动力的转移和农民文化素质、技能的提高。

4.2　经济因素

经济学对农村劳动力流动的解释主要是根据经济利益差异，经济因素是劳动力转移的最根本的原因。古典经济学的创始人威廉·配第（william Petty）最早从经济发展的角度揭示了人口流动的原因，他在其代表作《政治算术》中论及了经济发展过程中不同产业间的收入的变化，说明工业的收益大于农业，而商业的收益大于工业，这种比较利益差异的存在促使社会劳动者从农业部门流向工业部门和商业部门。

4.2.1　区域经济发展水平

较低经济发展水平带动就业的能力就弱，这决定了中原经济区是一个劳务输出为主的区域。另外，各地区的当地非农从业人员数量与该地区的国民经济发展水平正相关。发达地区较好的经济条件能够为当地农村劳动力提供相对较多的非农就业机会，若从收入来看，在本地的务工收入虽比不上在省外发达地区的务工收入，但转移成本也比跨省转移少，从而能够增加其务工的净收益，也就降低了农村劳动力到外地寻求就业机会的动力。发达地区就比落后地区有更多的劳动力选择在本地城镇务工。可见，转移地经济发展水平较高是农村劳动力转移的正拉力。

4.2.2　农民的经济收入状况及经济地位的变化

农民经济地位的变化包括两层含义：城乡收入差距的变化和农村内部收入差距的变化，它们都影响农村劳动力转移。第一，工业工资水平高于农业劳动者的收入水平，那么农业剩余劳动力就将流向工业部门。第二，区域间若是有收入差别，劳动力也将发生流动。第三，如果农村户与户之间收入相对有差距，那些按照当地基本要求来看收入水平太低，感到经济地位下降的农户也会有转移动机。城镇居民的收入水平提高得很快，同村或同乡农民外出打工的收入增加得更多，导致不外出就业的农村劳动力的经济地位相对降低，这些农民不甘于现状，走出了农业，走向务工之路。

4.2.3　产业结构状况

"配第—克拉克定律"揭示了就业结构与产业结构之间的相互关系，认为尽管在一定的发展阶段，劳动力就业结构可能会因为国家的不同而呈现出较大的差异，但是随着经济的发展，人均国民收入水平的提高，其基本趋势是劳动力从第一产业向第二、第三产业等非农业部门转移，并且随着经济的发展，又会出现劳动力由第二产业向第三产业转移的现象。产业结构层次的高低决定了农村劳动力转移的结构和数量。社会经济发展的实践证明，哪一地区的非农产业发展较快，农村劳动力转移的压力就相对较小，而且还常常可以吸收并容纳较多的区外劳动者来务工经商。因此二、三产业发展越快对吸引农村劳动力转移的拉力就越大。当前，中原经济区的就业结构"一、二、三"的现状与产业结构的"二、三、一"的比例相背离的现象还比较突出。从静态的角度看，劳动力在三个产业的配置上，主要表现为第一产业吸纳过多的劳动力，而二、三产业吸纳劳动力却不足，二者所吸纳的劳动力的比重之和不足40%；同时，还存在着劳动力从第一产业向第二产业，再从第二产业向第三产业转移过慢的现象。转移出去的劳动力主要分布在工业、建筑业和商业饮食服务业，职业多集中在低端岗位和工种。从区域目前的发展状况来看，产业结构还不尽合理，是农村劳动力转移的反推力。

4.2.4　经济周期引起的就业波动

一般情况下，经济繁荣或高涨，对劳动力转移起正拉力的作用，这是因为经济繁荣或高涨时，企业开工率高，对劳动力需求大，就业机会多，工资较高，这样的劳动力市场对农村劳动力既有吸引力，又具备一定的容量，将有较多的劳动力向其中流入；反之，经济衰退时，劳动力市场急剧收缩，失业率大幅上升，受失业的威胁，工人不得不接受较低的工资，不仅劳动力流入暂时会停止，还会引起劳动力外流和回流现象，对农村劳动力转移起到反推力作用。此外，一些局部性危机，战争、灾难等因素也可能造成极大的经济波动，同样也会对劳动力地区流动产生深刻影响。

4.3　劳动力因素

劳动力流动，不仅是人力资源在区域间的转移，而且是人力资本在地区之间的迁移。劳动力是所有经济要素当中唯一具有主观能动性的生产要素，因此劳动力的数量、人力资本和社会资本等对农村劳动力转移均有重要影响。

4.3.1 劳动力数量

影响劳动力转移的劳动力数量因素，需要从农村劳动力的供给和需求两方面考虑，从供给角度看，影响供给量大小的因素是农村劳动力的数量及其参与率，中原经济区劳动力总量大，参与率高，所以，劳动力供给充足。由于土地供给缺乏弹性，在有限的土地资源条件下，农业所能容纳的劳动力的数量有限，农村对劳动力的需求量（就地转移）主要取决于农业产业化水平及农村二、三产业的发展。城镇对农村劳动力的需求量（异地转移）主要取决于就业岗位的多少及城镇失业率。劳动力的供求关系有三种表现形式：供过于求、供小于求和供求平衡。作为人口集聚的区域，经济欠发达，劳动力总体供过于求，还有大量劳动力待转移。

4.3.2 劳动力的观念和意识

由于受传统文化的影响和受本土观念的影响，以及接受现代市场经济观念较少和文化教育程度较低，农村地区的农民就不愿离开家乡外出务工。农民的意识和观念是否更新，对农村劳动力转移有着重要的影响。

4.3.3 劳动力的素质水平

农村劳动力素质水平的高低对劳动力的转移有重要影响。素质水平不同，不但决定了不同素质的农村劳动力的就业方式、转移方式、转移的数量，也导致收入水平的千差万别。文化素质高的劳动力可以承担技术工作，就业面宽、转移方式灵活，转移出来的数量较大，收入水平较高；而文化素质低的劳动力只能从事较苦较累、拼体力、劳动时间长的工作，就业面较窄，转移方式单一，收入水平较低；由于目前我国经济增长方式的原因，这部分人转移的数量也较大。

4.3.4　社会资本

社会资本的功能在于促进信息的流通、促进协调合作，实际上是起到降低交易成本和信息成本的作用。当农民工进入一个陌生的城市后，使用正式制度的成本相当昂贵，最为理性的选择是求助于社会网络和社会资本这种传统的非正式制度，迅速找到有保障的工作。其中，人脉关系的影响非常重要。农村劳动力受当地文化和家庭教育的影响，人脉关系和处理人际关系的能力差异较大。受地缘血缘关系、邻里关系的影响，人际关系或人脉关系较好的家族、村镇和县区的农村劳动力接受用工信息较多，容易形成集中性、大批量的转移，反之，则形成单个性的、小批量的转移。

转移的劳动力一般是风险厌恶者，根据托达罗人口迁移模型，人口迁移的均衡条件是城市部门的工资与其农村收入相等，这个均衡条件是基于当事人是风险中立者的假设，如果当事人是风险厌恶者，这个均衡条件不再成立。如果城市部门的不确定收入与农业部门的确定收入相同，风险厌恶者是不可能迁移的。风险的大小与社会资本和人力资本是相关的。社会资本和人力资本的存量多，找到工作的概率就大，风险就小，反之亦然。转移劳动力规避风险的方式有：降低对工资报酬和工作条件的要求、在转移前就利用自己的人力资本和社会资本找到工作、接受在条件差的非正规部门就业。特别是人力资本存量越低，社会资本发挥的作用越大。

4.3.5　个体特征

这主要包括个人的年龄、性别、文化程度、婚姻状况及个体的适应能力等要素。很显然，不同人口学特征的农村劳动力，其转移务工的动机、意愿及其转移状态会有差异。另外，个体对外界的适应能力有着较大的差异，如工作环境的适应能力、饮食的适应能力、心理的调适能力等。个人适应能力较强的农村劳动力在转移中适应性强，容易融入新的工作环境中，心理调适能力强，就容易转移，反之则转移较少。

4.4　市场性因素

劳动力市场是人力资源转移就业的机制性条件。市场条件良好，农村劳动力转移就业信息畅通、及时、有效，劳动力流动可以实现市场导向和配置，转移就业劳动者的权益就可以得到有效保障。相反，劳动力市场发育不健全，市场中介服务不到位，劳动力市场城乡分割，劳动力市场秩序混乱，则农村劳动力转移过程将受阻碍，其效率也将大大降低。目前制约农村劳动力转移较为突出的市场性因素主要有劳动力市场分割问题，劳动力市场秩序不良问题以及有形劳动力市场建设滞后问题等。

4.4.1　劳动力市场城乡分割

劳动力市场城乡分割是一个全国性问题。城乡分割的劳动力市场源于计划经济体制。1958年我国政府颁布的《中华人民共和国户口登记条例》，直接导致了城乡二元管理体制的形成。从此，城市居民在城市就业，农村居民在农村就业，二者几乎完全隔离，没有交流，没有机会融合；无论农村劳动力的素质如何，他们都很难有机会进入城市就业。同时，长期以来受社会主义条件下劳动力不是商品的困扰，即使是改革开放以来我国也有相当长时期劳动力等要素市场发展缓慢。在打破观念禁区后，城乡二元管理体制和各种社会政策的改革仍然是滞后的，城乡协调的劳动力市场至今尚未完全建立起来。

这种城市与农村分割的劳动力市场，并不具备非歧视性和公平性等最基本的市场规则，导致农村劳动力流动的成本提高。由于城乡劳动力市场的分割，农村劳动力在供求信息的搜寻处理、职业的选择、就业的机会等方面的成本很高，工作机会的把握能力较低，在城市成功找到稳定工作的可能性较小；同时由于农村存在大量的剩余劳动力，农村劳动力向城市转移的流动风险也很高，如果不能成功地在城市找到工作，回到农村将面临一定时期内无事可干的风险。这又进一步阻碍了城乡劳动力市场的一体化进程，对劳动力市场供求和劳动力价格产生扭曲，造成劳动力资源配置缺乏效率。同时，在农村人力资源开发方面，由于城乡劳动力市场的分割，教育、卫生等基础性资源的投入在城市与农村之间并不均衡，公共产品的配置明显倾向于城市，所导致的后果是农村人力资源的素质、水平相对城市人力资源明显较低，阻碍了农村人力资源开发和农村经济的发展。

4.4.2　劳动力市场秩序不良

我国正处于经济转轨时期，传统的计划经济体制已经打破，市场经济体制正在逐步形成。在转轨的过程中，由于管理机制、分配机制、市场机制和法律法规体系不健全，监管方式不完善，使得现阶段的劳动力市场秩序存在较多的问题。转移出去的农村劳动力与雇主之间的用工合同普遍不规范，私招乱雇现象很严重。一方面，雇主与农民工之间基本没有书面的合法契约，雇主的所有承诺都是口头上的，也不为农民工缴纳社会保险，二者之间缺乏信任，一旦发生劳资矛盾，农民工的权益很难得到保障；另一方面，介绍农村劳动力外出就业的中介机构的中介行为也不规范，中介收费高，虚假信息多，导致广大农村劳动力不信任中介机构，这也增加了农村劳动力外出就业的机会成本和转移成本，不利于农村剩余劳动力的有效转移。而农村剩余劳动力的转移受阻，反过来会影响人力资源开发的积极性和效率性，出现转移就业难、就业率低的恶性循环。

4.4.3 劳动力市场建设滞后

随着对就业问题的越来越重视，各级政府对劳动力市场建设的投资明显增加，劳动力市场建设取得了一定的成效。但与发达地区相比，中原经济区的劳动力市场建设还比较滞后，劳动力市场信息网络不健全，阻碍了农村劳动力的流动。由于用工单位与需要谋求职业的农民之间没有有效的劳动力市场进行衔接，导致农民很难有效地获取真实的用工信息，同时用工单位也很难快速地找到合适的工人；由于信息的缺乏，农村劳动力往往对自己的工资及其他合法权益不了解，导致自己的利益受到损害。同时，职业培训机构不健全，不仅培训机构数量少，而且培训条件和师资很难达到职业要求。职业介绍机构也存在素质较低的现象，没有很好地发挥劳动力供求双方之间的中介桥梁作用。

4.4.4 城乡一体化的劳动力市场信息网络系统不健全

城乡一体化的劳动力市场信息网络包括两个层面的内容，即有形劳动力市场和劳动力市场信息化服务系统。两个市场是农村劳动力获得外出务工信息的主要途径。根据信息对称理论，只有劳动力获取可靠、准确的信息，其转移才是有效的；也只有用人的地区、企业发布的信息准确，获取劳动力信息准确，其获得人力资源的成本才是最低廉的。因此，有形劳动力市场和劳动力市场信息化服务系统对农村劳动力转移起着重要的作用。

有形劳动力市场主要是指由政府、行业或私人投资建立的有固定场地的劳动力市场组织，其中私人设立的劳动力市场主要是各种职业中介机构。政府投资设立的劳动力市场仍是主导，它可以分为四个层次：省级劳动力市场、市（地区）级劳动力市场、区（县）级劳动力市场和乡镇级劳动力市场，主要是政府投资设立的各种公共职业中介服务机构。行业劳动力市场则是由各行业的管理部门出资设立的，通常为本行业招聘人员。而私人设立的职业中介机构规模比较小，能够介绍的职业种类也比较少，面对的对象主要是素质较低的低技能群体。

劳动力市场信息化服务系统是指连接各层次劳动力市场的局域网和广域网系统，以及不同省市间的劳动力市场网络跨区域协调系统。通过该网络系统，各层次的劳动力市场都可以了解到中部各省和全国其他地方的劳动力市场信息，为合理制定促进农村劳动力转移的政策措施提供信息支持。

一是城乡一体化劳动力市场信息网络系统。城乡一体化劳动力市场信息网络系统不完善或者说建设比较滞后，不利于劳动力供求信息的收集，不利于中部各省有关部门对劳动力市场的走向进行把握，可能会降低政策的合理性和政府部门管理的有效性，从而对农村劳动力转移的推进产生不利影响。

二是就业服务支撑系统。就业服务支撑系统包括职业介绍服务和劳动力资源开发两个方面的内容。职业介绍服务是各级政府的劳动管理部门以职业中介机构为媒介，为求职人员提供各种帮助和服务，主要内容有职业信息的收集与分析、职业咨询和指导、创业指导三个方面。职业信息的收集与分析是在对政府部门、用人单位和职业中介机构的相关信息进行收集的基础上，对其进行分类整理、分析，对劳动力市场需求进行预测；职业咨询和指导是政府部门通过中介机构，为求职者提供各种职业信息咨询，让他们知道职业的劳动性质、工作条件、工资待遇、职业要求和就业机会，引导他们恰当地选择职业；创业指导主要是为劳动力自主创业进行咨询，并提供相应的市场信息。而劳动力资源开发则是以提高劳动力素质能力为目的，主要通过对城乡劳动力进行职业技能培训，为城乡劳动力的转移就业和下岗再就业提供智力支持。所以，如果就业服务支撑系统不完善，则河南省农村劳动力转移的进程会被延缓。

三是环境支撑系统。环境支撑系统由社会保障环境、社会观念环境、政策环境和法律环境四部分构成，在该系统内，四个部分相互联系、相互作用，共同保障农村劳动力转移的顺利推进。社会观念环境要求各级地方政府、企业和城镇居民要树立城乡协调发展的理念，改变歧视外来务工人员的观念，在社会生活的各方面平等对待他们，为他们创造一个良好的在城镇就业和生存的环境，使得农村劳动力敢于和能够从农村转移出来，从而促进农村劳动力转移事业的发展。作为一个支撑农村劳动力转移的系统，环境支撑系统内部的四个因素缺一不可，只有四个因素同时起推动作用，对农村劳动力转移的促进作用才会达到最大。因此为了促进农村劳动力转移事业的发展，环境支撑系统的四个方面必须齐头并进，同时发展，在同一个方向形成强大合力。

四是区域间合作交流系统。区域间合作交流系统主要是指在农村劳动力转移方面相互合作，加强在劳动力市场建设、劳动力职业技能培训和相关政策法规方面的交流沟通，从而使中部各省形成一个整体，共同促进农村劳动力转移的发展。在农村劳动力转移方面，相互协调，相互合作，发挥各自的比较优势，可以在系统内部形成更大的合力，加快农村劳动力转移的发展。如果各地各自为政，采取地方保护主义，则会增加不必要的交流成本，各自促进农村劳动力转移的努力也会相互抵消、相互损耗，从而不利于农村劳动力转移。

4.5　管理性因素

与农村劳动力转移相关的政府主管部门，如农业、劳动、教育、卫生、科技等部门对农村劳动力转移的调控、管理水平，会对农村劳动力转移产生影响。主要表现在政策的合理性、管理的有效性和部门间的协调配合能力这三个方面。

4.5.1　政策的合理性

农业、劳动、教育、卫生和科技等农村劳动力转移的主管部门制定出的政策是否具有合理性会对农村劳动力转移产生影响。这里政策的合理性是指制定的政策应考虑到各地的经济发展水平等实际情况，能够与国家的相关政策对接，并能够有效地推进农村劳动力转移。

如果农村劳动力转移的相关主管部门制定的政策没有考虑到本地省经济发展水平相对落后、农村剩余劳动力数量巨大、人力资源开发资金不足等实际情况，就不能很好地促进农村剩余劳动力的转移和农村人力资源的开发；同样，如果制定的政策不能很好地与国家的相关政策对接，就不能得到国家在这些方面的资金和政策支持，与国家相关政策相互配合的协同效应也发挥不出来，这将不利于农村剩余劳动力转移的推进。所以，政策的合理性对农村劳动力转移有重要影响。

4.5.2　管理的有效性

与农村劳动力转移相关的农业、劳动、教育等部门对农村劳动力转移进行管理、调控的具体行为，也会对农村劳动力转移产生影响，这种影响体现在管理的有效性上。管理的有效性与相关政府部门对农村劳动力转移进行管理、调控和指导的效率以及对未来预测的准确性有密切关系。

这里管理的效率表现为相关政府部门的行政效率和对农村劳动力转移、人力资源开发中出现的问题的反应时间。如果政府的办事效率高，没有人浮于事的现象，可以很快地对劳动力市场中出现的问题作出反应，并在短时间内给出解决方法，则说明管理的效率很高。对劳动力市场未来的走向预测较准确，说明相关部门对农村劳动力转移很关注、很了解，能够很好地把握劳动力市场的走向，这对相关部门制定出合理的政策很重要。因此，管理的效率越高，对劳动力市场未来的走向预测得越准确，政府部门的管理和调控行为就越有效，农村劳动力转移从中获得的收益也就越多。

4.5.3 部门间的协调配合能力

农村劳动力转移是一项系统工程，劳动力转移之间是相互影响、相互促进的。由于农村劳动力转移涉及农业、劳动、卫生、教育和科技等众多的政府部门，各部门都在自己的职能范围内对农村劳动力转移进行指导、调控。所以，如果要最大限度地支持和促进农村劳动力转移，各部门之间就必须要有全局的观点，消除推诿扯皮，要相互配合、相互协调，形成一股合力，来加快农村劳动力转移的进程。

如果部门与部门之间的协调、配合能力不强，将导致各部门促进农村劳动力转移的努力相互抵消，从而不利于农村劳动力转移目标的实现。

4.6 技术因素

4.6.1 农村新技术、新产品的推广应用，加快了农村劳动力转移

农村耕作技术的改进，复种技术的应用，新品种的推广，立体栽培技术的应用，无公害绿色生产技术的推广，新型有机肥料的开

发，沼气、太阳能等新能源的开发和复合循环利用，环保材料的推广以及节水灌溉新技术、工厂化农业生产技术、设施农业的推广，农产品新加工技术的应用，农业机械化水平的提高等，不但极大地提高了农业劳动生产率，促进更多的农村劳动力从农村中转移出来，而且有利于新农村可持续发展。

4.6.2　产业技术进步需要高素质的劳动力

信息技术、新兴技术在产业上的应用，以及资本密集型产业的发展，一方面减少了活劳动，相对不利于农村劳动力的转移；同时也为高素质的劳动力创造了新的机会。因此，必须提高农村劳动力整体素质，加大培训力度，提高技术水平和技能，在更高层次的岗位上进行劳动力转移[①]。

4.7　农村劳动力转移各影响因素综合作用的分析

通过上述农村劳动力转移的影响因素作用方式的分析，可以得出促进农村劳动力转移的作用力有：区域经济发展水平、农民的收入水平及经济地位的相对下降、经济周期引起的就业波动（经济高涨时）、科技进步、人均耕地面积少、农村劳动力流动的国家政策、较高的城镇化水平、产业发展政策、农村劳动力较高的社会资本等。

制约农村劳动力转移的作用力有：户籍制度、农地使用制度、不合理的产业结构状况、农村劳动力较低的人力资本存量、不健全的劳动力市场、不科学不规范的管理等。这些影响因素的综合作用

---

① 吴玉祥：《中国农业剩余劳动力转移对策分析》，《咨询与决策》2003 年第 5 期，第68~70页。

决定了农村劳动力转移的现状及发展趋势，若各种因素的综合作用的结果是迁移的正力大于反力，那么就有利于加快农村劳动力转移；反之，不利于农村劳动力转移。

4.8 小结

综上所述，影响中原经济区农村劳动力转移既有人口流动政策与户籍管理制度等政策性因素，又有劳动力市场因素，又有待转移的农村劳动力的观念、素质、水平等个人禀赋因素，还有相关的政府主管部门对农村劳动力转移的调控、管理水平等管理性因素。这些影响因素的综合作用决定了农村劳动力转移的现状及发展趋势，若各种因素的综合作用的结果是迁移的正力大于反力，就有利于加快农村劳动力转移；反之，不利于农村劳动力转移。

5

中原经济区农村劳动力转移的
微观动力机制分析

本章将从两个层面分析探讨农村劳动力转移的个人微观决策机理及其影响因素。一是在托达罗模型和哈里斯模型的假设条件和研究框架下，主要应用成本收益分析和均衡分析方法，以个人理性决策为出发点，构建中原经济区农村劳动力转移的微观模型，并进行实证分析；二是分析个体农村劳动力的人口学特征要素对转移的影响机理。

5.1　成本收益视角的农村劳动力转移决策
模型及其实证分析

托达罗模型是研究农村劳动力转移的核心理论与模型，该模型强调城乡间的预期收入差距是决定农村劳动力转移的根本经济因素。对于理性的农民个体来说，追求成本最小化或收益最大化是其经济活动的基本目标。斯亚斯坦德（K. Syastark）于1962年首先提出了劳动力转移的成本收益分析模型，认为劳动者个体是理性的，微观经济学中的成本收益分析原理和方法可以运用于劳动力转移问题的研究。本部分将在托达罗模型的基础上，结合农民理性人假设，对农民进城务工和务农的两种选择进行成本和收益分析，拓展托达罗模型，从静态均衡的视角探讨农村劳动力转移的个人微观决策机理及其影响因素。

5.1.1 影响农村劳动力转移的成本收益及其变量关系分析

根据成本收益法则，农村劳动力转移的决策依据是转移收益大于成本。比较农民务农或进城务工的纯收益，则可得农民进城务工与否的静态均衡条件是务农纯收益（用 PTRa 表示）等于进城务工纯收益（用 PTRc 表示），即：PTRa = PTRc。

如果 PTRa > PTRc 时，农村劳动力选择不转移，即务农；当 PTRa < PTRc 时，农村劳动力选择转移，即进城务工。

进一步的，如果把务农纯收益看做进城务工的机会成本，则基于机会成本视角的农民工进城务工的纯收益 PPTRc 可以表示为：PPTRc = PTRc − PTRa。

这样，农民进城务工与否的静态均衡条件即是 PPTRc = 0。如果 PPTRc > 0，农村劳动力选择转移，即进城务工；否则就选择在家务农。也就是说，农民工进城务工的纯收益越大，农民工进城的意愿越强烈、进城数量越多。

农村劳动力转移的成本收益含义和影响变量具体如下：

（1）农民务农的成本与收益

①务农成本（Ca）。这里的务农成本广义地包括农业生产成本（Cp）和在农村的生活成本（Cx）两部分（赖小琼、余玉；2004）。根据新古典生产理论，农业生产投入构成农业生产的成本，而生产投入一般包括土地、资本、劳动力等要素。具体来说，它主要包括：第一，资本投入（Ka），即用于购买种子、化肥、农药以及拖拉机等劳动工具的生产资料投入；第二，劳动力（La），就是投入农业生产的劳动时间，包括种植、收割、作物生

长期的看管及农产品销售等劳动时间；第三，土地（Ga），一般用土地租金来衡量，本书用农民耕种集体土地而向国家和集体缴纳的各种税费和管理费等来衡量；第四，技术投入成本（Aa），包括农作物新品种的引进等所消耗的成本，农业知识的培训等人力资本投入成本。生活成本（Cx）是泛指农民在农村生活的衣食住行等生活费用以及教育、医疗等费用，按照马克思的再生产理论，劳动者的生活消费以及抚育下一代是维持农业再生产的必要条件，为了分析的方便，这里把生活费用广义地计入务农成本。

②务农的收益（TRa）与纯收益（PTRa）。由于这里考虑的是纯粹从事农业生产的农民，所以其收入就是纯粹的农业收入。假设农产品的价格和产量分别用 Pa、Qa 来表示，则务农的收益就等于PaQa。再分别用 Rk、Wa、Rg、Pt、Px 分别表示资本利率、农业工资、土地租金、技术价格和农村消费价格指数，则务农的纯收益可以表示为：

$$PTRa = PaQa - KaRk - LaWa - GaRg - AaPt - CxPx$$

（2）农民进城务工的成本与收益

①务工成本（Cc）。农民工进城务工总成本主要分为进城寻工费用（Cc1）和在城务工费用（Cc2）两部分。这里进城寻工费用是按照经济学中交易成本的概念界定的，它是指农民工在劳动力市场上为了找到工作而花费的交易成本，它广义地包括农民工的进城费用和返乡费用。进城费用是指农民工从离家到开始工作之前的所有花费，包括路费、餐饮住宿费、缴纳给中介组织的劳务信息费、进厂后缴纳给厂方的费用（工作服费等）、缴纳给当地政府的费用（临时居住证费等）、利用亲戚朋友等社会网络进城而支付的礼品费等；返乡费用是指农民工返乡时的路费、食宿等费用。在城务工费用是指农民工在城务工时的总花费，也就是农民工在厂务工的全

部时间里的总花费，包括食宿、医疗、教育与培训、零花、交友、娱乐、购买衣服及日用品等费用。

②务工收益（TRc）与纯收益（PTRc）。务工收益即农民在城市就业所获得的工资和其他货币收入，可以用劳动时间（Tc）乘以务工工资（Wc）来表示。那么，城镇务工的纯收益可以表示为：

$$PTRc = Tc\ Wc - Cc1 - Cc2$$

（3）非经济因素成本和收益

以上的分析，是以农民个体的物质收益最大化为原则进行的分析，主要考虑的是有形的经济收益或经济成本，没有考虑无形的非经济影响因素，例如农民工的精神感受和福利因素等。而实际上，对于是否进城务工，他们不仅仅考虑经济收益或成本，还会考虑到非经济因素。主要包括：（1）社会关系网络效用（N）。它是指农村亲情等社会关系网络给农民带来的正向效用，或者迁移后失去农村亲情等社会关系网络而给迁移者带来的负向效用。（2）制度不平等性与社会歧视（D）。它是指由于户籍制度的存在，各种务农时所享有的选举权以及子女受教育的权利的丧失，以及迁移者在城镇务工遭受的歧视而带来的负效用等。（3）城镇生活的不适应性（S）。例如工作压力较大、受人管束、没有了农村生活的平静和悠闲等。（4）城镇公共设施收益（B）。它是指城镇较优越的公共设施和生活环境带来的生活便利和福利以及生活水平的提高。（5）技能性收益（T），即在城市务工的各项劳动中所获得的工作技能以及有关的各种知识。在一定意义上，这是他们进城后所获得的不用自己投资的无形的人力资本。（6）文化性收益（H）。它是指在城市中所分享到的城市文化环境及其他方面的收益。以上6项中，（1）～（3）项属于城镇务工成本，（4）～（6）项属于城镇务工收益。而对称的是，（1）～（3）项也属于务农的收益，（4）～

（6）项属于务农的成本。

综合上述分析，可以得到如下判断：

判断一：农民进城数量（M）是农民进城务工时间（TC）的增函数，即：农民进城务工持续时间越长，农民务工的净收益就越大，进城务工的意愿就越强烈，进城数量就越多；反之，农民进城务工持续时间越短，农民务工的净收益就越小，进城务工的意愿就越弱，进城数量就越少。而农民进城务工持续时间长短是衡量农民进城寻找工作的难易程度和工作风险或稳定性的重要指标（Antonio Spilimbergo&LuisUbeda，2004）。该结论表明，农民进城务工越容易找到工作、工作风险越小，他们进城务工的意愿就越强烈，进城数量就越多。

判断二：农民进城数量（M）是农民进城务工工资（WC）的增函数，即：农民进城务工的工资越高，农民务工的净收益就越大，进城务工的意愿就越强烈，进城数量就越多；反之，农民进城务工的工资越低，农民务工的净收益就越小，进城务工的意愿就越弱，进城数量就越少。

判断三：农民进城数量（M）是农民务农生产成本（Cp）的增函数，即：农民务农的生产成本越高（包括资本利率、农业工资、地租等越高以及技术购买和应用的成本越高等；或者投入的土地、资本、劳动和技术越多等），农民务工的净收益就越大，进城务工的意愿就越强烈，进城数量就越多；反之，农民务农的生产成本越低（例如资本利率、农业工资、地租等越低以及技术购买和应用的成本越低等；或者投入的土地、资本、劳动和技术越少等），农民务工的净收益就越小，进城务工的意愿就越弱，进城数量就越少。例如：农业物质（化肥、农药等）价格的上升、农业机械等农业生产工具价格的上升、农业税费的提升，都会促使农民务农的成本提升，从而使得他们进城务工的意愿更加强烈；而最近的农业税减免政策促使农民务农的成本下降，对他们进城务工的意愿起反向作用。

判断四：农民进城数量（M）是农民在农村生活成本（单位生活成本 Cx 和农村物价消费指数 Px）的增函数，即：农民在农村的生活成本越高，特别是农村物价消费指数越高，农民务工的净收益就越大，进城务工的意愿就越强烈，进城数量就越多；反之，农民在农村的生活成本越低，特别是农村物价消费指数越低，农民务工的净收益就越小，进城务工的意愿就越弱，进城数量就越少。

判断五：农民进城数量（M）是农业收益（农业产量 Qa 和农产品价格指数 Pa）的减函数，即：农业产量越高，农产品价格越高，农业收益就越高，农民务工的净收益就越小，相应地，种地就越划算，务农的拉力就越大，进城务工的意愿就越弱，进城数量就越少；反之，农业产量越低，农产品价格越低，农业收益就越低，农民务工的净收益就越大，相应地，种地就越不划算，务农的拉力就越小，进城务工的意愿就越强烈，进城数量就越多。

判断六：农民进城数量（M）是农民进城寻工费用（Cc1）的减函数，而寻工费用的高低意味着农民工进城寻找工作的难易程度并反映了劳动力市场的完善程度。即：劳动力市场越不完善，农民工进城寻找工作越难，农民进城寻工费用就越高，相应地，农民务工的净收益就越小，进城务工的意愿就越弱，进城数量就越少；反之，劳动力市场越完善，农民工进城寻找工作越容易，农民进城寻工费用就越低，相应地，农民务工的净收益就越大，进城务工的意愿就越强烈，进城数量就越多。

判断七：农民进城数量（M）是农民在城务工费用（Cc2）的减函数。即：城镇消费价格指数和消费水平越高，农民在城务工费用就越高，相应地，农民务工的净收益就越小，进城务工的意愿就越弱，进城数量就越少；反之，城镇消费价格指数和消费水平越低，农民在城务工费用就越低，相应地，农民务工的净收益就越大，进城务工的意愿就越强烈，进城数量就越多。

判断八：农民进城数量（M）是城镇公共设施收益（B）的增函数，即：农民进城务工得到的城镇公共设施收益越大，农民务工的净收益就越大，进城务工的意愿就越强烈，进城数量越多；反之，农民进城务工得到的城镇公共设施收益越小，农民务工的净收益就越小，进城务工的意愿就越弱，进城数量越少。

判断九：农民进城数量（M）是技能性收益（T）的增函数，即：农民进城务工得到的技能性收益越大，农民务工的净收益就越大，进城务工的意愿就越强烈，进城数量越多；反之，农民进城务工得到的技能性收益越小，农民务工的净收益就越小，进城务工的意愿就越弱，进城数量越少。

判断十：农民进城数量（M）是文化性收益（H）的增函数，即：农民进城务工得到的文化性收益越大，农民务工的净收益就越大，进城务工的意愿就越强烈，进城数量越多；反之，农民进城务工得到的文化性收益越小，农民务工的净收益就越小，进城务工的意愿就越弱，进城数量越少。

判断十一：农民进城数量（M）是社会关系网络效用（N）的减函数，即：农民对农村的社会关系网络的依靠性、留恋性越强，农民务工的净收益就越小，进城务工的意愿就越弱，进城数量越少；反之，农民对农村的社会关系网络的依靠性、留恋性越弱，农民务工的净收益就越大，进城务工的意愿就越强，进城数量越多。

判断十二：农民进城数量（M）是制度不公平性和社会歧视（D）的减函数，即：社会制度越不公平，城镇对农民的社会歧视越强，农民务工的净收益就越小，进城务工的意愿就越弱，进城数量越少；反之，社会制度越公平，城镇对农民的社会歧视越弱，农民务工的净收益就越大，进城务工的意愿就越强，进城数量越多。

判断十三：农民进城数量（M）是城镇生活的不适应（S）的减函数，即：农民对城镇生活越不适应，农民务工的净收益就越小，进城务工的意愿就越弱，进城数量越少；反之，农民对城镇生活越适应，农民务工的净收益就越大，进城务工的意愿就越强，进城数量越多。

综合以上分析可以看到，从成本收益的角度来看，影响农民进城务工的因素是多方面的，既有农村因素，也有城镇因素；既有成本因素，也有收益因素；既有物质性因素，也有精神性因素。在这些影响因素中，有些是促进劳动力转移的动因，有些则构成了劳动力转移的障碍。总的来看，农民进城就业机会越多、进城务工工资越高、在城生活成本越低，农民工进城务工的意愿就越强烈，进城数量就越多；相反的，进城寻工费用和在城务工费用越高、农业收益越高、务农的生产成本和农村生活成本越低，农民工进城务工的意愿就越弱，进城数量就越少。优越的城镇公共设施、良好的文化环境以及技能性收益都对农民进城务工形成了城镇拉力，即动因。而同时，农村的社会关系网络、户籍等制度的不平等、社会歧视以及城镇生活的不适应性，构成了农民进城务工的障碍。后面将通过实证分析，验证上述判断，揭示这些成本收益因素对农村劳动力转移的内在作用机制。

5.1.2 数据来源与特征分析

本部分运用课题组的调查数据进行分析，调查样本的统计性描述情况和体征见表 5-1。

表 5 – 1　中原经济区农村劳动力转移问题调查个人数据的统计特征

调查变量	均值	标准差	峰度	偏度
年龄(Z1)	30.46	7.39	- 0.19	0.21
性别(Z2)	0.99	0.57	9.87	2.33
读书时间(Z3)	8.25	2.28	0.70	- 0.27
婚否(Z4)	0.78	0.51	9.98	0.57
是否农业户口(X3)	1.14	0.32	18.32	4.22
在家居住时间(X4)	275.26	117.30	0.76	- 1.32
受教育时间(X5)	6.38	4.57	597.76	50.08
有专业技术职称(X6)	1.09	0.51	10.99	- 3.17
受过职业培训(X7)	2.16	0.62	8.97	- 2.96
受过农业技术培训(X8)	1.89	0.40	12.49	- 2.66
健康状况(X9)	2.03	0.71	2.24	1.04
家庭主要经营者(X10)	1.25	0.83	- 0.69	0.77
职业(X11)	1.94	2.15	1.98	1.63
从事主要行业(X12)	2.42	1.95	- 0.55	1.07
村内从事农业(X13)	101.36	109.62	- 0.58	0.84
村内从事非农(X14)	44.12	90.55	3.79	3.19
外出从业时间(X15)	66.85	118.43	0.39	1.04
外出从业收入(X16)	1987.71	12426.51	6771.14	70.81
外出从业费用(X17)	387.92	6874.16	20938.49	118.04
外出从业地点(X18)	1.04	3.06	2.32	2.01
年末经营耕地(X29)	6.86	10.72	48.19	6.55
年末拥有生产性固定资产值(X30)	8366.11	37019.06	1154.96	20.47
购买种植业生产资料总金额(X31)	918.15	1644.32	204.89	10.24
购买生产性固定资产支出(X32)	590.27	9901.07	3226.01	49.11
生活消费支出(X34)	9880.21	13874.38	204.49	13.89
家庭全年总支出(X35)	17959.21	64211.93	2501.36	39.21
出售主要农产品金额(X36)	6073.16	30311.90	9266.69	80.73
家庭全年纯收入(X37)	16752.91	20349.10	709.18	19.26
到外学点技术或才干(Z5)	0.41	0.56	- 1.22	0.91
城镇生活方便、条件好(Z6)	0.25	0.26	1.37	2.04
向往、喜欢城镇的生活方式(Z7)	0.45	0.38	11.97	2.81
老家居住距中心镇或市场的距离(Z8)	14.08	15.74	30.89	6.25
交通方便不(Z9)	1.73	21.32	600.98	22.63
老家距打工地的距离(Z10)	575.40	677.97	5.40	3.06

续表

调查变量	均值	标准差	峰度	偏度
全年外出天数(Z11)	278.95	282.04	607.47	20.93
城镇找到第一份工作花费的时间(Z12)	10.89	25.63	138.49	11.84
社会亲情网络(Z13)	0.32	0.54	0.29	1.88
对就业风险的整体感觉(Z14)	6.38	189	0.37	-0.29
有没有工资拖欠现象(Z15)	0.37	0.78	2.97	1.52
是否与雇主签订劳动合同(Z16)	0.82	0.50	-0.88	-0.48
对企业或老板的信誉评价(Z17)	6.46	2.03	-0.39	-0.25
对就业风险的态度(Z18)	2.03	1.73	33.19	6.58
有没有听说过保险(Z19)	2.79	1.58	11.67	1.78
对《劳动法》等法律的了解程度(Z20)	6.13	1.40	-0.50	0.69
法律法规对就业风险作用的评价(Z21)	4.01	2.98	-0.73	0.89
有没有被歧视的感觉或经历(Z22)	2.58	1.69	33.40	3.90
对自己就业能力的评价(Z23)	7.02	2.95	-0.89	-0.64
对自己身体素质的评价(Z24)	8.50	1.76	-0.28	-0.98
对自己知识文化的评价(Z25)	4.32	3.19	-0.93	-0.64
对自己务工经验的评价(Z26)	6.89	3.36	-1.89	-0.46
对自己务工技能的评价(Z27)	7.02	3.09	-0.88	-0.26
对城镇就业环境的评价(Z28)	6.53	2.41	-0.95	0.53
对城镇政治环境的评价(Z29)	7.54	3.14	-1.48	0.59
对城镇经济环境的评价(Z30)	7.22	3.19	2.80	0.86
对城镇文化环境的评价(Z31)	8.42	3.28	-0.49	0.51
对城镇就业条件要求的评价(Z32)	3.05	3.11	60.25	6.22
样本数		1364		

5.1.3 收入及其相关因素对劳动力转移的影响分析

本部分主要从农村劳动力家庭的绝对收入、收入差距、相对贫困三个维度分析其与劳动力转移的内在关系。

（1）分析方法和变量设定

收入差距在迁移决策中一直占有中心位置，托达罗的城乡预期收入差距模型和以 Stark 为代表的相对贫困假说都强调了收入因素对于劳动力转移的核心作用，上述有关农村劳动力转移的成本收益分析也证明了这一点。本部分运用调查数据，建立 Probit 模型，研究绝对收入、相对贫困与劳动力转移之间的关系。

对于绝对收入和相对收入的设定，本书采用家庭收入而非个人收入，而这也和新迁移学说认为迁移是家庭决策的结果而非个人的理论相一致。绝对收入我们用家庭全年纯收入这一变量来衡量；相对收入是指因收入而产生的相对贫困感，我们用农户家庭收入水平来计算该指标。同时，为了考察农业收入和劳动力转移的关系，我们把出售主要农产品金额作为一个解释变量纳入分析模型。

为了分析城乡收入差距对迁移的影响，必须在迁移决策方程的估计中引入城乡收入差距这一变量或替代变量。这里我们用迁移者和非迁移者的当前收入来估计城市和农村的收入差距水平，并用迁移者和非迁移者的家庭全年纯收入差距来衡量。但由于迁移的选择性，迁移者不是均匀地分布在人群之中，迁移者本身可能具备某些与其收入水平相关的特征（如年龄、性别、受教育水平等），这些特征导致了样本选择的偏差，从而有可能导致收入水平估计中的偏差。这些特征对于转移的影响将在本章后面的人口学特征影响机制部分进行专门研究。

（2）回归结果及分析

表5-2 迁移决策的 Probit 模型估计 （一）

解释变量	被解释变量(Y1)：是否迁移(迁移=1；不迁移=0)					
	方程1		方程2		方程3	
	Coefficient	z-Statistic	Coefficient	z-Statistic	Coefficient	z-Statistic
X37	3.86E-13 ***	9.9869				
X38	-1.31E-09 ***	-7.9823				
X39			2.98E-01 ***	9.5309		
X40			-1.33E-08 ***	-11.0411		

解释变量	被解释变量（Y1）：是否迁移（迁移＝1；不迁移＝0）					
	方程 1		方程 2		方程 3	
	Coefficient	z－Statistic	Coefficient	z－Statistic	Coefficient	z－Statistic
X41					4.06E－01***	10.3134
X36	−9.03E－11***	−3.9005	−8.11E－21***	−4.0012	−9.08E－02***	−3.9815
X29	−0.0114***	−6.0106	−0.0018***	−5.6653	−0.0014***	−5.3947
X30	−6.13E－06***	−3.6094	−6.98E－03***	−4.2261	−7.01E－03***	−3.6795
X31	−8.12E－07**	−2.2497	−6.71E－03**	−2.4801	−8.01E－03**	−2.1962
X32	−2.02E－07***	−3.9709	−1.61E－03***	−4.9065	−2.01E－03***	−4.2252
X33	−3.89E－07	−1.8062	−4.06E－03	−1.8045	−4.61E－03	−2.0989
X34	−1.41E－07***	−3.9723	−1.51E－03***	−3.9732	−1.42E－03***	−4.5023
X35	3.40E－06**	2.2046	4.01E－03*	2.3076	3.69E－03**	2.6057
X16	2.79E－06***	19.3745	3.42E－03***	19.2956	2.99E－03***	19.7819
X17	−3.61E－06***	−19.0096	−3.20E－06***	−13.9578	−3.49E－05***	−19.0703
X18	0.4091***	139.9957	0.3892***	130.1915	0.4394***	141.8856
X3	0.2631***	7.9738	0.0942***	7.8754	0.2790***	7.8932

注 （1）legend：* $p < 0.10$；** $p < 0.05$；*** $p < 0.01$。（2）本表所用分析软件是 Eviews3.1。（3）表中，"X38"是指"家庭全年纯收入的平方"，"X39"是指"相对贫困度"，"X40"是指"相对贫困度的平方"，"X41"是指"城乡收入差距"，其余解释变量代码的含义同表 5－1。

分析表 5－2 的回归结果，可以得到：

①绝对收入（家庭全年纯收入 X37）的系数为 3.86E－13，且处于显著水平之上，这说明绝对收入是迁移的必要条件。一定的收入，不仅使得农民有能力支付迁移成本，而且也有利于提高其抵御风险的能力，而这两个条件都是农民进城务工的必要条件。家庭全年纯收入的平方（X38）为负且处于显著水平之上，则说明当绝对收入增加到一定水平的时候，农民更倾向于在农村就业。也就是说，当农民的物质需求还没有得到满足的时候，也就是收入很低的时候，他们愿意忍受艰辛、孤独和被歧视等，牺牲精神需求而到城镇务工挣钱；但当物质

需求基本得到满足的时候，农民的精神需求将增强，不再愿意忍受城镇务工的艰辛、孤独和被歧视等，从而不再愿意到城镇务工。

②相对贫困度（X39）的系数显著为正，表明相对贫困度对农村剩余劳动力转移起显著的正向作用，即相对贫困度越高，其越愿意通过转移改变其处境，劳动力转移的动机就越强，这与理论预期一致，即相对经济地位变化假说得到本研究所使用数据的验证。相对贫困度的平方（X40）的系数显著为负，说明对于那些收入相对较低的农民（相对贫困度反映的是某农户的收入在全部农户中的相对水平，收入水平越低，相对贫困度必然越高），由于其难以支付进城务工的成本，难以抵御进城务工的风险等，导致他们失去转移的基本能力和动力。

③方程3中，城乡收入差距（X41）的回归系数显著为正，该结果证实了城乡收入差距在劳动力转移决策中的重要作用。农民工是理性的，城镇较高的收入是其进城务工的根本动因，城乡收入差距越大，农村劳动力向城镇转移的倾向就越强。

④在三个回归方程中，外出从业收入（X16）的回归系数显著为正，即外出从业收入越高，劳动力转移的意愿越强烈，该结论一方面进一步证实了以上的结论，另一方面也说明，工资收入是农民工外出务工的重要动因，提高农民工在城务工的工资水平，将有利于我国农村剩余劳动力的转移。

⑤出售主要农产品金额（X36）在3个方程中的系数都显著为负，这表明出售主要农产品金额对农村剩余劳动力转移起显著的负向作用，即出售主要农产品金额越多，农村剩余劳动力转移的动机就越弱。而这里是把出售主要农产品金额当作农业收入的一个替代变量来处理的，可见，农业收入越高，农业越发达，农村的生活条件就越好，城乡收入的差距就会减小，农村对劳动力转移形成一种拉力，农村剩余劳动力转移意愿就相对变弱（程名望，2005）。

⑥耕地面积（X29）对农村剩余劳动力转移决策的影响是显著为负的，即耕地面积越少，外出务工的意愿就越强烈；耕地面积越多，外出务工的意愿就越不强烈。这说明，土地资源的匮乏是导致农民外出务工的重要原因。当前农村的土地基本上是按人头平均分配的，人均数量较小，由于农民对土地只有使用权而没有所有权，所以在农村实质上并不存在土地市场，土地买卖甚至转让并不流畅，使得土地的规模经济难以实现，这严重限制了家庭的农业收入，并影响了农民从事农业的积极性。因此，土地分配制度的改革至关重要（朱农，2005）。

5.1.4 成本费用及其相关因素对劳动力转移的影响分析

上节的计量分析主要是验证收入及其相关因素对劳动力转移的影响，而影响农村剩余劳动力转移的，显然还有务农成本、进城费用等成本因素。本部分主要从农业支出、进城费用、户口等维度分析其与劳动力转移的关系。

（1）分析方法与变量设置

本节采用同5.1.3节完全相同的分析方法，并和5.1.3节的变量放在同一个Probit模型中进行了回归分析。在变量设置上，根据数据特点，主要是采用替代变量的方法来进行处理。由于农业支出是个宽泛的概念，调查问卷并没有单独列出。所以这里用"年末拥有生产性固定资产原值"、"购买种植业生产资料总金额"、"购置生产性固定资产支出"三个替代变量来衡量。为了考察生活消费水平对农村剩余劳动力转移的影响，这里选择了"生活消费支出"和"家庭全年总支出"这两个替代变量。同时，把"外出从业费用"、"外出从业地点"、"是否农业户口"也作为解释变量。"外出从业费用"、"外出从业地点"、"是否农业户口"三个变量用来衡量农民工进城务工的成本，其中，"外出从业费用"标识了农民工外出务工的直接成本，"外出从业地点"标识了农民工外出离家的距离，距离越远，成本显然会越大，而"是否农业户口"却标识了农民工外出务工的一种精神成本，不是非农业户口，外出务工的精神成本显然会更大。

（2）回归结果及分析

分析表5-2的回归结果，可以看到：

①"年末拥有生产性固定资产值"（X30）、"购买种植业生产资料总金额"（X31）、"购置生产性固定资产支出"（X32）三个变量的系数都显著为负，表明农业支出对农村剩余劳动力转移起显著的负向作用，即农业支出越大，劳动力转移的动机就越弱。这是因为，农业支出越大，需要与之匹配的劳动力就越多，转移的劳动力就必然相对减少。而拥有的生产性固定资产越多，购置生产性固定资产的支出越大，表明该农户的家庭财产越多，家庭财产必然对农户形成一种拉力，也就是因为舍不得家庭财产而不愿意进城务工。

②"生活消费支出"（X34）和家庭全年总支出的系数均显著，但"生活消费支出"的系数为负，"家庭全年总支出"的系数为正。这表明生活消费支出与农村剩余劳动力转移之间存在负向关系。这是因为生活消费支出越大，表示该居民户在农村的生活条件越好，较好的农村生活条件对其外出就业形成了阻力，使其不愿意外出务工。而就"家庭全年总支出"来说，由于调查的是农户而不是城镇居民户，农户的家庭全年总支出越大，也就是我们通常所说的开销越大，该农户就需要更多的收入来支撑，对钱的需求也就越急迫，所以就更愿意到城镇务工挣钱。

③"外出从业费用"（X17）的系数显著为负，表明外出务工费用对农村剩余劳动力转移起显著的负向作用，即外出务工费用越大，劳动力转移的动机就越弱，因而，降低农民工外出务工费用，特别是减少或消除一些不必要的行政费用（例如某些地方征收的

暂住费、某些机构收取的劳务费和信息费等），将有利于我国农村剩余劳动力的顺畅转移。

④"外出从业地点"（X18）的系数显著为正，表明外出从业地点对农村剩余劳动力转移有显著的影响，且其关系是离家越远，劳动力转移的动机反而越强，该结论表面看来是违反常理的，但仔细分析却发现它是完全符合我国实际的。我国的劳动力转移，主要是收入导向型的，农民工主要涌入的是收入较高的沿海发达省份和城市。也就是说，农民工主要是以收入最大化来决定自己的转移行为，而并不太在意离家的远近，所以大量西部偏远省区的农民工远离家门，跨省转移到沿海发达省份或城市，特别是珠江三角洲和长江三角洲。

⑤"是否农业户口"（X3）的系数显著为正，表明是否农业户口对农村剩余劳动力转移起显著的正向作用，即非农业户口利于劳动力转移。因而，必须尽快改革户籍制度，尽快给予农民同等的制度身份，这样才能真正从制度上保证我国农村剩余劳动力的顺畅转移，也有利于我们的工业化进程。

5.1.5 非物质收益及其因素对农村劳动力转移的影响分析

本部分利用调查数据，分析非经济性因素对农村劳动力转移的影响。

（1）分析方法与变量设置

本节采用与上述分析相同的计量分析方法。在变量设置上，根据数据特点，主要采用替代变量和设置虚拟变量的方法来进行处理。技能型收益是指农民由于外出务工而获得的技能的提升，这里用调查问卷中进城动因调查项的"到外学点技术或才干"（Z5）做替代变量，在问卷中，选该项的赋值为1，其余赋值为零。城镇生活收益是指城市较便利、繁华的生活条件给农民工带来的满足或福利感受，这里用调查问卷中进城动因调查项中"城镇生活方便、生活条件好"（Z6）做替代变量，在问卷中，选该项的均赋值为1，其余赋值为零。城镇生活适应性是指农民工是否适应城镇的生活方式，例如能否忍受城镇务工的艰辛、能否接受城镇的冷漠（特别是由于远离了农村的社会关系网络而导致的一系列精神感受）、能否接受城镇生活的快节奏等。这里用调查问卷中进城动因调查项中"向往、喜欢城镇的生活方式"（Z7）做替代变量，在问卷中，选该项的赋值为1，其余赋值为零。就业机会用"到城镇找到第一份工作花费的时间"（Z12）做替代变量，显然，Z12越大，表示找工作越困难，就业机会就越少，该指标也可以用来衡量农民工市场的成熟度（王春超，2005）。社会信息网络是指农民之间的社会亲情等社会网络关系，该关系对于农民工进城务工往往具有重要的作用（蔡昉，2003；程名望、史清华，2005），这里用调查表中"进城务工的途径"项中的"社会亲情网络"（Z13）来做替代变量，选该项的赋值为1，否则赋值为0。"有没有被歧视的感觉或经历"（Z22）用以衡量城镇歧视对农村剩余劳动力转移的影响，有为1，没有为0，"对城镇就业环境的评价"（Z28）用以衡量城镇环境对农村剩余劳动力转移的影响。

（2）回归结果及分析

回归结果见表5-3，可以看到如下分析结果：

①技能型收益（Z5）的系数显著为正，表明技能型收益对于农村剩余劳动力转移起显著的正向作用。到城镇务工可以学点技术或者增加才干的想法和目的，促使一部分农民对进城镇务工有更强烈的意愿。而在城镇掌握了技术或才干后，回流到农村，开始在农村的创业，且主要是从事非农经营（赵耀辉，2003）。因而，给城镇农民工提供更多的技术岗位，或者重视其技术培训，不仅能够促进农民工进城务工，而且能够促进农村的非农就业，搞活农村经济。

表5-3 迁移决策的 Probit 模型估计（二）

解释变量	被解释变量(Y1):是否迁移(迁移=1;不迁移=0)			
	方程1		方程2	
	Coefficient	z-Statistic	Coefficient	z-Statistic
Z5	0.9086 ***	7.0109	0.9109 ***	6.9812
Z6	0.8994 ***	6.0112	0.8996 ***	5.0088
Z7	1.7984 ***	8.0154	1.8135 ***	7.9965
Z8	-0.0007 ***	-2.5939	-0.0011 ***	-2.0923
Z9	0.5991 ***	2.9007	0.7013 ***	4.0176
Z10	-0.0022 ***	-2.9997	-0.0029 ***	-3.3061
Z12	0.0112 ***	3.1307	0.0112 ***	3.3935
Z13	1.0091 ***	5.9823	1.0194 ***	5.9076
Z14	-0.0810 **	-2.1905	-0.0592 **	-2.1976
Z15	-8.0127 ***	-3.0176	-7.3956 ***	-3.3045
Z16	-1.4021	-0.2932	-1.1974	-0.6118
Z17	0.3491 ***	2.8937	0.3019 ***	3.0942
Z18	0.0802 **	2.1018	0.0895 **	2.0968
Z19	-0.1939	-0.4057	-0.2711	-0.2981
Z20	0.1584	1.1989	0.0997	1.6121
Z21	-0.0910	-0.9076	-0.0595	-0.8973
Z22	0.4301	0.1998	0.3803	0.2065
Z32	0.1092 **	2.1182	0.1008 **	2.0986
Z23	0.0208 **	1.9832		
Z28	0.1103 *	2.0966		
Z24			0.0997 ***	2.7014
Z25			0.1185 ***	2.9928
Z26			-0.0113	-0.0473
Z27			0.0008	0.0307
Z29			0.1975 ***	4.0165
Z30			0.0494 ***	2.9653
Z31			-0.0109	-0.4988
Log likelihood	-401.0726		-519.8795	
McFadden R-squared	0.6004		0.6121	
Total obs	1364			

125

②城镇生活收益（Z6）的系数显著为正，表明城镇生活收益对于农村剩余劳动力转移起显著的正向作用。由于多年的二元经济结构，我国的城乡差距是十分巨大的，城镇便利、繁华的生活条件给农民工带来了满足感或福利感受，对农民工进城务工形成了强大的拉力，哪怕是抱着"到城镇开开眼界"的目的，他们也愿意到城镇务工（程名望，2005）。

③城镇生活适应性（Z7）的系数也显著为正，表明城镇生活适应性对于农村剩余劳动力转移起显著的正向作用。由于生活习惯、文化等差异和身份转换的困难，农民工往往难以适应城镇的生活，例如：难以忍受城镇务工的艰辛、难以接受城镇的冷漠、难以接受城镇生活的快节奏、难以忍受城镇的歧视等。城镇生活适应性强的农民工，进城的动因就越强。

④"到城镇找到第一份工作花费的时间"（Z12）的系数显著为正，这表明城镇就业越容易，就业机会越多，农民工进城务工的意愿就越强。而就业容易、就业机会多是和劳动力市场的成熟度密切相关的。由此可见，完善城乡劳动力市场，如完善农民工务工的信息系统、建立更规范的农民工就业中介机构等，将有利于我国农村剩余劳动力转移。

⑤"社会亲情网络"（Z13）的系数显著为正，这充分说明了社会亲情网络对农村剩余劳动力转移的重要作用。这既是中国农村文化的必然反映，也是有中国特色的农村剩余劳动力转移方式。长期的落后和自然经济，使封闭的农村村落形成紧密合作的经济体，村落里亲戚、朋友、邻居等千丝万缕联系的亲情网络是农民工最为信任和感到安全的社交网络，他们往往会选择这个最有安全感的途径进城务工。

⑥"有没有被歧视的感觉或经历"（Z22）的系数并不显著，这表明城镇歧视目前还没有对农民工进城构成显著的影响。就现阶

段看，农民工进城务工的第一目标仍旧是收入，是生活的压力和对较高收入的向往使得他们涌进城镇。对他们来说，物质需求的满足是第一位的，为了较好的物质收入，对于城镇歧视对自己的精神伤害，他们愿意忍受。这和马斯洛的需求层次理论是一致的。但可以设想，随着农村经济的持续发展，当农户富裕到一定程度时，农民将不愿意为了收入而忍受歧视，也就是不再愿意因收入而牺牲尊严的时候，如果城镇歧视依然存在，他们将不再忍受，而选择不进城务工。

⑦ "对城镇就业环境的评价"（Z28）的系数在 10% 显著性水平下显著为正，这表明城镇就业环境是一个影响我国农村剩余劳动力转移的因素。城镇就业环境越好，劳动力转移的意愿就越强。方程 2 进一步分析了就业环境的细分因素，发现在 "政治环境"（Z29）、"经济环境"（Z30）和 "文化环境"（Z31）3 个相关解释变量中，"政治环境"（Z29）和 "经济环境"（Z30）2 个变量的系数是显著的，这表明政治环境（户籍制度、子女入学、医疗保障等）和经济环境（城镇工资水平、城镇就业机会等）已经是当前农民工进城务工考虑的重要因素。"文化环境"（Z31）系数的不显著，表明城镇文化环境还不是农民工转移决策的重要影响因素，这是因为农民的需求层次主要还不在文化需求上，所以对文化环境就不会有过多的关注。综合以上分析可以看出，工资收入的差距使得农民工愿意到城镇务工，但目前不公平的政治制度或政策却对他们进城形成了严重的阻碍。

5.2 农村劳动力转移的人口学特征要素及其影响机制分析

本部分采用微观描述性分析的方法，从农民工个人的人口学特征（年龄、婚姻、教育、性别等）的微观角度，分析对劳动力转移动因的影响机制。

农民工进城动因是农民工进城意愿是否强烈的关键因素，直接影响着农村劳动力转移的进程。调查问卷以"推—拉"理论为依据，对农村推力和城镇拉力各设计了 6 个因素。农村推力包括：在家收入太低；在家没事干；农村太穷，生活太苦；种地不合算；农村没有太多发展或致富机会；农村精神生活太匮乏。城镇拉力包括：进城务工收入高；外出开开眼界；到外学点技术或才干；城镇生活方便、生活条件好；向往、喜欢城镇的生活方式；别人都外出，受其影响。

从样本总的趋势来看（见表 5 - 4），在农民工进城的动因中，城镇拉力大于农村推力。这表明在现阶段，我国农村劳动力转移的第一动因已经是城镇因素而不是农村因素。在农村推力一栏中，第一推力是"在家乡务农收入太低"，高达 80.12%，第二是"农村缺乏发展或致富机会"，为 46.08%，第三是"农村太穷，生活太苦"，为 25.17%，第四是"家里劳动力多，无事可做"，第五是"农村税费负担太重，种地不合算"，第六是"农村精神生活太匮乏"。在城镇拉力一栏中，第一拉力是"进城务工收入高"，为 64.47%，第二是"到外边学点技术或增长点才干"，为 33.62%，第三是"外出开眼界"，为 21.95%，第四是"喜欢并向往城里生活方式"，第五是"别人都外出，受其影响"，第六是"城镇生活方便、生活条件好"。从样本的这一动因选择可以看出，农民外出就业的首要动因是经济因素，即为了实现收入增长与家庭经济状况的改善，也就是说，城乡收入差距是农民进城务工的第一动因。导致农民工进城务工的精神因素不能说没有，但依然处于次要地位。

表5-4 农民工进城务工动因的年龄差异分布（多选）

单位：%

动因		样本年龄（岁）			总计
		≤24岁	25~34岁	≥35岁	
农村推力	在家收入低	76.99	77.32	88.91	80.12
	家里劳力多	15.04	13.88	16.97	15.34
	农村太穷苦	28.06	21.78	27.02	25.17
	种地不合算	7.57	15.76	20.42	15.01
	发展机会少	50.13	46.98	39.86	46.08
	精神太匮乏	6.01	7.13	9.91	7.68
	合 计	183.80	182.85	203.09	189.40
农村推力	进城收入高	55.04	68.02	80.17	64.47
	外出开眼界	30.87	20.67	19.03	21.95
	外出学技术	56.14	30.43	20.30	33.62
	生活条件好	14.11	15.39	12.43	13.24
	生活方式好	18.75	20.23	23.13	20.30
	受他人影响	14.58	20.88	18.97	18.48
	合 计	189.49	175.62	174.03	172.06

5.2.1 劳动力转移动因的年龄差异分析

从年龄差异来看（见表5-4），总体上年龄与农村推力的分布呈递增趋势，而与城镇拉力呈U形分布。即：随着年龄增加，农村推力持续增强；"城镇拉力"对25~34岁的农民工的作用最弱，而对24岁及以下和35岁及以上的农民工作用较强。对于这种现象的出现，可能的原因和解释是：就农村推力来说，随着年龄增长，农民工开始承担家庭重任甚至成为"一家之主"或家里的"顶梁柱"，沉重的负担以及农村较低的收入，使他们感受到了农村生活的艰辛，农村推力对其的作用就日益增强。就城镇拉力来说，24岁及以下的年轻人很多还没有结婚生子，在农村没有太多的牵挂和负担，他们习惯或喜欢城镇的方便和繁华，对重回农村忍受贫穷很不甘心，也有更大的勇气面对在城镇的艰辛和困难，于是城镇对他们形成了强大的拉力；而 25 ~ 34 岁的农民工大多已经在城镇务工多年，由于政策、自身能力等复杂原因，他们奋斗多年，身心疲惫，在城镇仍旧没有立足之地，已经清醒认识到进城的艰辛，城镇对他们的拉力已经不大。而 35 岁及以上的农民工，仍旧能在城镇务工的，要么是有一技之长，能够在城镇站稳脚跟，要么是已经习惯了城镇的生活方式，愿意继续在城镇"拼搏"或"挣扎"，也就是说，城镇拉力对他们的作用很大。这表明在进城动因上，年轻人更多的是被拉进城镇，而不是被推进城镇；年龄大的人则相反。这是我们解决中国劳动力转移必须重视的一个重要趋势。

进一步分析发现，不同年龄段的农民工对具体的农村推力和城镇拉力，既有相同的趋势，也有不同之处。就农村推力来说，25 ~ 34 岁的农民工对"农村缺乏发展或致富机会"反应最敏感；35 岁及以上的农民工对"在家乡务农收入太低"、"农村税费负担太重，种地不合算"和"农村精神生活太匮乏"反应最敏感；而 3 个年龄段的农民工对"农村太穷，生活太苦"和"家里劳动力多，无事可做"的反应没有明显差异。就城镇拉力来说，24 岁及以下的农民工对"到外边学点技术或增长点才干"和"外出开眼界"反应最敏感；25 ~ 34 岁的农民工对"城镇生活方便，生活条件好"和"别人都外出，受其影响"反应最敏感；而 35 岁及以上的农民工对"进城务工收入高"和"喜欢并向往城里生活方式"反应最敏感。这表明，年龄越大，进城务工受经济收入的影响越大，其越在意实际的物质因素；而年龄越小，受非经济因素的影响越大，其越在意"学技术"、"开眼界"等更长远的发展目标。

5.2.2 劳动力转移动因的性别差异分析

从性别差异来看（见表5-5），总体上女性外出受到城镇拉力较农村推力的影响要更明显也更大，男性外出则处在一种城镇拉力与农村推力基本均衡的状态。这个细微的差别似乎流露出一种趋势，那就是女性对城镇生活更加向往。她们在农村时安分守己，勤劳耕耘，但一到城镇，打开视野的女性就更加被城镇的生活所吸引。另外，男性对农村推力和城镇拉力的反应比女性都要明显敏感，其中农村推力尤其突出（在农村推力上，男性高出女性26.16个百分点，在城镇拉力上，男性高出女性4.35个百分点）。

表5-5 农村劳动力转移动因的性别、文化差异（多选）

单位：%

动 因		样本性别		样本文化程度		
		女性	男性	≤小学	初中	≥高中
农村推力	在家收入低	80.45	83.51	85.41	80.92	75.02
	家里劳力多	12.69	14.06	13.58	14.37	8.42
	农村太穷苦	20.76	25.86	19.97	25.63	25.37
	种地不合算	24.81	26.46	14.34	25.26	20.48
	发展机会少	25.19	39.47	23.52	40.16	36.30
	精神太匮乏	5.90	6.58	6.57	7.51	8.56
	合 计	169.78	195.94	163.38	193.85	174.16
城镇拉力	进城收入高	70.96	71.07	69.18	69.86	68.73
	外出开眼界	25.31	27.01	25.54	27.04	33.87
	外出学技术	36.77	39.48	32.33	35.95	34.72
	生活条件好	15.30	13.77	13.30	14.19	12.74
	生活方式好	14.04	15.16	14.74	19.38	12.58
	受他人影响	19.80	20.04	19.35	19.79	19.05
	合 计	182.18	186.53	174.44	186.21	181.69

进一步分析表5-5，发现，不同性别的农民工对具体的农村推力和城镇拉力，既有相同的趋势，也有不同之处。就农村推力来

说，无论男女，"在家乡务农收入太低"都是其第一选项，"发展机会少"都是其第二选项。就城镇拉力来说，"进城务工收入高"都是其第一选项，"到外边学点技术或增长点才干"都是其第二选项。这表明，无论男女，其进城务工的首要目标都是经济因素，且男性比女性更加关注经济收入。

5.2.3 劳动力转移动因的文化程度差异分析

从文化程度差异来看（见表 5-5），随着受教育年限增加，农村推力和城镇拉力都呈 U 形递增趋势。即：随着受教育年限增加，农村推力和城镇拉力都持续增强。对于这种现象的出现，个案调查得到解释是：一是受教育时间越短，在土地上劳作的时间相对就越长，就对土地和农村有更深的认同感和依赖性。读书时间长的则相反。二是读书时间越短，对外界的恐惧感就越强烈，不自信的心理因素使他们怀疑自己在城镇的生存能力。读书时间长的则相反。三是读书时间长的人，认为自己读书花了很大的成本，如果还是待在家里从事农业不划算。四是如果读了那么多年书还和读书时间少的人一样在家务农，感觉会被嘲笑，自己也不甘心。另外一个重要的现象是，农村推力和城镇拉力随着受教育年限变化的拐点都在"初中"，这表明九年义务教育对农民工进城有重要影响，也充分表明了重视基础教育对劳动力转移所起的重要作用。

进一步分析发现，不同学历段的农民工对具体的农村推力和城镇拉力，既有相同的趋势，也有不同之处。就农村推力来看，第一位动因均是"在家乡务农收入太低"，但随着农民工受教育时间加长，其占比明显下降，小学及以下的农民工比率为 49.14%，初中段的为 39.41%，高中及以上的仅为 37.97%，高低相差 11.17 个百分点。第二动因均是"农村缺乏发展或致富机会"，但随着农民工受教育时间的加长，其比率显著上升，由 15.73% 升至 23.53%，再升至26.58%。同样，就城镇拉力看，尽管第一位动因均是"进城务工收入高"，但随着农民工受教育时间的加长，其比率呈明显下降趋势，由36.00%降至32.43%，再降至28.70%；第二位与第三位动因同样均是"到外边学点技术或增长点才干"和"出外开开眼界"，但随着农民工受教育时间的加长，其比率均呈上升趋势。

5.3 小结

本章在成本收益分析基础上，提出影响农村劳动力转移的基本判断，并利用计量经济学方法进行了实证分析，实证分析基本验证了相关判断的正确性。研究发现：（1）绝对收入、城乡收入差距和相对贫困度都是影响农民工进城的核心因素，也是我国农村剩余劳动力转移的根本动因。而无形的效用和福利因素（城镇生活收益、技能性收益等）也影响农民工的转移决策。（2）务工费用和成本的高低，形成了我国农村剩余劳动力转移的根本障碍。而务工成本既包括务工费用等有形因素，还包括户籍制度、社会歧视和城镇生活的适应性等无形因素。（3）就业风险是影响劳动力转移决策的重要因素之一，劳动力市场越完善，农民工进城就业机会越多、风险越小，农村劳动力转移的意愿就越强烈。（4）农民外出务工和农村非农就业作为不同的劳动力转移形式，二者的影响因素既有相同之处，也存在一些差异。（5）不同个人特征的农民工进城动因和障碍的趋势都表现为农村因素减弱，城镇因素增强。这标志着我国农村劳动力转移的动因发生了质的嬗变，从原来被动地依靠农村推力嬗变到主动地依靠城镇拉力。（6）在农民工转移问题上，不同个人特征的农民工表现出一定的差异。我国农村劳动力转移的问题很难用一个统一的模式来解决，而应该采取多样的政策。

6

中原经济区农村劳动力转移的
宏观动力机制分析

本部分从宏观层面分析中原经济区农村劳动力转移的动力机制，考虑数据来源，以河南省的数据进行实证分析。

6.1 变量选择和数据来源

结合农村劳动力转移的影响因素，根据已有的相关经济理论，遵循统计资料易获得且准确的原则，从计量经济分析的角度选择并界定以下一些具体的量化指标：

（1）因变量。分别选择"农村劳动力转移规模"、"农村劳动力转移率"为因变量或被解释变量。

（2）自变量。选取影响农村人口转移就业的 10 个因素作为自变量或解释变量。主要包括以下 10 个指标：一是农村居民实际年人均纯收入（1980 年价格，反映农民的实际生活水平）；二是各种单位职工实际年平均工资（1980 年价格，反映城镇非农就业的实际收入水平）；三是城乡居民收入差距（即当年农村居民人均纯收入与城镇居民可支配收入间的绝对数差额，反映城镇就业生活对农村劳动力的吸引力）；四是第一产业增加值占 GDP 的比重（反映农业在国民经济中的贡献）；五是农业机械总动力（反映农村基础设施条件）；六是农村劳动力人均播种面积（反映农业生产要素状况）；七是城镇化率（即市镇非乡村人口占总人口的比重，反映城镇对人口的容纳程度）；八是城镇登记失业率（反映城镇劳动力市场供求状况）；九是小学毕业生升学率（初中招生数与小学毕业生数之比，反映农村劳动力教育文化素质）；十是人口自然增长率（反映劳动力的长期供给）。

模型数据采用 1980～2010 年的时间序列数据，即该时期的河南农村经济及其他相关统计数据（见表 6-1 和表 6-2）。

表 6-1　1980～2010 年河南省农村经济及其他相关统计指标（1）

年份	非农产业从业人员比重(%)	非农业劳动力比重(%)	第一产业增加值比重(%)	农民实际人均纯收入(元)	职工实际平均工资(元)	城乡居民收入差距(元)
1980	22.8	10.35	41.6	140.70	552	164.66
1981	22.3	11.24	46.8	154.49	591	192.74
1982	22.3	10.51	43.5	179.52	662	204.32
1983	22.4	10.10	46.3	221.70	642	176.33
1984	23.2	9.69	47.7	260.94	634	155.10
1985	24.3	10.59	44.4	291.97	635	136.84
1986	27.3	13.26	42.5	320.58	741	164.49
1987	33.3	17.61	40.4	352.64	759	206.13
1988	34.2	17.47	39.1	359.70	824	334.21
1989	34.2	16.78	39.8	378.40	808	362.59
1990	35.5	18.22	36.6	394.28	777	449.64
1991	34.9	17.23	35.4	403.75	717	523.28
1992	34.3	17.32	41.0	411.83	782	517.98
1993	34.7	18.25	39.2	427.47	798	592.87
1994	36.6	20.48	35.1	453.56	867	816.55
1995	43.0	26.61	31.2	471.54	868	1114.99

续表

年份	非农产业从业人员比重(%)	非农业劳动力比重(%)	第一产业增加值比重(%)	农民实际人均纯收入(元)	职工实际平均工资(元)	城乡居民收入差距(元)
1996	43.9	28.02	33.1	500.92	945	1558.61
1997	49.0	28.53	32.0	540.37	987	1839.20
1998	50.2	28.57	31.2	605.24	1052	1910.61
1999	52.8	29.74	29.6	665.78	1071	1964.08
2000	53.4	30.35	26.2	655.72	1122	2203.48
2001	53.6	31.41	25.1	692.44	1427	2591.11
2002	53.4	36.44	24.2	710.31	1477	2968.30
2003	53.8	37.03	23.3	747.75	1697	3274.48
2004	54.7	37.65	21.9	780.65	1957	4001.44
2005	58.0	38.85	19.8	816.55	2205	4443.91
2006	59.0	40.14	20.4	908.82	2402	4607.08
2007	59.4	40.69	20.1	988.45	2531	4813.17
2008	58.6	39.13	20.7	1064.21	2601	4904.65
2009	59.7	40.94	19.6	1152.35	2843	5110.32
2010	60.2	41.71	18.9	1213.46	2997	5288.78

注：资料来源于河南省统计局,《河南统计年鉴》(1980~2011),中国统计出版社。

表6-2 1980~2010年河南省农村经济及其他相关统计指标（2）

年份	农业机械总动力（万瓦特）	劳动播种面积（hm²/人）	城镇化率（%）	城镇失业率（%）	人口自然增长率（%）	小学生毕业升学率（%）
1980	1241.3	0.578	14.0	7.39	13.7	78.25
1981	1355.7	0.550	14.2	5.31	14.1	74.08
1982	1464.1	0.520	14.4	5.59	14.4	67.71
1983	1597.4	0.501	14.6	4.57	14.1	63.41
1984	1688.2	0.499	14.7	4.47	12.6	59.27
1985	1707.3	0.464	14.8	3.98	14.0	58.94
1986	1811.7	0.455	15.0	2.21	17.2	62.76
1987	1900.7	0.440	15.1	1.45	19.9	63.41
1988	2013.5	0.435	15.3	1.46	20.1	65.57

续表

年份	农业机械总动力 （万瓦特）	劳动播种面积 （hm²/人）	城镇化率 （%）	城镇失业率 （%）	人口自然 增长率（%）	小学生毕业 升学率(%)
1989	2142.6	0.424	15.4	1.45	20.8	62.80
1990	2231.1	0.404	15.5	1.53	18.4	60.79
1991	2330.4	0.410	15.9	1.69	13.2	61.90
1992	2424.4	0.413	16.2	2.44	11.1	65.86
1993	2624.0	0.405	16.5	2.40	9.5	67.49
1994	2780.5	0.409	16.8	1.92	9.0	71.97
1995	3115.4	0.398	17.2	1.82	8.1	80.94
1996	3557.5	0.378	18.4	1.79	7.8	85.64
1997	4337.9	0.382	19.6	1.57	7.7	90.04
1998	4764.4	0.395	20.8	2.20	7.8	92.86
1999	5342.9	0.389	22.0	2.32	7.7	94.39
2000	5780.6	0.377	23.2	2.47	7.1	94.21
2001	6078.7	0.380	24.4	2.60	6.9	93.65
2002	6548.2	0.365	25.8	2.90	6.0	94.89
2003	6953.2	0.357	27.2	3.30	5.6	94.77
2004	7521.1	0.339	28.9	3.40	5.2	98.91
2005	7934.2	0.315	30.7	3.50	5.3	100.29
2006	8309.1	0.327	32.5	3.56	5.3	100.06
2007	8718.7	0.321	34.3	3.40	4.9	99.97
2008	9429.3	0.301	36.00	340	5.0	100.01
2009	9817.8	0.316	37.70	3.50	5.0	100.12
2010	10195.9	0.320	38.80	3.38	5.0	99.99

注：资料来源于河南省统计局，《河南统计年鉴》（1980～2011），中国统计出版社。

6.2 影响因素的相关分析

运用 SPSS 统计软件分别对非农产业从业人员所占比重、农村非农业劳动力所占比重与农民实际人均纯收入等 10 个变量的简单相关关系（Pearson Correlation）进行分析，输出结果见表（6 – 3）。

表 6 – 3　农村劳动力转移与其影响因素的相关系数

	相关显著水平（双尾）	农民实际人均纯收入	职工实际平均工资	城乡居民收入差距	第一产业增加值比重	农业机械总动力
非农产业从业人员所占比重	Pearson Correlation	.908 ** .000	.976 ** .000	.839 ** .000	– .969 ** .000	.894 ** .000
	Sig. (2 – tailed)					
	N	31	31	31	31	31
农村非农业劳动力所占比重	Pearson Correlation	.974 * .	.897 * .	950 * .000	– .979 * .000	.915 ** .000
	Sig. (2 – tailed)					
	N	31	31	31	31	31
	相关显著水平（双尾）	劳均播种面积	城镇化率	城镇失业率	小学毕业生升学率	人口自然增长率
非农产业从业人员所占比重	Pearson Correlation	– .905 ** .000	.903 ** .000	– .378 .052	.886 ** .000	– .763 ** .000
	Sig. (2 – tailed)					
	N	31	31	31	31	31
农村非农业劳动力所占比重	Pearson Correlation	– .888 * .000	.942 ** .000	– .289 .144	.907 ** .000	– .792 * .000
	Sig. (2 – tailed)					
	N	31	31	31	31	31

由表 6 – 3 可知，"非农产业从业人员所占比重"、"农村非农业劳动力所占比重"除了与"城镇失业率"的相关关系检验的 t 统计量的显著性概率均大于 0.05，故在 0.05 的显著性水平上接受零假设（即相关系数 r = 0，相关性不显著）外，而与其他 9 个变量的相关关系检验的 t 统计量的显著性概率均为 0.000（小于 0.01），故在 0.01 的显著性水平上拒绝零假设，即相关系数 r ≠ 0，说明"非农产业从业人员所占比重"、"农村非农业劳动力所占比

重"与9个变量都有显著或极显著的相关关系。

（1）农村居民实际人均纯收入、单位职工实际平均工资、城乡居民收入差距、农业机械总动力、城镇化率、小学毕业生升学率等6个变量与"非农产业从业人员所占比重"、"农村非农业劳动力所占比重"高度正相关。表明，农村居民人均纯收入、单位职工实际平均工资的提高，城乡居民收入差距的扩大，农村基础设施条件（机械化、现代化）的改善，城镇人口占总人口的比重的上升，农村劳动力教育文化素质的提高，这些都可能增强农村劳动力向非农产业转移就业的动力和能力，从而提高非农产业从业人员所占比重和农村非农业劳动力所占比重。

（2）第一产业增加值占GDP的比重、农村劳动力人均播种面积、人口自然增长率3个变量与"非农产业从业人员所占比重"、"农村非农业劳动力所占比重"高度负相关。表明，经济社会的发展，农业对国民经济贡献率的不断下降，农业生产人均土地资源的逐渐减少，人口自然增长率的逐步降低，会不断减少对农业劳动力的需求和供给，促进非农就业人数的增加，从而使非农产业从业人员所占比重和农村非农业劳动力所占比重不断上升。

（3）城镇失业率与"非农产业从业人员所占比重"、"农村非农业劳动力所占比重"低度负相关。表明，城镇劳动力市场竞争的加剧，城镇登记失业率的上升，在一定程度上可能减少了农村劳动力进城务工的机会，从而促使非农产业从业人员所占比重和农村非农业劳动力所占比重下降。

6.3 农村劳动力转移对其影响因素的回归分析

6.3.1 农村劳动力转移回归模型的建立

为了进一步研究农村劳动力转移（"非农产业从业人员所占

比重"或"农村非农业劳动力所占比重")是否可以用上述各种因素("农民实际人均纯收入"等10个变量)来说明以及各变量的解释程度,通过运用SPSS统计软件,进行探索建立"非农产业从业人员所占比重"或"农村非农业劳动力所占比重"(因变量)对"农民实际人均纯收入"等多个自变量的多元线性回归模型:$Y = B0 + B1X1 + B2X2 + B3X3 + \cdots + B10X10 + u$。其中,Y 代表"非农产业从业人员比重"或"农村非农业劳动力所占比重",X1、X2…X10 分别代表"农民实际人均纯收入"等 10 个变量,B0 为待估计的常数,B1、B2…B10 为待估计的 X 对 Y 的边际贡献率(回归系数),u 为随机干扰项(期望值为 0)(见表 6 – 4 至表 6 – 8)。

表 6 – 4　模型总体参数

Model（模型）	R（复相关系数）	R 2（决定系数）	Adjusted R 2（调整的决定系数）	Se（估计标准误）	Durbin – Watso（杜宾—瓦森检验值）
1	.976[a]	.952	.950	2.8297	
2	.983[b]	.966	.963	2.4361	
3	.996[c]	.991	.990	1.2588	
4	.997[d]	.993	.992	1.1232	
5	.997[e]	.995	.993	1.0288	2.076

a. Predictors：(constant)，农民实际人均纯收入。b. Predictors：(constant)，农民实际人均纯收入，小学毕业生升学率。

c. Predictors：(constant)，农民实际人均纯收入，小学毕业生升学率，城镇失业率。

d. Predictors：(Constant)，农民实际人均纯收入，小学毕业生升学率，城镇失业率，第一产业增加值占 GDP 比重。

e. Predictors：(Constant)，农民实际人均纯收入，小学毕业生升学率，城镇失业率，第一产业增加值占 GDP 比重，城镇化率。

f. Dependent Variable：非农产业从业人员所占比重。

表 6 – 5　回归方差分析

Model（模型）	回归余差总	Sum of Squares（平方和	df(自由度）	Mean Square.（均方和）	F(F值）	Sig.（显著.水平）
1	Regression	3955. 124	1	3955. 124	493. 940	. 000a
	Residual	200. 182	25	8. 007		
	Total	4155. 307	26			
2	Regression	4012. 880	2	2006. 440	338. 102	. 000b
	Residual	142. 426	24	5. 934		
	Total	4155. 307	26			
3	Regression	4188. 862	3	1372. 954	866. 469	. 000c
	Residual	36. 444	23	1. 585		
	Total	4155. 307	26			
4	Regression	4127. 551	4	1. 31. 888	817. 912	. 000d
	Residual	27. 755	22	1. 262		
	Total	4155. 301	26			
5	Regression	4133. 081	5	826. 616	781. 020	. 000e
	Residual	22. 226	21	1. 058		
	Total	4155. 307	26			

a. Predictors：（constant），农民实际人均纯收入。

b. Predictors：（constant），农民实际人均纯收入，小学毕业生升学率。

c. Predictors：（constant），农民实际人均纯收入，小学毕业生升学率，城镇失业率。

d. Predictors：（Constant），农民实际人均纯收入，小学毕业生升学率，城镇失业率，第一产业增加值占 GDP 比重。

e. Predictors：（Constant），农民实际人均纯收入，小学毕业生升学率，城镇失业率，第一产业增加值占 GDP 比重，城镇化率。

f. DependentVariable：非农产业从业人员所占比重。

表6-6 回归系数

Model 模型	Unstandardized Coefficients 非标准化系数		Standardized Coefficients 标准化回归系数	t 值	Sig. 显著水平	95% Confidence Interval for B B 的 95% 的置信区间		Correlations 相关			Collinearity Statistics 共线性分析	
	B 回归系数	Std Error 标准误	Beta 标准化回归系数	t 值	水平	Lower Bound 下限	Upper Bound 上限	Zero-order 零阶相关系数	Partial 偏相关系数	Part 部分相关系数	Tolerance 容限度	VIF 方差膨胀因子
1 (Constant)	12.105	1.349		8.976	.000	9.327	14.882					
农民实际人均纯收入	.058	.003	.976	22.225	.000	.052	.063	.976	.976	.976	1.000	1.000
2 (Constant)	2.976	3.148		.945	.354	-3.521	9.473					
农民实际人均纯收入	.047	.004	.790	11.231	.000	.038	.055	.976	.917	.424	.288	3.468
小学毕业生升学率	.184	.059	.220	3.120	.005	.062	.305	.886	.537	.118	.288	3.468
3 (Constant)	.956	1.645		.581	.567	-2.447	4.360					
农民实际人均纯收入	.031	.003	.532	11.026	.000	.026	.037	.976	.917	.215	.164	6.095
小学毕业生升学率	.371	.038	.443	9.738	.000	.292	.45	.886	.897	.190	.184	5.423
城镇失业率	-1.792	.219	.212	-8.178	.000	-2.246	-1.339	-.378	-.863	-.160	.569	1.758
4 (Constant)	18.427	6.817		2.703	.013	4.289	32.565					
农民实际人均纯收入	.023	.004	.393	5.754	.000	.015	.032	.976	.775	.100	.065	15.331
小学毕业生升学率	.323	.038	.386	8.403	.000	.244	.403	.886	.873	.146	.144	6.957
城镇失业率	-1.748	.196	-.206	-8.903	.000	-2.155	-1.341	-.378	-.885	-.155	.564	1.772
第一产业增加值占GDP比重	-.288	.110	-.196	-2.624	.015	-.516	-.060	-.969	-.488	-.046	.054	18.362
5 (Constant)	24.923	6.860		3.633	.002	10.656	39.189					
农民实际人均纯收入	.037	.007	.625	5.239	.000	.022	.052	.976	.753	.084	.018	55.834
小学毕业生升学率	.295	.037	.352	7.884	.000	.217	.373	.886	.865	.126	.128	7.831
城镇失业率	-1.262	.279	-.149	-4.529	.000	-1.841	-.682	-.378	-.703	-.072	.235	4.252
第一产业增加值占GDP比重	-.303	.101	-.206	-3.006	.007	-.513	-.093	-.969	-.548	-.048	.054	18.437
城镇化率	.505	.221	-.203	-2.286	.033	-.965	-.046	.903	-.446	-.036	.032	30.845

a. Dependent variable: 非农产业从业人员所占比重。

表6-7 被剔除的变量

Model 模型	Beta 标准回归系数	t t值	Sig. 显著水平	Partial Correlation 偏相关系数	Collinearity Statistics Tolerane 容限度	Collinearity Statistics VIF 膨胀因子	Minimum Tolerance 容限度
城乡居民收入差距	.174#	.794	.436	.175	.005	185.342	.005
劳均播种面积	-.053#	-.551	.588	-.122	.028	35.659	.017
农业机械总动力	.023#	.280	.782	.063	.039	25.504	.017
人口自然增长率	-.022#	-.698	.493	-.154	.268	3.732	.018
职工实际平均工资	-.015#	-.127	.900	-.028	.020	50.294	.008

a. Predictorsin the Medel：（Constant），农民实际人均纯收入，小学毕业生升学率，城镇失业率，第一产业增加值占 GDP 比重，城市化率。

b. DePendent Variable：非农产业从业人员所占比重。

表6-8 模型总体参数

Model（模型）	R(复相关系数)	R2(决定系数)	Adjusted R2(调整的决定系数)	Se(未解释标准差)	Durbin - Watso(杜宾—瓦森检验值)
1	.979a	.958	.956	2.11374	
2	.986	.972	.970	1.76621	
3	.990c	.981	.978	1.50060	
4	.994d	.987	.985	1.24831	
5	.993e	.987	.985	1.24965	1.595

a Predictors：（Constant），第一产业增加值占 GDP 比重。

b Predictors：（Constant），第一产业增加值占 GDP 比重，农民实际人均纯收入。

c Predictors：（Constant），第一产业增加值占 GDP 比重，农民实际人均纯收入，小学毕业生升学率。

d Predictors：（Constant），第一产业增加值占 GDP 比重，农民实际人均纯收入，小学毕业生升学率，劳均播种面积。

e Predictors：（Constant），第一产业增加值占 GDP 比重，小学毕业生升学率，劳均播种面积。

f Predictors：（Constant），农村非农业劳动力比重。

通过采取前后相结合的逐步回归法（St 即 wise，即逐步添加显著性变量和剔除非显著性变量），对上述理论模型进行逐步回归分析出结果，得到如下农村劳动力转移的最优多元线性回归方程：

$$方程1：Y1 = 24.923 + 0.037X11 + 0.295X12 - 1.262X$$
$$13 - 0.303X14 + 0.505X15$$

其中，Y1 为"非农产业从业人员比重"，X11 为"农民实际人均纯收入"，X12 为"小学毕业生升学率"，X13 为"城镇失业率"，X14 为"第一产业增加值占 GDP 比重"，X15 为"城镇化率"；

$$方程2：Y2 = 37.125 - 0.345X21 + 0.275X22 - 57.185X23$$

其中 Y2 为"农村非农业劳动力比重"，X21 为"第一产业增加值占 GDP 比重"，X22 为"小学毕业生升学率"，X23 为"农村劳均播种面积"。

6.3.2 农村劳动力转移回归模型的检验及其结果分析

（1）总体回归效果的显著性检验。以上分别给出了逐步回归过程中的 5 个模型（Model），从中可以看到回归的标准误差 Se（估计标准误差 Std. Error of the Estimate）在逐步回归的过程中分别从 2.8297 与 2.11374 减少到 1.0288 与 1.24965，复相关系数 R、决定系数 R2（Rsquare）、调整的决定系数 Radj2（Adjusted R Square）则相应分别从 0.976 与 0.979、0.952 与 0.958、0.950 与 0.956 不断提高到 0.997 与 0.993、0.995 与 0.987、0.993 与 0.985，与 1 非常接近，表明模型总体的线性相关程度和回归拟合程度均非常高，说明"农民实际人均纯收入"、"小学毕业生升学率"、"城镇失业率"、"第一产业增加值占 GDP 的比重"、"城镇化率"等 5 个变量可以解释"非农产业从业人员所占比重"的 99.5%；"第一产业增加值占 GDP 比重"、"小学毕业生升学率"、"劳均播种面积"等 3 个变量可以解释"农村非农业劳动力比重"的 98.7%，总体回归效果相当好。

回归平方和（Regression Sum of Squares）在逐步回归过程中分别从3955.124（表6-5）与2555.105（表6-9）逐渐增大到4133.081（表6-5）与2630.884（表6-9），反映了随着逐步回归中模型的改进，已解释变差越来越大：同时每个模型的F统计值的显著性概率（Sig.）均为0.000，都小于显著性水平0.01，即通过总体显著性F检验，也说明每个模型的总体回归效果都是极显著的。

表6-9 回归方差分析

Model 模型	回归余差总	Sumof Squares （平方和）	df(自由度)	MeanSquare （均方和）	F(F 值)	Sig. （显著水平）
1	Regression	2555.105	1	2555.105	571.883	.000a
	Residual	111.697	25	4.468		
	Total	2666.802	26			
2	Regression	2591.934	2	1295.967	415.439	.000b
	Residual	74.868	24	3.120		
	Total	2666.802	26			
3	Regression	2615.010	3	871.670	387.098	.000c
	Residual	51.792	23	2.252		
	Total	2666.802	26			
4	Regression	2632.520	4	658.130	422.345	.000d
	Residual	34.282	22	1.558		
	Total	2666.802	26			
5	Regression	2630.884	3	876.961	561.565	.000e
	Residual	35.918	23	1.562		
	Total	2666.802	26			

a Predictors：（Constant），第一产业增加值占GDP比重。

b Predictors：（Constant），第一产业增加值占GDP比重，农民实际人均纯收入。

c Predictors：（Constant），第一产业增加值占GDP比重，农民实际人均纯收入，小学毕业生升学率。

d Predictors：（Constant），第一产业增加值占GDP比重，农民实际人均纯收入，小学毕业生升学率，劳均播种面积。

e Predictors：（Constant），第一产业增加值占GDP比重，小学毕业生升学率，劳均播种面积。

f Predictors：（Constant），农村非农业劳动力所占比重。

（2）模型的参数显著性检验（见表 6－10）。从参数显著性 t
检验来看，最后两个模型的全部变量（常数项和解释变量）的 t 统
计值的显著性概率（Sig.）都在 0.05 水平上显著异于 0，通过参
数显著性检验。其中前一模型的常数项（Constant）、"农民实际人
均纯收入"、"小学毕业生升学率"、"城镇失业率"、"第一产业增
加值占 GDP 比重"，以及后一模型的常数项、"第一产业增加值占
GDP 比重"、"小学毕业生升学率"、"劳均播种面积" 等变量的 t
显著性概率均小于显著性水平 0.01，即这些变量的系数在 0.01 的
水平上与 0 有显著性差异，表明"农民实际人均纯收入" 等 5 个
变量、"第一产业增加值占 GDP 比重" 等 3 个变量都可以作为解释
变量存在于模型中，分别用来解释非农产业从业人员所占比重和农
村非农业劳动力比重的变化。而被剔除的变量则分别反映出"城
乡居民收入差距"、"劳均播种面积"、"农业机械总动力"、"人口
自然增长率"、"职工实际平均工资" 等 5 个变量以及"农民实际
人均纯收入"、"城乡居民收入差距"、"城镇失业率"、"城市化
率"、"农业机械总动力"、"人口自然增长率"、"职工实际平均工
资" 等 7 个变量的 t 显著性概率大于 0.05，表示它们的系数与 0
没有显著性差异，不能通过参数显著性检验（见表 6－11）。

（3）各变量对农村劳动力转移的解释程度分析。根据各个解
释变量在逐步回归过程中进入模型的先后顺序和决定系数 R^2，还
可以进一步分析影响农村劳动力转移的主要原因及各变量的解释程
度（影响程度）。逐步回归的结果是，"农民实际人均纯收入"
X_{11} 与"第一产业增加值占 GDP 比重" X_{21} 这两个变量分别首先
进入模型，表明它们各自对"非农产业从业人员所占比重" Y_1 和
"农村非农业劳动力比重" Y_2 的影响最大，分别可以解释 Y_1 和
Y_2 的 95.2% 与 95.8%；"小学毕业生升学率" X_{12}、"城镇失业
率" X_{13}、"第一产业增加值占 GDP 的比重" X_{14} 与"城镇化率"

表 6-10 回归系数

Model 模型	Unstandardized Coefficients		Standardized Coefficients	t	Sig. 显著水平	95% Confidence Interval for B B的95%的置信区间		Correlations 相关			Collinearity Statistics 共线性分析	
	B 回归系数	Std Error 标准误	Beta 标准化回归系数	t值		Lower Bound 下限	Upper Bound 上限	Zero-order 零阶相关系数	Partial 偏相关系数	Part 部分相关系数	Tolerance 容限度	VIF 方差膨胀因子
1 (Constant)	62.698	1.722		36.409	.000	59.152	66.245					
第一产业增加值占 GDP 比重	-1.154	.048	-.979	-23.914	.000	-1.253	-1.054	-.979	-.979	-.979	1.000	1.000
2 (Constant)	36.065	7.884		4.575	.000	19.794	52.336					
第一产业增加值占 GDP 比重	-.665	.148	-.565	-4.504	.000	-.970	-.360	-.979	-.677	-.154	.074	13.430
农民实际人均纯收入	.020	.006	.431	3.436	.002	.008	.033	.974	.574	.118	.074	13.430
3 (Constant)	16.607	9.045		1.836	.079	-2.104	35.318					
第一产业增加值占 GDP 比重	-.425	.146	-.361	-2.909	.008	-.728	-.123	-.979	-.519	-.085	.055	18.223
农民实际人均纯收入	.022	.005	.456	4.273	.000	.011	.032	.974	.665	.124	.074	13.506
小学毕业生升学率	.135	.042	.202	3.201	.004	.048	.223	.907	.555	.093	.213	4.705
4 (Constant)	30.046	8.526		3.524	.002	12.365	47.727					
第一产业增加值占 GDP 比重	-.300	.127	-.255	-2.360	.028	-.564	-.036	-.979	-.449	-.057	.050	19.940
农民实际人均纯收入	.006	.006	.134	1.024	.317	-.006	.019	.974	.213	.025	.034	29.324
小学毕业生升学率	.251	.049	.375	5.094	.000	.149	.354	.907	.736	.123	.108	9.253
劳均播种面积	-46.702	13.932	-.301	-3.352	.003	-75.595	-17.808	-.888	-.581	.081	.072	13.844
5 (Constant)	37.125	4.999		7.426	.000	26.784	47.467					
第一产业增加值占 GDP 比重	-.345	.120	-.293	-2.885	.008	-.592	-.098	-.979	-.515	-.070	.057	17.582
小学毕业生升学率	.275	.043	.411	6.353	.000	.186	.365	.907	.798	.154	.140	7.134
劳均播种面积	-57.185	9.466	-.369	-6.041	.000	-76.767	-37.604	-.888	-.783	-.146	.157	6.376

a. Dependent Variable: 农村非农业劳动力比重。

表 6 - 11　被剔除的变量

Model 模型	Beta 标准回归系数	t t值	Sig. 显著水平	Partial Correlation 偏相关系数	Collinearity Statistics		Minimum Tolerance 容限度
					Tolerane 容限度	VIF 膨胀因子	
农民实际人均纯收入	.134#	1.024	.213	.034	29.324	.034	.317
城乡居民收入差距	.120#	1.555	.315	.092	10.875	.050	.134
城镇失业率	.003#	.066	.014	.310	3.224	.051	.948
城市化率	.100#	1.479	.301	.122	8.181	.052	.153
农业机械总动力	.085#	1.235	.255	.121	8.295	.046	.230
人口自然增长率	-.029#	-.685	-.144	.346	2.890	.056	.501
职工实际平均工资	.089#	1.740	.096	.348	.208	4.806	.049

a. Predictors in the Model：（cbnshat），第一产业增加值占 GDP 比重，小学毕业生升学率，劳均播种面积。

b. Dependent Variable：农村非农业劳动力比重。

X15 依次进入前一模型，最终五个变量可以解释 Y1 的 99.5%；而"小学毕业生升学率"X22 与"劳均播种面积"X23 先后进入后一模型，最终三个变量可以解释 Y2 的 98.7%；其中 X15 与 X23 这两个变量分别最后进入模型，表明它们各自对 Y1 和 Y2 的影响相对最小。以上分析结果清楚地表明，"农民实际人均纯收入"与"第一产业增加值占 GDP 比重"是影响农村劳动力转移就业的最重要原因，"小学毕业生升学率"与"城镇失业率"是影响农村劳动力转移的次重要原因，"城镇化率"与"劳均播种面积"对农村劳动力转移就业的影响则相对较小。

（4）多元线性回归三大基本问题（多重共线性、异方差、序列相关）的检验。严重的多重共线性、异方差性、序列相关性问题会使多元线性回归分析失效，必须加以解决处理。

①由于采取前后相结合的逐步回归法来建立模型，在回归过程中逐步剔除非显著性变量，结果使参数估计值和相关 t 统计量的情

况没有出现异常，而且各个解释变量的方差膨胀因子 VIF 的数值并不大，前一模型的分别为 55.834、7.831、4.252、18.437、30.845，后一模型的分别为 17.582、7.134、6.376，因此基本上克服了严重的多重共线性问题。

②异方差问题可以通过回归残差分析来进行发现和判断：标准化回归残差（Regression Standard Residual）比较均匀地分布在 0 值上下的一定范围内，因而可以初步判断两个模型不存在异方差性问题。

③误差序列相关（自相关）问题则可以通过杜宾—瓦森（Durbin – Watson，DW）检验来进行发现和判断：DW 统计量的值分别为 2.076 和 1.595，接近 2，可以判断基本上不存在一阶序列相关性，再通过查 DW 临界值表，可得前一模型的下限 dλL = 0.81、上限 dλU = 1.63（显著性水平 λ = 0.01，解释变量 K = 5，样本容量 n = 27），dλU（1.63）＜DW（2.076）＜4 – dλU（2.37），而后一模型的下限 dλL = 0.95、上限 dλU = 1.41（显著性水平 λ – 0.01，解释变量 K = 3，样本容量 n = 27），dλU（1.41）＜DW（1.595）＜4 – dλU（2.59），均证明两个模型确实不存在一阶序列相关问题。

（5）模型的经济学检验与偏相关分析。这主要是考察解释变量的回归系数符号项（反映 Y 与 X 的变动方向）是否与主流经济学公认的理论观点相一致，是否符合经济发展的一般客观规律。从模型的输出结果（见表 5 – 6 与表 5 – 10）来看，X11、X12、X22 的系数符号为正（即 B11、B12、B22 大于 0），X13、X14、X15、X21、X23 的系数符号为负（即 B13、B14、B15、B21、B23 小于 0）。

①根据一般经济理论，随着农民实际收入的提高，一方面恩格尔系数（食品支出比重）下降，对农产品（食品）的消费需求增

长减缓，另一方面农村劳动力向城镇非农产业转移就业的经济承受能力（支付转移成本）也增强了，这些都会促使从事农业生产的人员比重下降，即非农产业从业人员所占比重与农民实际人均纯收入呈同方向变动关系；模型中 X1 的系数 B11 = 0.037，相应的零阶相关系数（zero - order 即简单相关系数）r11 = 0.976，偏相关系数（partial）rx11y = 0.753，都表明 Y1 与 X11 的变动方向确实相同，并且在其他因素不变的条件下农民实际人均纯收入每增加 100 元可以使非农产业从业人员比重上升 3.7 个百分点。

②小学毕业生升学率越高，反映农村义务教育状况越好，农村劳动力的整体文化素质得到提高，使外出就业的机会越大，预期收益越多，从而越有利于向非农产业转移，即非农产业从业人员所占比重或农村非农业劳动力比重与小学毕业生升学率呈同方向变动关系。模型中 X12 与 X22 的系数 B12 = 0.295、B22 = 0.275，相应的零阶相关系数 r12 = 0.886、r22 = 0.907，偏相关系数 rx12y = 0.865、rx22y = 0.798，都表明 Y1 与 X12、Y2 与 X22 的变动方向确实相同，并且在其他因素不变的条件下小学毕业生升学率每提高 1 个百分点可以使非农产业从业人员比重上升 0.295 个百分点、农村非农业劳动力比重上升 0.275 个百分点。

③城镇登记失业率上升，表明城镇劳动力市场供求矛盾的加剧，这在一定程度上减少了农村劳动力进城务工的机会，从而促使非农产业从业人员所占比重下降，即非农产业从业人员比重与城镇失业率呈反方向变动关系；模型中 X13 的系数 B13 = - 1.262，相应的零阶相关系数 r13 = - 0.378，偏相关系数 rxl3y = - 0.703，都表明 Y1 与 X13 的变动方向确实相反，并且在其他因素不变的条件下城镇失业率每上升 1 个百分点可以使非农产业从业人员比重下降 1.262 个百分点。

④第一产业增加值占 GDP 的比重下降，表明由于第一产业

（农业）的比较效益低下，产业结构随着经济的发展不断趋于工业化、非农化，农业生产对经济增长和农民增收的作用日益下降，促使非农产业从业人员比重或农村非农业劳动力比重与第一产业增加值所占比重呈反方向变动关系；模型中 X14 与 X21 的系数 B14 = -0.303、B21 = -0.345，相应的零阶相关系数 r14 = -0.969、r21 = -0.979，偏相关系数 rx14y = -0.548、rx21y = -0.515，都表明 Y1 与 X14、Y2 与 X21 的变动方向确实相反，并且在其他因素不变的条件下第一产业增加值所占比重每降低 1 个百分点可以使非农产业从业人员比重上升 0.303 个百分点，农村非农业劳动力比重上升 0.345 个百分点。

⑤城镇化率越高，表明城镇人口的比重越高，城市（镇）规模越大，经济越发达，对农村人口的吸引力和容纳程度也越强。一般而言农村劳动力有可能越容易转移到城市（镇）非农产业就业，即非农产业从业人员比重与城镇化率呈同方向变动关系；模型中 X15 与 Y1 的零阶相关系数（简单相关系数）r15 = 0.903，也反映了 Y 与 X15 之间高度正相关，但是 X15 的系数 B15 = +0.505，偏相关系数 rx15y = +0.446，表明回归分析的结果与上述主流观点一致。因此，在其他因素不变的条件下城镇化率每提高 1 个百分点反而会使非农产业从业人员比重上升 0.505 个百分点，说明城镇化率对劳动力转移影响较小，也就是说城镇化率不是影响农村劳动力转移的主要因素。

⑥农村劳动力人均播种面积减少，表明由于人口不断增长，耕地又常遭受破坏，导致农业生产的人均土地资源逐渐减少，农业的主要生产要素供给不足，人地矛盾加剧，从而使农业的比较效益低下，农业生产对农民增收的作用日益下降，促使农村劳动力向非农产业转移就业，即农村非农业劳动力比重与劳均播种面积呈反方向变动关系；模型中 X 的系数 B23 = -57.185，相应的零阶相关系数

（zero - order 即简单相关系数） r23 = - 0.888，偏相关系数
（Partial） rx23y = - 0.783，都表明 Y2 与 X23 的变动方向确实相
反，并且在其他因素不变的条件下农村劳均播种面积每减少 0.1 公
顷可以使农村非农业劳动力比重上升 5.7185 个百分点。

6.4　小结

本章从计量经济分析的角度选择并界定具体的量化指标进行
定量分析。分别选择"非农产业从业人员占全社会从业人员的比
重"和"农村非农业劳动力占农村劳动力总数的比重"为因变
量，将 10 种可能影响农村劳动力转移就业的主要因素作为自变
量，包括：一是农民实际人均纯收入；二是各种单位职工实际年
平均工资；三是城乡居民收入差距；四是第一产业增加值占 GDP
的比重；五是农业机械总动力；六是农村劳动力人均播种面积；
七是城镇化率；八是城镇登记失业率；九是小学毕业生升学率；
十是人口自然增长率。各变量对农村劳动力转移的解释程度分析
结果表明："农民实际人均纯收入"与"第一产业增加值占 GDP
比重"是影响农村劳动力转移就业的最重要原因，"小学毕业生
升学率"与"城镇失业率"是影响农村劳动力转移的次重要原
因，"城镇化率"与"劳均播种面积"对农村劳动力转移就业的
影响则相对较小。因此，本章最后指出，影响农村劳动力转移的
决定性因素是能否增加农民实际收入，提出要重视农村教育、扩
大城乡就业空间、解除城乡分割的体制性障碍，加快农村劳动力
转移的步伐。

7

中原经济区农村劳动力
转移的模式选择

7.1 国外农村劳动力转移模式及其借鉴与启示

7.1.1 发达国家农村劳动力转移模式及其借鉴启示

目前，发达国家农业劳动力在社会总劳动力中的比重很小，一般在 10% 以下，有的国家该比重不到 3%。而在工业化的初期，这些国家农业劳动力在社会总劳动力中所占的比重虽然较高，但并未像现在发展中国家那样存在大规模的剩余劳动力，个别国家甚至还出现了劳动力短缺现象（例如美国）。发达国家农村劳动力转移是伴随着工业化的推进而产生和发展的。从整体上看，这些国家非农化与城镇化的进程是同步的。但这些国家受本国经济、历史、文化、制度环境等因素的影响，其农村（剩余）劳动力转移的具体模式仍各具特色。

（1）英国模式

英国是世界上劳动力转移开始最早、规模最大、最具代表性、城市化进程最快的国家，因此，其农村劳动力转移经验对我国将具

153

有重要的借鉴意义。英国的农村劳动力转移始于 15 世纪末，止于 19 世纪中叶，经历了长达 4 个世纪的时间。从转移模式看，英国选择的是圈地运动式的强制性转移模式。在英国，农村劳动力除了向本国城镇非农产业转移外，还向殖民地国家转移，特别是向美国转移。英国农村剩余劳动力转移模式的选择与当时英国的国情息息相关。英国是一个岛国，国土面积狭小，耕地面积所占比重在西欧各国中也是最小的。

①英国农村劳动力转移的原因及特点

第一，农村人口的持续增长。近代以来，英国的农村人口一直不断增加。适度的人口增长在开始时的确促进了经济的快速增长，但经济的增长反过来又加速了人口的不断增加。随着农村人口的快速增长以及英国土地长子继承制的制约，人口与土地的关系日趋紧张，许多没有继承权的贵族子女和一些佃农为了生存不得不移居他处，迁移的地方主要集中在城市和工矿区。

第二，圈地运动和农业革命。始于 15 世纪的英国圈地运动，是使农村劳动力转移的重要因素之一。英国的农村劳动力在圈地运动的暴力方式下被迫转向非农产业。在圈地运动中，许多农民丧失了自己的土地，失去了收入来源，在农村失去生存基础的农民不得不加入自由流动的人流。随着圈地运动中农村公用土地的消失、土地私有权的最终确立以及农业中资本主义生产方式的普遍建立，农业生产者和生产资料进一步分离。这样，一大批农民便成为城市中第二、三产业劳动力的重要来源。① 据研究，在 18 世纪，英国有大约一半的农业劳动力涌入了城市。在大量的农业人口转向毛织业的同时，大批耕地就转化为牧场。可见，英国城镇非农产业所需要

---

① 高德步：《英国工业化过程中的农业劳动力转移》，《中国人民大学学报》1995 年第 3 期，第 2 ~ 3 页。

的劳动力是通过暴力的方式从本国农村强制性地转移出去的。

此外，圈地运动还引发了农村经济变革，如大农场的建立、农村产业结构的调整、生产技术和管理水平的提高等。农村经济变革产生了大量的剩余劳动力，这主要表现在两方面：一方面，英国的农业属混合型结构，种植业和畜牧业差不多各占50%。随着畜牧业比重的提高，农业对劳动力的需求下降，使相当一部分农村劳动力成为多余；另一方面，圈地运动以及后来的工业革命也推动了农业生产力的提高，引发了农业革命。随着农业生产力的提高，农业耕作制度、生产的规模化程度、农业机械化水平等都明显提高，使农业释放了大批的劳动力。

第三，工业革命及其引发的产业结构的变化。到18世纪中后期，英国发生了工业革命，机器生产开始代替手工劳动，工厂代替手工工场及家庭作坊，使国家的产业结构发生了重大变化。农业和手工业在国民经济中的比重逐年下降，从事制造业、采矿业、运输业、商业和家庭服务业等众多行业的人口逐年增加。随着生产要素和人口的集中以及工业化的继续推进，19世纪英国建立了一大批工业城市。除了城市中迅速发展的第二、三产业需要大量的劳动力，为农村剩余劳动力提供广泛的就业机会外，城市对农村剩余劳动力迁移的"拉力"还表现在以下三方面：首先，城市工资水平比农村高，大量农村人口为了获取更多的利益都向城市迁移；其次，城市救济水平比农村高，很多农村的贫困者流向城市希望得到政府的救济；最后，城市的生活环境和文化娱乐设施等对生活单调的农民产生了巨大的吸引力。另外，工业革命也促进了交通运输业的革命。交通的发展为人员和货物运输提供了快速、廉价的交通工具，也为农村劳动力转移创造了良好的物质条件。可见，英国的工业革命引起的生产方式的变革和经济结构的变化，是推动劳动力转移的决定性因素。

第四，人口流动制度障碍的消除。在中世纪，封建领主为了确保庄园拥有足够的劳动力建立了庄园劳役制度。他们采取各种措施，如实施财产扣押制度、担保制度和罚金制度等把农民束缚在土地上，人为地限制了农村劳动力的转移。另外，工业革命以前及早期的一些法律（主要是《济贫法》和《定居法》）也限制了人口的流动。在农奴制、劳役制度崩溃后，特别是在工业革命以后，为了满足工业对劳动力的大量需求，政府颁布和修改了一系列的法律制度，消除了限制人口流动的制度障碍。其中，1846 年颁布的《贫民迁移法（修正案）》使一些贫民不再被遣返原籍；1865 年议会通过的《联盟负担法》扩大了救济贫民的区域范围和贫民居住地范围，使限制定居地不再成为可能。这些约束性制度因素消除之后，大大促进了劳动力的转移和英国的城市化进程。

英国劳动力转移中另一典型特点就是英国大量海外殖民地使本国农业剩余劳动力得以对外转移[①]。英国非农化的进程在依赖于国内市场的同时，得益于出口市场的规模和效率。英国是当时世界上最大的殖民主义国家，因而，殖民地国家也就成为英国农村剩余劳动力的主要流入地之一。据统计，仅 19 世纪的 100 年中，爱尔兰向美洲的移民就达 500 万人之多，以致美国的爱尔兰人要比在爱尔兰的爱尔兰人还多。这样，英国农村剩余劳动力的转移不仅为本国城镇化提供了前提条件，也加速了他国的城镇化。

总之，英国的国家政策、工业革命、城市化、农业现代化、海外殖民地从各个方面促进了农村剩余劳动力转移。

②英国农村劳动力转移的历史经验对我国的借鉴意义和启示

第一，发展生产力，实现工业化是实现城市化进程的重要手段。促进英国农村人口流动的一个重要因素，就是生产力水平的提

---

① 赵培、申茜：《国内外农村剩余劳动力转移比较》，《商业时代》2007 年第 23 期，第 7 页。

高。农业生产力水平的提高，推动了农村人口向城市转移；工业生产力水平的提高，迅速发展的第二、三产业需要大量的劳动力，拉动了农村劳动力的转移。也正是这些转移的劳动力为城市的经济和社会生活注入了活力。同时，工业化使工业生产的各个部门、各个生产环节及众多的服务业都集中到了城市，从而推动着城市化的进程。随着城市化进程的加快，城市农产品需求的扩大，促进了农业的发展。农业的发展又反过来满足城市所需的原材料及生活资料，两者互相促进，实现良性循环从而实现现代化。

第二，发展小城镇是实现城市化的重要途径。英国劳动力转移的一个重要特点是短距离、波浪式逐级向城市推进。这种迁移方式使得一些农村地区逐渐成为农村与城市之间的小城镇。在英国的现代化工业没有完全建立时，农村剩余劳动力在这些小城镇从事编织、纺织、服装等各种工业活动。因此，英国小城镇的出现缓解了劳动力转移速度太快对大城市造成的就业压力以及大城市人口过度膨胀的压力。可以说，英国小城镇的发展为农村人口向城市流动起到了"中转站"的作用，使城市经济能快速稳步地发展。

第三，消除劳动力转移的制度障碍并建立社会保障机制，是促进城市化的根本保证。从前面的论述可以看出，不论是英国中世纪盛行的庄园劳役制度，还是工业革命以前以及早期的《济贫法》、《定居法》等法律，都不同程度地阻碍了农村劳动力的流动。只有在政府取消了这些制度制约因素，为人口自由流动创造了条件之后，才促进和加速了农村劳动力的转移，使英国走上了城市化的道路。目前，在我国，绝大部分省区农村劳动力在向城市转移的过程中，都在不同程度上存在着一些制度性障碍因素，如户籍制度、劳动就业制度和入城收费制度等，在一定程度上阻碍了劳动力向城市自由流动，这既不利于农村人口城市化，也不利于市场的资源优化配置作用发挥[①]。按照古典经济学家亚当·斯密的理论，在市场这只"看不见的手"调控下，劳动力会自发地向人力资源稀缺、价格高的地区流动；只有当劳动力市场中不存在障碍因素或障碍因素降到最小时，劳动力资源才会得到最有效、最优化的配置。因此，障碍性制度的存在无疑阻碍了人力资源在劳动力市场中的自由流动，阻碍了农村人口向城镇流动迁移，最终遏制了地区乃至区域性城市化发展。因此，党的十六大报告明确提出了要"消除不利于城镇化发展的体制和政策障碍"，在制度方面为人口流动创造便利条件，从而促进劳动力转移和城市化进程。

第四，实现工业化，建立完整的人口流动"推—拉"机制，对于我国完成农村劳动力向城市转移具有决定意义。我们发现，英国中古时期城市人口仅占总人口的 5% 左右，城市化水平极低。历经 5 个世纪直至工业革命前的 18 世纪 60 年代，城市化水平才达到 20%，农村人口约占总人口的 80%，仍居于绝对多数地位。而工业革命发生后，在不到一个世纪的时间里英国城市人口占到人口总数的一半以上，可谓初步实现了城市化。显而易见，近代大工业对劳动力转移产生了巨大"拉力"，"拉动"农村人口大规模、长期地向城镇转移。现代大工业完成了城市化。在此意义上，没有大规模的工业化，就没有高水平的城市化。目前，我国大部分人口生活在农村，还处于劳动力转移起步阶段，实现工业化的要求十分迫切。因此，要提高城市化水平就必须发展工业及相关部门产业，增加城市经济对农村经济的辐射区域和对农村人口的"拉力"效应，在城市建立农村剩余劳动力接收机制。否则，农村剩余劳动力仅仅是被农业"推出"土地，劳动力转移的过程仅仅完成了一半：农

[①] 谷延方、黄秋迪：《英国农村劳动力转移对我国城市化的启示》，《黑龙江社会科学》2003 年第 3 期，第 25 页。

民走出了农村，却没有进入城市。这些剩余劳动力不过变成"季节性"打工群，周期性游动于城市和农村之间，有的还会沦为流民、乞丐甚至变成罪犯，最后相当大数量的农民又返回农村。可见，在农村劳动力转移过程中仅仅将剩余劳动力"推出"土地是不够的，必须有相应的工矿企业吸收他们，形成完整的"推—拉"机制，走出农村的农民才会在城市落地生根，变成城市市民。只有这样，农村剩余劳动力向城市转移才会真正完成，我国农村人口城市化目标才能实现。

（2）美国模式

从转移时间看，美国从19世纪20年代到20世纪70年代，大约用了一个半世纪的时间完成了农村（剩余）劳动力的转移。19世纪末期，随着工业化浪潮的涌起，美国的农村（剩余）劳动力开始大规模转移。从转移的具体模式看，美国农村（剩余）劳动力转移属于自由迁移模式。从转移方向看，吸收农村劳动力的部门基本为大城市的工业部门和包括商业和服务业在内的第三产业部门。美国农村剩余劳动力由农村向城市的流动具有地域转换先于职业转换的特点。出现这种情况，主要是由美国特有的经济社会背景所决定的。

①美国的农村劳动力转移的特点

第一，美国的农村劳动力在大规模工业化条件下自发地转向非农产业。美国地多人少，在工业化初期并未集聚大量农村剩余劳动力，相反，城镇化和工业化却面临劳动力不足的问题。美国是一个劳动力短缺的国家，在工业化初期的1840年，其农业劳动力占社会总劳动力的比重为63%。但美国在19世纪末就实现了工业化，1870~1900年，农业增长了1.4倍，而工业增长了3倍。一方面，工业的快速增长提高了农业的机械化水平，提高了农业劳动生产率，解决了地多人少的矛盾；另一方面，由于机械化而分离出来的部分农村剩余劳动力也被快速的工业化所消化。因而，以劳动力短缺为前提，以大规模的工业化为后盾，美国的农村剩余劳动力的转移遵循着边产生边转移的自发的过程，走出了一条工业化、城市化和非农化基本同步的道路。

第二，美国在工业化的同时实现了农业现代化。农业为工业发展解决粮食、提供原料和广大国内市场，使农村剩余劳动力转移得以畅通无阻。首先，从人均占有粮食看，美国1860年人均占有粮食800余公斤，1870年接近1000公斤。到1920年，由于耕地面积从0.67亿公顷增加到1.6亿公顷，虽然人口也增长了2.4倍，人均粮食占有量仍在1000公斤以上。1920年以后，由于集约使用土地，美国人均粮食占有量在人口增长的前提下仍保持在1205公斤。其次，由于农业的迅速发展，美国的农业劳动力在工业化后期大量转向城镇非农产业。这种转移是以农业劳动生产率迅速提高为前提的。例如，1820年，美国1个农民所生产的产品仅能供4个人消费；1920年，供养人数翻了一番，达到8人；而到了1972年，供养人数高达52人。这表明，在美国农村劳动力迅速转移的进程中，农业不但未衰落下去，而是继续飞速发展，与工业化相互促进，使美国经济得以走上良性发展的轨道。

第三，"交通革命"在幅员广大的美国的工业化和农村剩余劳动力转移过程中发挥了更为重要的作用。交通运输业的繁荣不仅吸纳了大量劳动力，而且降低了农村劳动力的迁移成本，使农村剩余劳动力的自由迁移更加方便。19世纪末20世纪初，由联邦政府出面修筑的通往西部的昆布兰大道，对早期的西部开发起了一定作用。19世纪40年代美国基本上形成了一个运河网，成为当时世界上运河最发达的国家。但是，对农村劳动力转移起关键作用的还是铁路的建设。1828年，美国开始修建铁路，最早通车的是巴尔的摩到俄亥俄之间的一段长21公里长的铁路。到1887年，全国数以万计的大小城镇已由铁路网连接起来。铁路运输不仅适应了工业革命的物流需要，也促进了人口向城镇转移的进程。

在美国农村（剩余）劳动力进入良性转移轨道后，美国农村劳动力所占的比重随之锐减。二战前，美国农业劳动力占社会劳动力总数的22%，1950年下降到12%，1960年降到6.6%，1971年降到3.1%，现在只有2%[①]。

②美国农村劳动力转移的借鉴意义和启示

一是以工业化、城市化拉动农村劳动力转移，走工业化、城市化、非农化的农村劳动力转移的路子。二是提高农业劳动生产率和农业机械化普及率，推动农村劳动力向城市和工业及非农产业转移。三是加大交通等基础设施建设，方便农村劳动力自由迁移。河南省近20年高速公路迅速发展，目前河南高速公路里程数达到4556公里，在全国遥遥领先，相当于英国高速公路通车总里程，全省92%的县（市）通了高速公路，极大地方便了农村劳动力的迁移。

（3）日本模式

日本农村剩余劳动力转移模式是发达国家劳动力转移成功模式的又一典范。日本农村剩余劳动力转移用了近一个世纪的时间，从20世纪初开始到20世纪末基本完成。战前几十年，日本经济增长缓慢，农村一直存在剩余劳动力。而真正实现农村剩余劳动力大规模转移是在战后。日本政府针对本国人多地少、资源短缺的特点，对农村剩余劳动力转移进行了有效干预，走出了一条"跳跃式转移"和"农村非农化转移"相结合的道路。虽然与美英相似，日本农村剩余劳动力转移的方向主要是大城市，但日本农村剩余劳动

---

① 李仙娥、王春艳：《国外农村剩余劳动力转移模式的比较》，《中国农村经济》2004年第5期，第69~75。

力转移仍有自己鲜明的特点。

①日本农村剩余劳动力转移的特点

第一，日本政府在农村剩余劳动力转移过程中发挥了重要作用。20世纪60年代，日本政府重点扶持规模较大的自立经营农户，鼓励小农户脱离农业，转向非农产业。1971年，日本通过了一项法案，要求在政府指导下，促进工业和农业、城市和农村协调发展，并制定了一项国家和地区相结合的指导性发展计划，规定从1971～1975年，在城市郊区建立销售总额为90000亿日元的各类工业区，吸纳100万人就业，其中，60%来自农村。到1975年8月，全国有813个城镇实施了这项计划，已建成机电、金属加工、运输机械等各类工厂686家，吸纳了大批劳动力，其中，半数左右是农村剩余劳动力。

第二，由于人多地少，日本农村剩余劳动力转移并没有伴随土地集中。战后，日本农村剩余劳动力转移速度加快。1950年，日本农业劳动力占社会劳动力总数的47%，1960年，该比重下降到32.9%，1971年降到19.7%，1977年仅为13.2%[①]。但是，土地转移却极其缓慢，土地集中程度相对低于欧美发达国家，农业兼业经营普遍。

第三，日本注重发展劳动密集型工业，为农村剩余劳动力顺利转移创造条件。日本在战前的早期发展中，十分重视节约资本，充分利用劳动力丰富的优势，发展劳动密集型工业。在日本工业吸收的劳动力总数中，由劳动替代资本的创新吸收的劳动力所占比重为80%，而由资本积累吸收的劳动力所占比重仅为20%。例如，在1889年，日本工业吸收的19.5万劳动力中，有17.05万

---

① 孟令国：《发达国家农村劳动力转移的经验及对我国的启示》，《农业经济》2004年第1期，第17～19页。

人是靠劳动替代资本的创新吸收的，其比重高达87.44%，而且在1880~1930年的整个过程中，日本工业部门对农业劳动力的吸收率始终大于人口增长率，从而使经济能够迅速摆脱马尔萨斯陷阱，实现现代化。而且，因缺乏自然资源，日本将教育体系视为国家优先考虑的事项。日本农村剩余劳动力转移的成功在很大程度上取决于其国民智力的增值。

②日本农村剩余劳动力转移经验的借鉴意义

一是政府政策支持对农村劳动力转移发挥了关键性作用。以立法形式提出促进工业和农业、城市和农村协调发展，在农村发展工业，大量吸收农村劳动力，促进农村劳动力的就地转移。二是在经济发展初期大力发展密集型工业，吸收大量的农村劳动力，这也符合我国和河南省的实情，尤其对河南省这一农业人口大省来说，更具有现实意义。

（4）德国模式

德国是高度工业化、城市化的国家，在近8200万人口中，非农就业人口高达96%，而居住在村镇的人口达到40%。德国在城市化和劳动力转移的过程中，具有自己的特点。

①德国劳动力转移的特点

第一，农村劳动力转移平稳有序。德国农村劳动力转移整个进程平稳，产业发展、城市建设基本有序推进，没有因大量劳动力转移而引发剧烈的大幅社会波动。

第二，城市化、工业化同步推进农村劳动力转移。德国在推进城市化和工业化进程中同步推进了人口的转移。既没有发生城市产业劳动力的严重短缺，也没有发生因城市聚集大量农村劳动力而造成的严重的城市病。

第三，农村劳动力转移速度快。19世纪中叶工业革命席卷德国，产业结构的巨大变化极大地改变了劳动力分布，工业和服务业的快速发展吸引大批农村劳动力涌入城市。目前德国的工业和城市发展还在不断调整，主要表现在东西部之间资本、劳动力和人口等的流动。

第四，农村劳动力分散转移。德国农村劳动力流动方式和流向呈分散型，劳动力的流动没有出现过分集中到大城市的局面。德国大小城市共 580 多个，其中超过百万人口的大城市只有 4 座，而人口在 2 万到 20 万左右的城市却占 60% 左右。这些城市吸纳了全社会 60% 的人口，大量的人口向这里转移。

第五，重视职业教育与培训。德国十分重视国民教育，是职业教育发达的国家，独特的职业教育体系是创造德国经济奇迹的秘密武器。德国的职业教育具有法律保障（1969 年颁布了《职业教育法》），还有完备的职业教育体系，并推行先进的"双元制"（也称"双轨制"）职业教育模式。通过培养与培训大量的高素质技术人才，使德国工业制造迅速发展，同时也有力地促进了农村劳动力的转移。

②德国农村劳动力转移的启示

一是要在推动城市化、工业化进程中同步推动农村劳动力的转移，使城市化和工业化对劳动力的吸收与农村劳动力转移平稳、平衡地进行，这样既能满足前者对劳动力的需求，又避免了大量劳动力涌向城市的浪潮。二是大力发展服务业。通过服务业的快速发展，吸引大量的农村劳动力就业。三是劳动力分散转移。农村劳动力大部分流向中小城市，既缓解了大城市的容量压力，有效避免大城市病，又通过数量众多的中小城镇吸收更多的农村劳动力。中原经济区统筹城市发展，就要突出建设好特大城市，更要推动中小城市的发展。四是，大力发展职业教育建立培训体系。首先要有制度保证。德国 1969 年就颁布了职业教育法，我国到了 1996 年 5 月才出台了《中华人民共和国职业教育法》，即使如此，在中国教育资源匮乏的情况下，应试教育、精英教育仍是人们心中的主流教育，职业教育得不到应有的重视。其他与职业教育配套的相关法律还不健全。其次还要建立完备的职业教育体系，从儿童抓起，直到学生就业，真正实现培训—就业—再培训—再就业的终身教育体制。通过职业教育与培训，培养大量的技术人才，有力支撑经济建设，同时有效带动农村劳动力转移。

7.1.2 新兴工业化国家农村剩余劳动力转移模式与经验

与发达国家非农化的历程不同，拉美和东亚新兴工业化国家（地区）作为发展中国家和地区中工业化程度最高的成员，在农村剩余劳动力转移的方式上存在差异。而且，由于这些国家和地区在人口、自然资源、文化传统、政治制度、社会结构、人均收入和经济政策上存在差异，其农业劳动力转移的道路也呈现出了不同的特点。然而，它们又具有一些相同的时代背景，都面临着不利的人口环境和国际市场环境，农业达到商业化转折点的时间较发达国家晚，农村剩余劳动力转移完成的时间大约在 20 世纪 60 ~ 70 年代。本书主要对东亚地区的韩国、拉美地区的巴西等典型国家以及台湾地区的农村剩余劳动力转移方式进行比较。

（1）韩国农村劳动力转移的特点与启示

韩国是发展中国家或地区中农村剩余劳动力转移速度最快的。目前，农业劳动力份额已下降至 20% 以下，比二战初期下降了 50% 多。从具体的转移模式看，韩国选择了集中型转移方式，其农村剩余劳动力主要涌向大城市；从促使农村剩余劳动力转移的具体发展战略和政策上看，主要是政府支持和工业发展带动。

①韩国农村劳动力转移的特点

第一，政府投入足额资金，促进农村劳动力转移就业。韩国资金较为雄厚，为经济腾飞和农村剩余劳动力转移提供了资金保证。在资金来源上，韩国主要靠资金输入。据不完全统计，1962 ~ 1981

年，韩国共吸收国外贷款 486.5 亿美元，利用外资来增加就业机会。1967～1982 年，韩国平均每年新增就业 37.5 万人，其中，有 13.5 万人（占 36%）的就业机会是由外资诱发的①。

第二，发展劳动密集型工业吸收农村劳动力。韩国在经济起飞初期实行了以劳动密集型工业为重点的工业发展战略。例如，20 世纪 60 年代和 70 年代，韩国抓住国际市场的机会，大力发展纺织品、成衣、电子、家具、家电等一大批劳动密集型产业，加速了农业劳动力转移速度。

②韩国农村劳动力转移存在的问题

韩国是在农业发展不足的条件下实现农业劳动力转移的。长期以来，韩国一直实行只重视工业而忽视农业的发展战略，农业生产始终处于落后状态。韩国主要靠大批进口粮食来支撑农业劳动力的转移。据统计，韩国在经济腾飞的 20 世纪 60～70 年代，每年进口的谷物都在 1000 万吨左右，占国内需求量的 50% 以上。与此相应的结果是，韩国的中小城市以及农村非农产业不发达，农村剩余劳动力主要涌向工业发达的大城市，造成了交通拥挤、住房紧张、污染严重等 "大城市病"。

③韩国农村劳动力转移经验的借鉴与启示

一是加大政府支持力度。这不仅表现在政策的支持层面，更主要的是要有资金层面的有力支撑。二是发展劳动密集型工业带动农村劳动力转移。三是要科学开展农村劳动力合理有序的转移，科学规划城市发展，防止 "大城市病" 的发生。

（2）印度农村劳动力转移的特点与启示

印度是人口大国和农业大国，农业人口占全国人口的 75% 以

---

① 梁睿：《试析发展中国家和地区农业剩余劳动力转移和两类典型》，《哈尔滨学院学报》2002 年第 11 期，第 61 页。

上，并且还伴有较快的人口增长速度。印度的人口压力巨大，土地稀缺，农村剩余劳动力的转移问题突出。

①印度农村劳动力转移的特点

第一，大力发展农村工业。印度的工业化道路强调发展资本密集型基础工业和重化工业，劳动密集型产业所占比例较小，限制了农村剩余劳动力向非农产业的转移。对农业的不重视，使农业发展一直处于滞后状态。城市第二、三产业也不能有效地吸收劳动力，为此印度政府大力发展农村工业吸纳劳动力，凡是可以在农村生产的工业项目都留给农村发展。

第二，大力开展技术培训，促进农村劳动力转移。印度政府为了保证农村剩余劳动力的就业，实行了大型就业计划，通过为农村劳动力提供全方位的技术培训，促进农村剩余劳动力的转移。

第三，区域梯度发展，促进农村劳动力转移。由于城市工业吸纳劳动力有限，不能解决农村剩余劳动力的转移，印度政府重点扶持农业发展条件好的地区，鼓励这些地区优先发展，吸纳农业劣势地区的剩余劳动力，农村区域间的劳动力转移，一方面促进了先进农业地区的农业和非农业的发展，另一方面为其他地区农村剩余劳动力提供了转移条件。

②印度农村劳动力转移经验的借鉴与启示

一是大力发展乡村工业，带动农村劳动力就地就近转移。在城市二、三产业还不发达的地区，这种做法值得借鉴。二是开展全方位的技术培训，积极促进农村劳动力的快速就业，实现转移。三是鼓励区域积极发展，以先进地区带动落后地区发展的办法，促进农村劳动力的区域间转移。

7.1.3 拉美发展中国家农村劳动力转移的模式

与亚非殖民地国家相比，拉美殖民地国家独立较早，有很强的城市传统，是全世界发展中国家城市化水平非常突出的地区。1950～1970 年，居住在都市中心的拉美人数在总人口中所占比重，从 39.3% 上升到 53.5%。1950～1960 年的 10 年间，农村、小城镇人口增加了 19%，而都市人口增加了 67%。至 1976 年，阿根廷的都市化水平为 69.9%，巴西为 47.9%，智利为 71.1%，哥伦比亚为 54.5%，古巴为 61.2%①。

这些国家的都市化水平可以与一些发达国家相媲美。

（1）农村劳动力转移的特点（以巴西为例）

第一，城乡人口流动性高、流动规模大，城市化速率高。第二次世界大战以后，由于巴西国内的工业品需求加速，引起工资上涨，使越来越多的移民向工业区集中。据估计，20 世纪 40 年代有 300 万人从乡村移向城市，20 世纪 50 年代增加到 700 多万人。在这一过程中，城市数目也从 82 个增加到 154 个。人口的大量迁移和流动，推动了巴西社会结构的变动，中产阶级的壮大和社会的发展，使社会各阶层之间的相互交流成为现实。但是，城市过多、过大，人口和财富过度集中于大城市，也导致了首位城市超常发展，首位城市与其他城市之间、城市与乡村之间出现分离的趋势，其结果是，城市的聚合力不强与"大城市病"现象并存。

第二，农村劳动力转移中的土地高度集中等问题比较突出。与韩国不同，巴西土地制度的最大特点是土地高度集中。据统计，巴西占地 1000 公顷以上的农户仅占农户总数的 1%，但它们却占有全国 45.1% 的土地面积；占地 10 公顷以下的农户数占总农户数的 49.7%，但这部分农户却只占有 2.3% 的土地面积。由于土地高度集中，大量失地农民在就业、教育及社会保障等方面问题突出。

---

① 李仙娥、王春艳：《国外农村剩余劳动力转移模式的比较》，《中国农村经济》2004 年第 5 期，第 69～75 页。

尽管巴西政府为解决这一问题曾进行了不懈的努力，但收效不大。在失地农民中，有相当部分人面临着既没有新的就业机会，又缺乏生活保障的两难困境。这就使巴西社会所承担的农村劳动力转移的负担加重。

第三，从产业结构来看，巴西存在着就业结构与产值结构相脱节的现象。巴西经济的产值结构表面上类似发达国家，第一产业产值比重已下降到 10% 以下，而第三产业产值比重在 60% 以上。但从就业结构看，发达国家产值比重与就业比重基本一致，而巴西的农业就业比重远高于其产值比重，甚至高达两倍以上。这表明，巴西的农业劳动生产率水平相对较低，第三产业也有类似的情况。从第三产业的就业结构上也能看到这一点。在就业的比重上，传统服务业所占比重过大，而为工业服务的现代服务业所占比重较低。从就业渠道看，非正规经济就业部门是巴西农村劳动力转移的主要领域。非正规经济在巴西经济中占有重要地位，据统计，其产值约占国内生产总值的 40%。目前，伴随着巴西经济结构调整步伐的加快，非正规经济特别是服务业（高科技含量的服务业）在国内生产总值中的比重有进一步提高的趋势。

（2）经验借鉴与启示

一是快速发展大城市，促进农村劳动力非农化。二是要避免这些国家城市过度发展，造成城乡分离趋势加大，并造成"大城市病"的现象。三是失地农民问题解决不力，造成了新的社会问题，我们在城市发展中应引起重视。四是非正规经济就业部门比例过高，就业结构不合理，我们要科学合理地进行结构调整，保证农村劳动力转移的良性发展。

7.1.4 对国外农村劳动力转移模式借鉴和启示的综合评述

上述发达国家以及新兴工业化国家及地区的农村剩余劳动力转

移模式，为我国及中原经济区农村剩余劳动力的转移提供了一些宝贵经验。

（1）在经济发展的起飞阶段，发达国家以及新兴工业化国家或地区主要靠工业的高速发展来解决农村剩余劳动力的转移，而在经济发展的后期阶段，主要靠第三产业吸纳农村剩余劳动力。主要发达国家用了大约 40~100 年的时间保持工业快速增长，使人均 GDP 由 200~500 美元增加到 1000~2000 美元，从而使农业劳动力占社会总劳动力的比重由 50%~60% 下降到 15%~25% 的水平。可以说，工业化的速度有多快，规模有多大，农业劳动力转移的速度就有多快，规模就有多大。而在工业化的中后期，第三产业必然加快发展，第三产业的发展必将吸收更多的劳动力就业。例如，英国建立农工综合体，使农村剩余劳动力进入农业的前导和后续部门，实际上促进了农业劳动力向第三产业流动。目前，发达国家第三产业增加值在国民生产总值中的比重和第三产业就业人数在总就业人数中的比重都在 50% 以上，有的高达 60%~70%，第三产业中有相当多的就业人口来自农村剩余劳动力。

（2）正确的经济发展战略是加速农村剩余劳动力转移的重要保证。是以发展劳动密集型产业为主，还是以发展资本密集型产业为主；是以发展内向型经济为主，还是以发展外向型经济为主，这些都对农村剩余劳动力转移的速度产生重要影响。日本在工业化早期重视节约资本的创新，英国在工业化后期发展农工综合体，都是在发展劳动密集型产业，以适应吸收更多农村剩余劳动力的需要。同样，韩国也在 20 世纪 60~70 年代大力发展出口导向型劳动密集型产业。而美国则针对本国劳动力短缺的特点，大力发展资本密集型产业。可见，要加速农村剩余劳动力的转移，必须有切合本国国情的经济发展战略。

（3）劳动力素质的优化是保证农村剩余劳动力顺利转移的一个重要条件。日本从明治时代开始，就非常重视教育事业的发展。日本的教育事业特别是初等教育和职业教育，由于获得了政府的大量拨款而得到了迅速发展。二战后，日本政府对教育事业倾注了更大的努力。70 年代中期，日本已基本普及了高中教育。教育事业的发展意味着人力资本投资的加大和劳动力素质的提高，这使日本农村劳动力对于非农就业机会具有良好的适应性，这也是日本战后农村剩余劳动力得以迅速转移的内在条件。德国对职业教育非常重视，发达的职业教育有力地促进了劳动力的转移。同样，美、英等发达国家也非常重视劳动力素质在劳动力转移中的重要作用。美国从 19 世纪末到 1945 年就完成了由使用畜力到使用机械力转变的农业机械革命，1970 年，农业劳动力的比重下降到 10.8%，到 90 年代则减少到 3% 以下，但是，美国的农业产值并未因此而减少，其原因在于美国农业应用了大量的新工具、新品种、新方法、新技术，科技含量很高。在此过程中，高质量的教育水平和劳动力素质起着不可替代的重要作用。[①]

（4）城市化和非农化与农村剩余劳动力转移关系密切。美、英、日等发达国家以及韩、印及巴西等新兴工业化国家或地区的实践表明，农村剩余劳动力转移不仅促进了城市化，也促进了农村非农化。20 世纪 50 年代以前，由于工业化的推进，发达国家农村剩余劳动力转移主要体现为人口从农村向城市转移，城市化水平显著提高。但 50 年代后，这种情况有所改变，即农村劳动力更多地趋向于在农村内部转移，而并非涌向城市。农村剩余劳动力在农村内部转移，主要表现为农村非农化或农村城市化，城乡之间的差别进

---

① 程建平：《中国与日本农村剩余劳动力转移模式比较研究》，《郑州大学学报（哲学社会科学版）》2007 年第 3 期，第 32～35 页。

一步缩小，许多发达国家基本上不存在城乡差别。这种阶段性的新变化说明，农村剩余劳动力转移伴随城市化的演变具有时序上的规律性，其本质是高度工业化推进了农业现代化，"工业"反哺"农业"，"城市"反哺"农村"。这种阶段性的变化对于限制大量流动人口涌向城市和解决"城市病"具有积极作用。①

（5）农村剩余劳动力顺利转移需要与国情相适应的土地政策。农村劳动力和土地是农业生产的基本要素，农村剩余劳动力的转移意味着农业生产要素要重新组合，土地要素也要进行相应的调整。发达国家的实践表明，伴随农村剩余劳动力的转移，土地主要经历以下两种类型的调整：其一，土地集中。例如在美国，不仅农户经营规模逐渐变大，还出现了大农场。其二，土地集中不明显。例如在日本，虽然战后农村剩余劳动力转移速度加快，但土地的集中程度却相对低于欧美国家，农业兼业化普遍，秉承着小农经营的传统。这说明，一国或地区在农村剩余劳动力转移过程中要遵循本国国情或地区区情；各国和地区政府要制定符合本地资源禀赋状况的政策。

另外，失地农民的问题解决不好（如巴西）也会带来很多社会问题。因此，我国在发展城市化和农村劳动力向城市转移的进程中，要深入研究失地农民问题，本着以人为本、和谐发展的原则，提出科学、合理的解决办法。

通过以上分析可以看出，农村剩余劳动力转移在不同国家乃至同一国家不同地区存在多种不同的模式。这些模式都与各国国情和各地区区情相适应，与各国及各地的区域条件紧密相连。就中国而言，省级之间及各省内不同县域之间条件差异比较大，因此，中国

---

① 陈吉元等：《论中国农业剩余劳动力转移——农业现代化的必由之路》，经济管理出版社，1990。

的农村剩余劳动力转移也不能固守某种固定模式，而应根据各地区不同的条件做出不同的选择。

7.1.5 小结

随着经济的发展，世界发达国家相继加快了城镇化进程，大量的农村剩余劳动力转移到城镇工业中去，研究其农村劳动力转移的特点，对中原经济区的农村劳动力转移有一定的借鉴意义。如英国随着第一次工业革命的爆发进行的圈地运动，使农民离开了土地。19世纪末期，随着工业化浪潮的涌起，美国的农村剩余劳动力也开始了为期一个世纪的大规模转移，基本上转移到了大城市的工业部门和包括商业和服务业在内的第三产业部门。二战后，日本政府对农村剩余劳动力转移进行了有效干预，实现了农村非农化转移。而德国随着科学技术的发展，随着对从业人员素质要求的提高，走出了一条通过职业教育完成对农村转移劳动力培训的职教转移之路。研究新型工业化国家（如韩国）与发展中国家（如印度、巴西等）农村劳动力转移的实践与经验，对于中原经济区农村劳动力转移具有一定的借鉴意义。

7.2 中国典型地区劳动力转移模式及其启示

7.2.1 典型模式

在我国改革开放以来的农村剩余劳动力转移实践中，各地区结合自身的区域条件，探索出不少的农村劳动力转移的成功实践模式，其中比较成功的主要有以下几种：

（1）苏南以集体经济为主的乡镇企业就地转移模式

苏南地区在农村改革时保留了集体经济，并由政府经营管理，接受大城市的辐射，大力发展农村工业，吸纳了大量本地农村剩余劳动力，开创了农村剩余劳动力离土不离乡的就地转移模式。目前该模式的内涵发生了变化，乡镇企业普遍进行了改制，集体企业基本都变成了个体私营企业，但就地转移的模式没有发生变化。

（2）温州以个体私营经济为主的乡镇企业综合转移模式

1986年初，温州成为改革实验区后，采取措施大力鼓励和支持个体、私营和股份经济发展。经过几年的发展，形成了以个体、私营经济为主，国营经济、集体经济、个体经济和私营经济并存的格局。个体、私营经济蓬勃发展，吸收了大量农村剩余劳动力，许多个体、私营经济走出温州，到全国各地寻求发展，带动了这些地区的经济发展，也促进了农村剩余劳动力的转移。

（3）珠江三角洲以外向型经济为主的合资企业就地转移与吸纳模式

珠江三角洲地区充分发挥比邻港澳的区位优势，大力发展外向型经济，积极引进外资，成立了大量的外商独资、中外合资和合作企业。这些企业不但吸收了大量本地农村剩余劳动力，而且吸纳了大批全国各地的农村剩余劳动力。

（4）山东省以个体私营经济为主的农业产业化综合转移模式

山东省各地在发展蔬菜种植中，形成了一个健全的蔬菜市场营销网络、配套的加工体系、四通八达的流通渠道。目前，山东省形成了以莱阳为主的鲁东蔬菜加工区，以安丘为主的鲁中蔬菜加工区，以苍山为主的鲁南蔬菜加工区，以菏泽为主的鲁西蔬菜加工区，吸纳了大量农村剩余劳动力。

（5）上海市郊区"三集中"转移模式

20世纪90年代中期，上海市郊区开始推行"三集中"（工业向园区集中，耕地向规模经营集中，农民向集镇集中）模式，即通过乡镇企业向工业园区集聚，促使农村劳动力在职业和地域上

（从村到镇）的转移，促进小城镇的发展。通过市场机制合理配置生产要素，使耕地资源流向适度规模经营的农户和合作农场，从而使农村地区经济发展的规模效益达到最佳状态，并真正体现可持续发展的精神，取得了很好的效果。

（6）小城镇发展综合转移模式

建设部 1994 年推出"625 工程"，以 6 个乡村城镇化试点县市（辽宁省海城市、山东省荣成市、江苏省锡山市、浙江省绍兴县、福建省福清市和广东省顺德市），2 个试点地区（京津塘地区、襄樊—南阳地区）和 500 个小城镇为先行示范单位，成为全国小城镇建设的引路工程。小城镇基础设施的完善吸引了企业和人口的集聚，许多分散的乡镇企业往工业小区集中，大批农民进镇务工经商、开店办厂，一批农民城、农民镇蓬勃发展，往小城镇转移的农村剩余劳动力大量增加，小城镇成为中国农村剩余劳动力转移的"蓄水池"。

7.2.2 借鉴及启示

（1）各地区转移模式各具特色，具有明显的差异性。这是因为，我国幅员辽阔，各地区的社会经济条件具有明显的差异性，而区域条件的差异使得各地区农村剩余劳动力转移的实践模式也不尽相同。因此，各地区应根据自身的特点，因地制宜地探索与本地区区情相适应的农村剩余劳动力转移模式。

（2）推进农村剩余劳动力转移必须从推动工业化入手。这是因为，工业化是经济现代化的主体内容，是农村剩余劳动力转移得以顺利进行的前提。

（3）将推进农业产业化、发展乡镇企业和推进城镇化作为农村剩余劳动力转移的主要途径，同时要注意这三个方面协调推进。

（4）"民工潮"是落后地区农村剩余劳动力转移的重要途径。

从以上实践剖析中可知，凡是能有效地实现就地转移的地区，都是经济发达、工业蓬勃发展的地区，而落后地区在这方面明显滞后，因此，以"民工潮"为主要方式的异地转移是落后地区农村剩余劳动力转移的重要途径。

7.3　河南省农村劳动力转移模式的个案研究

7.3.1　信阳模式

信阳市是一个工业基础薄弱的地区，是一个农业生产经营水平一般的地区，也是一个人多地少矛盾突出的地区，还是一个贫困老区，全市8个县全部是贫困县，其中国家重点扶持的贫困县就有3个。

（1）信阳农村劳动力转移现状

据不完全统计，现在信阳全市近800万人口中，外出务工人员有180万人之多。外出务工人员的劳务收入相当于全市当年财政收入的7倍多，占当年全市农民纯收入的一半左右。劳务输出更造就了一批百万、千万甚至亿万富翁。如今在信阳，劳务输出不仅做成了大产业，而且日趋成熟和理性：劳务输出正由过去的自发性向有组织性转变，近年来更出现了成建制、大规模的输出；劳务输出正由体能型输出向技能型输出转变，从业范围已经从当初的主要靠出卖体力的家政服务、建筑制造向零售贸易、电子技术、烹饪等技术性行业转变，不少人员还进入了管理层，实现了中国农民的"嬗变"；劳务输入地正由仅限于周边地区向省外、境外扩展，信阳外出务工者的足迹已遍及全国和境外20多个国家和地区，常年在境外务工农民达5000多人。

（2）信阳经验

早在2003年，信阳市制定的《信阳市全面建设小康社会规划纲要》中就明确提出，对信阳来说，转移农村剩余劳动力、发展劳务输出，是实现全面建设小康目标的"最简捷、最有效"的手段，并作出规划，每年必须增加转移14万农村劳动力，同时开发利用好这一资源。至此，劳务输出被纳入信阳市及各县区经济社会发展规划，开始被真正作为一个大产业来谋划、来培育。

第一，创新机构，发挥组织资源的功能，加强对劳务输出的协调和管理。2004年成立了劳务输出管理局，具体负责全市劳务输出的组织、管理工作。同时对公安、计生、司法及工青妇等部门在组织劳务输出、发展劳务经济方面，明确职责，分解任务。现在，信阳各县（区）、所有乡（镇）都成立了劳务输出管理和服务组织，全市形成了政府职能部门、农村基层组织和群团组织等多方参与、各负其责、齐抓共管的劳务输出协调管理机制，从而提高了劳务输出的组织化程度，改变了一盘散沙的自由民状况。

第二，突出抓好各项服务。过去，农民工多数处于盲动状态，由于信息不灵，往往是出门找工作难，许多农民工频繁更换岗位，只花钱不挣钱。为此，信阳市着力抓好信息服务和职业介绍，以减少劳动力转移的成本和风险。现在，全市各个街道（乡镇）和社区都建立了劳动保障机构，共设立各类职业中介组织200余个。还在深圳、海南、乌鲁木齐、东莞等地设立驻外劳务办事处，收集、筛选用工信息，拓展务工信息来源。通过诸多途径，现在信阳已经打通了农村劳动力可供资源和外地劳动力需求市场相连接的信息通道，建起了市、县（区）、乡（镇）三级劳务信息资源库，实现了绝大多数劳务输出依靠职介和信息服务引导的目标。

第三，实施"回归工程"。为确保农民工"走出去"和"回得来"，信阳市努力为农民工提供各种政策支持和保证。扶贫部门明确规定，家庭贫困的农民工参加职业技能培训时，政府为其提供生活补贴。新县对交不起出国培训费和出国中介费用的农民，不仅适当减免其参加培训学习的费用，还通过协调为他们争取中介费贷款，使得一些家庭贫困的农民工也能够顺利地出国打工。由于农村剩余劳动力的转移大多是一种兼业性的转移，土地仍然是他们最基本的生活保障。为此，信阳市明确规定，不准在承包期内随意收回或调整外出务工人员承包的土地，允许他们在自愿有序的基础上转移土地使用权，促进规模经营。至于改革户籍制度，确定城乡居民一律统称"信阳市居民"，规定"外出务工参加社会保险、按时缴纳养老保险金的农民工，返乡后可以继续享受养老保险待遇"等做法，更使务工者多了方便，少了烦恼。

信阳市委、市政府在抓好劳务输出的同时，积极鼓励、适时引导有资金、有技术、有管理经验的农民工回乡投资创业，并为此明确了政策和措施。如：农民工返乡投资，和外地客商一样享受招商引资优惠政策；外出务工人员返乡创业，可享受用电、用地政策优惠；有关部门在户籍管理、社会保险、子女入学等方面为回乡创业者提供优质服务；对贡献突出的返乡创业者，政府给予一定的政治待遇和物质奖励；等等。

信阳市通过实施"回归工程"，既富民又强县；既获得经济效益，又获得社会效益和生态效益；既造福信阳经济社会发展，也使回归者获得丰厚的投资回报。为此，决定本着"既符合国家产业政策，又有利于加快信阳工业化、城镇化和农业现代化进程"的原则，对回归者的投资热情和创业冲动给予科学、正确的引导。

信阳通过引"凤"还"巢"，优化了经济结构、产业结构，加快了工业化、城镇化、农业现代化的步伐，培育了一个又一个新的经济增长点，为全市经济社会发展注入了生机与活力。

第四，大规模地开展农民工培训。为解决培训资金瓶颈问题，信阳市多方筹措，甚至冒风险从国家下拨的财政扶贫专项资金中拿出一部分投向贫困农民工培训。同时从原本吃紧的财政中，挤资金用于农民工培训。搞好农民工培训，关键在于适应市场需求，科学设置培训内容和专业，全面提高农民工的素质。在培训农民工时，信阳市既注重搞好法律法规知识培训，又加强安全知识和公民道德规范培训，但重点抓好职业技能培训，力求通过培训教会农民工一技之长。据此，近年来信阳市根据国内外劳动力市场需求，先后开设了车工、电工、钳工、服装加工、汽车驾驶、烹饪等23个"适销对路"的工种和专业。教学中，特别强调实际操作技能训练。如对出国务工人员在进行外贸知识、国际法规培训的同时，重点加强外语教学，全面推行模拟教学模式，提高学员外语听说能力。为确保培训效果，学员学习期满后，培训部门都按照国家规定的标准和程序对他们进行考核、鉴定，对达到职业技能水平的，颁发毕业（结业）证书和职业资格证书，送农民一张外出就业的"通行证"。

第五，构建农民工权益保护体系，依法帮农民工维权。一是组建农民工工会，依靠工会组织的力量为农民工维权。按照《工会法》，信阳市明确农民工工会组织的主要职责是，保持与农民工所在地的联系，提供法律援助，提供劳动争议、劳动仲裁咨询服务，参与协调处理农民工劳资纠纷、工伤事故及侵权案件等。二是在农民工中建立党组织，以党建带动农民工维权。信阳市180多万外出务工人员中，有党员近3万人，为了把这些"口袋党员"、"影子党员"纳入管理，使他们在为农民工维权、发展劳务经济中起到"领头雁"作用，信阳市决定借助农民工维权服务中心和农民工工会联合会这一平台，在外出务工经商党员集中地建立党组织，依靠党组织帮农民工维权。目前，信阳市已在北京、上海、深圳、武汉、杭州等农民工集中地建立党总支5个、党支部198个、党员管理工作站1个，使近70%的外出党员重新过上了正常的组织生活。更为重要的是，"跟着党旗闯市场，合法权益有保障"，外建党组织通过发挥政治优势，整合全市在外出务工人员中设立的工会、法律援助工作站等力量，大大提高了维权的实效。

信阳市不仅通过各种组织帮助农民工维权，近年来还加强普法教育，教农民工懂法用法，依法自我维权。

7.3.2 林州模式

（1）河南省林州市农村劳动力转移品牌模式的形成

"林州建筑工"这个知名品牌经历了一个打造过程。20 世纪 60 年代，林州人民苦战 10 年，在太行山上修筑了举世闻名的"人工天河"，解决了灌溉和饮水问题。20 世纪 80 年代，在修渠过程中锻炼出的大批能工巧匠纷纷走出家门，外出从事建筑业，初步形成了"十万大军出太行"之势。1989 年，林州被建设部、农业部和国务院贫困地区经济开发领导小组确定为全国"首批建筑劳务基地县"，为林州建筑劳务入轨并网实现有序流动和稳定发展奠定了良好基础。当年该市的建筑队达到 2500 个，外出民工达到 11.5 万人。

从 20 世纪 90 年代初期开始，该市的建筑劳务开始进军国际市场，主要向俄罗斯、新加坡、南也门、南非等境外市场输出。跨入 21 世纪，该市的建筑队伍已进军全国 300 多个城市，每年有 15 万多农民工活跃在全国各地的脚手架上。建筑业已成为该市的一项支柱产业，每年创造的劳务收入在 10 亿元左右，实现利税 2 亿元左右。

（2）林州品牌模式的做法及经验

第一，政府引导。要搞好农村劳动力转移，政府要提供政策和环境的支撑。林州市委、市政府始终把建筑业作为"富民工程"，作为县域经济的支柱产业来抓，出台扶持政策。为做大林州建筑业，使之成为当地农民脱贫奔小康的阳关大道，林州市在制定建筑业改革发展政策性文件的同时，注重引导企业走劳务专业化道路。

行业主管领导深入建筑企业和施工现场办公，帮助企业调整经营结构。针对劳务队伍流动无序的现状，林州市完善了市、乡两级劳务输出管理机构。两级主管部门通过摸排建立了完整的劳务档案，按照专业组队、成建制输出的原则，对"五大员"和"十项工种"人员进行分门别类专业组队，确保了输出劳务队伍有工程、有市场、有效益。引进专门人才以及组建建筑企业集团，全面提升林州建筑业的整体水平，

第二，制度保证。为不断提高"中原铁军"品牌知名度，创建一流劳务队伍，林州市行业主管部门建立健全劳务输出管理各项规章制度，出台了《组织管理制度》、《教育培训制度》等管理制度。

第三，强化技能与职业培训。林州市在实施"阳光工程"过程中，发挥自身优势，重点向建筑行业培训倾斜，借助"阳光工程"的实施，使林州境内的培训基地成为林州建筑品牌坚强的人才输出后盾。

7.3.3 长垣模式

长垣模式即"长垣厨师"品牌模式。烹饪业已经成为支撑长垣经济社会全面发展的一大优势产业。据统计，长垣县从事烹饪工作的专业厨师达 2.3 万人，其中在国外 1000 余人，遍及 46 个国家和地区。有国家级烹饪大师 4 人，省级烹饪大师 16 人。培育出了百年京都老蔡记、颐顺轩国宴、御园福膳、侯记烩面等 10 多家餐饮连锁企业。目前，长垣厨师遍及世界各地，年实现劳务收入亿元以上，烹饪业已经成为长垣经济发展的重要支柱产业。

"长垣厨师"品牌的做法及经验。目前，长垣县政府部门采取各项优惠政策和措施，努力打造中国厨师之乡品牌，大力促进烹饪业发展。

（1）搞好技能培训，积蓄人才资源

长垣县投资 1 亿元建设"河南博大烹饪学院"，聘请资深专家、教授长期任教，并利用长垣籍在外国家级烹饪大师多的优势，定期为家乡教学、办讲座，努力提高转移的农村劳动力素质和技能。

（2）营造浓厚的厨乡文化氛围，提升餐饮业软实力

2007 年 9 月，该县成功举办了"中国（长垣）厨师之乡国际美食节"，叫响了长垣"厨师之乡"的品牌，有力地促进了长垣餐饮文化的发展。

（3）构建产业链条，走产业化之路

长垣县除做强烹饪业外，还大力开发快餐食品、营养食品、保健食品等，走烹饪业带动农业产业化的路子，进一步扩大了"中国厨师之乡"的影响力。

7.3.4 刘庄模式

（1）刘庄的社会经济发展现状

河南省新乡县刘庄村，地处豫北黄河故道，全村 350 余户，党委组织为党委会，村民自治组织为村民委员会，经济组织为农工商总公司，下属制药、机械、造纸、淀粉、农业、商业及车队等产业。目前，刘庄的农村劳动力基本上在村办企业上班，实现了劳动力的就地转移，同时还吸收了大量的当地农村劳动力到企业就业，带动了当地农村劳动力转移，促进了当地区域经济发展和农民的增收。

（2）刘庄的经验

第一，坚持走集体经济的路子不动摇。河南省新乡县刘庄村是河南乃至全国走集体经济致富的典型代表之一。刘庄人民在史来贺老书记的带领下，在以史世领书记为首的新一届党委的正确领导下，坚持发展集体经济，使刘庄走上了以农业为基础，以高科技医药工业为龙头的发展道路，实现了农村工业化、农业现代化、经济

市场化、农民知识化、生活城市化。

第二，注重素质提高，培养新型农民。为提高村民整体素质，刘庄村在注重办好基础教育的同时，经常采取"送出去，请进来"的办法，举办长、短相结合的专业培训班，培养技术骨干和科技能手，使外部资源和内部资源得以有效的利用与开发。与此同时，他们还十分注重为职工学习科技文化知识创造良好条件，图书阅览室、科技楼、青年民兵之家等学习场所，每天对村民开放，每年订阅 500 多种报刊，供村民学习。2005 年又建成了现代化农民远程教育系统，拓宽了村民接受新知识的领域。

7.3.5　小结

无论是信阳市固始县农村劳动力转移模式，还是"林州建筑工"、"长垣厨师"等河南省农村劳动力转移的"品牌模式"；或者是刘庄村等地的"农村工业化"模式，在成功进行农村劳动力转移的进程中，它们都具有五个相同的特点：一是政府的组织、协调和管理职能能够充分发挥，制定了一系列的优惠政策及措施，营造了一个良好的劳动力转移环境。二是大规模开展农民工培训工作，提高了农民工的技术水平。三是走产业化之路，大力发展农村经济。四是政府大力倡导，农民工的合法权益得到了保障。五是实现劳动力转移之后均带来了一定的社会与经济效益：为农村的经济发展注入了活力；为城镇化建设提供支撑；优化了县域经济结构；促进了城乡社会的和谐。

7.4　中原经济区农村劳动力转移的模式构建

7.4.1　中原经济区农村劳动力转移模式构建

本书认为，中原经济区农村劳动力转移的模式由四大体系组成，包括政府主导体系、拉力体系、推力体系和政策支撑体系。即以政府指导为灵魂，以新农村建设与基础设施建设、新技术推广与应用、农业结构调整、教育培训及劳务品牌的带动为基本推动力，以工业化、城镇化、第三产业发展的拉动为主流，以政策支撑为保证的农村劳动力转移模式。农村劳动力转移还要坚持走组织化、专业化、技能化、品牌化、多渠道的路子，不断开创中原经济区农村劳动力转移的新局面（如图7-1所示）。

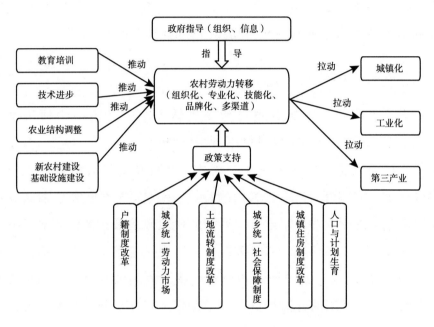

图7-1　中原经济区农村劳动力转移模式

7.4.2　中原经济区农村劳动力转移模式说明

（1）农村劳动力转移的灵魂——政府指导

党中央、国务院高度重视"三农"问题，2004～2008年连续五年的中央一号文件对此都提出了明确要求。中央出台了一系列劳动力转移的政策规定，农业部等国家六部委启动了实现农村劳动转移培训的"阳光工程"，原劳动和社会保障部实施了旨在保护农民工权益的"春风行动"。以河南省为例，河南省人大还专门制定了《河南省进城务工就业人员权益保护办法》，这是全国第一部专门保护农民工权益的地方性法规，于2005年9月开始施行，使农民工权益维护第一次上升到立法层次。2004年河南省启动实施了农村劳动力转移培训阳光工程，先后制定下发了《2004～2010年河南省农民工培训规划》和《河南省人民政府关于加强农村劳动力转移培训工作的意见》。目前各级政府都充分认识到农村劳动力转移的重要性，采取积极措施，加强对农村劳动力转移的组织和管理工作。

加快信息网络建设。按照"科学化、规范化、现代化"的目标，坚持"统一规划、统一标准、网络互联、资源共享、分级使用、分步实施"的原则，培育和发展城乡统一的劳动力市场，加快省、市、县、乡四级信息网络建设，畅通信息来源渠道。充分发挥外出务工人员点多、面广、信息渠道宽的优势，建成政府、中介组织和个人相结合的多元化信息渠道网络。大力发展多种形式的劳动就业中介组织，加强包括就业信息、咨询、职业介绍、培训等在内的社会化的信息服务体系建设。

（2）农村劳动力转移的保证——政策支撑

第一，户籍制度改革。随着我国市场经济体系的逐步完善，加大户籍制度改革力度，建立城乡人口有序的流动机制，是实现城乡一体化与农村劳动力转移的关键所在。改革现阶段户籍制度，保障劳动者的基本权利和维护社会公共秩序，在此基础上有效推动经济发展。要通过户籍制度改革，使户籍制度与劳动者就业、子女入学、社会保障等方面脱钩，成为纯粹的登记制度，进行有效疏导，使之有利于人口的合理流动。

第二，现行土地产权制度改革。农村劳动力和土地是农业生产的基本要素，农村劳动力的转移意味着农业生产要素要重新组合，土地要素也要进行相应的调整。2003 年 3 月 1 日开始施行的《农村土地承包法》规定，在不改变土地所有权的情况下，给农民一定期限的土地使用权，这对推进农业和农村经济的发展发挥了重要作用。进一步改革和完善现有的土地承包制，可以在坚持土地集体所有制的前提下，建立合理的土地流转机制，通过转让、承包、租赁、入股、拍卖等多种形式，更大范围、更大面积地搞好土地转让，加快土地集中过程，加速农业的规模化、集约化经营步伐，为农村劳动力的转移创造条件。对有转移意愿的农民，进行制度创新，允许他们按照市场价格转让其所拥有的土地和住宅，从而获得他们离土离乡、在城镇生活所必需的基本保证金和经营资本，增强其转移成本的支付能力。

第三，建立城乡衔接的社会福利保障制度。目前我国社会保障制度覆盖范围有限，土地成为农民安身立命的基本保障。这极大限制了农村劳动力的转移，同时也阻碍了农业规模经营的实现，不利于农业发展。应尽快建立城乡衔接的农村社会保障制度，为维护社会稳定、加快农村劳动力的转移提供有力的保障。此外，进城务工农民的社会保障问题也应当抓紧加以解决。[1]

第四，建立城乡一体化的劳动力市场。构建一个统一开放、竞争有序、城乡一体的劳动力市场。不仅在政策、制度、措施上营造一个农民工在城镇就业的和谐环境，而且要通过舆论宣传和引导，消除城镇政府机关、企事业单位和城镇居民对农民工的歧视，树立"人人平等"、"农民工和市民具有同等的法律地位和尊严"的宪法基本理念，认识到农民工既为城镇的繁荣做出过牺牲、仍在为城镇建设做着奉献，从而实现真正意义上的就业公平。[2]

① 周琳琅：《论统筹城乡发展中的农村劳动力转移》，《学术论坛》2005 年第 4 期，第 96~97 页。
② 蔡荣生、赵亚平、吴克禄：《中国贫困地区的剩余力转移研究》，《农业经济导刊》2005 年第 6 期，第 112~114 页。

（3）农村劳动力转移的基本动力——新农村建设与基础设施建设、新技术推广与应用、农业结构调整、教育培训及劳务品牌的推动

第一，新农村建设与基础设施建设推动。按照建设社会主义新农村的要求，积极拓展农村劳动力就地就近转移的空间，加大农村基础设施建设投入，带动农村经济发展和繁荣。大力实施农业综合开发工程，抓好基本农田改造、农田水利项目建设，提高农业综合生产能力。加大乡村道路、电力、通信、广播电视、安全用水、环境卫生、农贸市场等基础设施建设力度，增加农业就业机会，促进农民直接增收。

第二，新技术推广与应用的推动。人类的技术进步与产业结构变化的基本模式可概括为：技术进步——产业的发展与改造——新兴产业的出现、传统产业的改造、落后产业的淘汰。人类技术进步的趋势总是机器代替人力劳动，因此，技术进步也总是造成在生产规模不变时，生产领域所需要的劳动力逐渐减少，多余的劳动力需要从该生产领域中转移出去。新的农业技术，特别是劳动节约型的技术进步，如免耕技术等的应用，以及新机器的发明和应用，如新型农业机械的发明与应用，成为经济增长的促进因素，既为农业规模经营提供了条件，也提高了农业生产效率与效益，但生产率的提高减少了对劳动力的吸收。伴随人均耕地面积的减少、农业新技术的应用和农业机械化程度的提高，农村劳动力过剩问题加剧，从而使农村劳动力不断地从农业部门转移到工业部门、服务业部门、新兴产业部门，因此，技术进步促使农村劳动力的转移[1]。

第三，农业结构调整的推动。加快农业产业化和农业结构调

---

[1] 万宝瑞：《农村全面实现小康社会的一项战略措施——河南省农村劳动力转移情况调研报告》，《中国农村经济》2004年第1期，第24～27页。

整，充分挖掘农业内部的就业潜力，进一步增强农业部门吸纳劳动力的蓄水池作用。在结构调整中，在确保粮食生产的基础上，应重点发展那些具有优势的农产品生产，并依靠科技进步和技术创新，提高集约化水平，推动劳动密集型农产品生产向优质方向发展，增强劳动密集型产品的国际竞争力。通过农业结构调整，改善农业结构和就业结构，通过发展农业产业化以及系列社会化服务产业，促使农村剩余劳动力在农业和农村内部就业，带动农村劳动力就地转移。①

第四，教育培训及劳务品牌的推动。农民是农业生产和经济建设的重要载体，是我国重要的人力资源，农民的科技文化素质不仅影响到农民的生活、农业的发展水平，而且还关系到我们国家建设小康社会的进程。农村劳动力能否转移成功，归根到底还是取决于农民自身的素质。2004年，河南省启动实施了农村劳动力转移培训阳光工程，先后制定下发了《2004~2010年河南省农民工培训规划》和《河南省人民政府关于加强农村劳动力转移培训工作的意见》。按照面向社会，公开、公平、公正的原则，认定培训基地960所。组织649所培训机构围绕市场需求，按照定向培训、农民自愿的原则，开展电子、电工、电焊、服装、制造等30多个专业的培训，为农村劳动力转移就业提供了技术上的支撑。

随着农村改革开放的不断深入和农村经济形势的不断变化，农民的生产观念和就业观念也发生了很大的变化，调整农业产业结构以及走出家门务工经商的积极性都有了较大的提高，大量农村劳动力进城已成为农民脱贫致富和提高自身素质的一个途径。这为城乡一体化与农村劳动力转移提供了原动力。

（4）农村劳动力转移的主流方向——工业化、城镇化、第三

---

① 褚志远：《论产业结构优化升级与农村剩余劳动力转移》，《商业时代》2007年第12期。

产业发展的拉动

第一，工业化、城镇化拉动。党的十七大提出走新型工业化道路，全面繁荣农村经济，加快城镇化进程，是全面建设小康社会的任务之一。农村劳动力转移关系到中国全面建设小康社会这一目标的实现，劳动力转移的动力主要来自工业化与城镇化，以及二者的互动发展。实现工业化，就是要增强国家实力，实现国内生产总值的高速、持续、稳定增长，加快农村剩余劳动力有序、渐进地向非农产业转移，降低农业就业比重，提高农民以及国民的总体收入水平；实现城镇化，就是在实现农村剩余劳动力向非农产业转移的同时，实现劳动力与人口向城市、城镇的集聚，在规模经济与聚集经济效应共同作用下，通过共用基础设施与公共设施，提高企业的生产效率与经济效益。通过工业化和市场化来推动小城镇发展，为农村劳动力转移提供更为广阔的空间。

第二，第三产业拉动。随着物质产业的不断扩大，市场经济的发展，市场不断发育，客观上要求包括流通、服务在内的各项第三产业得到配套发展。目前农业产前、产中、产后的社会化服务体系非常薄弱，特别是农副产品在储藏、运输、加工、销售等环节上的矛盾很突出，为工业生产服务的各项第三产业，如物资采购、技术研究、仓储运输，乃至教育和其他社会服务还很不配套，很不适应现代大工业的需要。目前经济发达国家第三产业的就业人数一般占总就业人数的60%左右，中国第三产业的就业份额占比很低。河南省在加快工业化、城镇化步伐的同时，应根据本地的资源特色和优势，大力发展就业容量大的批发零售、餐饮、交通运输等传统服务业，继续扩大其吸纳就业的容量；积极发展现代物流、旅游、会展、社区服务、中介、信息等新兴服务业，努力拓展新的就业领域和就业机会。

8

中原经济区农村劳动力转移的
制度与政策创新

当前，中原经济区的农村劳动力转移进入了一个新的阶段。由过去的总量过剩，进入到总量有余、结构失衡的有限供给阶段。近半数的农村劳动力已转入非农产业，但农村仍有两三千万的富余劳动力。东部发达地区劳动力市场有限供给的矛盾和问题持续突出，已进城就业的农民工市民化问题尚未有效解决。在工业化、城镇化和新农村建设新的历史机遇和挑战面前，农村劳动力转移的制度创新和政策完善具有十分的重要性和紧迫性。

8.1 土地制度改革与完善

实现农村劳动力顺利健康转移，与不断改革创新农村土地制度息息相关。事实上，中国的农村土地制度无论按照哪种改革路径去创新，都不能脱离人多地少、人地关系长期高度紧张这一基本国情，对于中原经济区而言更是如此。因此，农村土地制度创新，应该选择一条与农村劳动力转移、城乡一体化协调发展进程相适应的渐进式道路。

（1）推进土地产权制度改革

在这方面，各地早已进行多种形式的改革实验，其经验和教训都有。当前的路径选择应该是，以完善和稳定土地家庭承包关系为目标，积极稳妥地推进土地产权制度改革。分析农村土地产权制度改革问题，不能回避农村土地所有制问题。在这个问题上，学术界和实践中一直有多种主张，且争论不断。按照温铁军的归纳大体有三种：一是主张实行土地国有永佃制，这种观点认为目前的集体所有权主体实际空缺，实行完全的私有制又不可能，解决的办法是实行土地国有，土地使用权永久性出让给农民；二是主张彻底实行土地私有制，这种观点认为承包制潜力已发挥殆尽，解决问题的办法是实行土地私有制，加速土地的流转和集中；三是主张不断完善土地集体所有制，这种观点认为土地国有制和私有化皆不可行，解决问题的办法只能是完善现行的土地承包制度。当然，除了这三种主张外，还有建立混合所有制的主张，等等。考察新中国60多年土地制度变迁的过程，以及农村改革30多年比较成功的实践，现行的农村土地集体所有制条件下的农村土地制度符合中国的国情，具有天然的合理性。在这一前提下，探究农村土地产权制度改革也更有现实意义。

当前推进中原经济区农村土地产权制度改革的重点是，首先，按照有关法律的要求，切实落实农民的土地承包权，进一步明确界定为物权或财产权，其使用权、收益权、抵押权、入股权、转让权等多种权利真正归农民所有，并使之长期化。这既有利于稳定农村、稳定农业，同时也可在一定程度上弥补农民工进城后社会保障制度不同步的缺失。其次，建立并完善相应的土地产权登记制度，完善户籍管理体系以及独立的法律保障体系，以利于农民土地产权的明晰、流通和保护。最后，推进农村土地产权制度改革必须考虑地区的差异性和多样性。由于各地区经济社会发展水平和土地资源禀赋不同，以及同一地区城市郊区与农村土地收益的不同，土地产权制度改革应该有不同的制度设计和安排。

（2）推进土地流转制度改革

农村土地流转制度改革的目标，就是要在确保集体所有权的框架下，进一步稳定承包权，全面搞活使用权，实现土地的资本化、规模化、合作化。事实上，中国农村经济改革30多年来，农村土地"有偿流转"在政策上一直是得到支持的，但效果不理想。

据统计，目前农村土地流转所占的比例仅为10%左右，且波动性较大。其主要原因在于，农村土地产权制度改革没有及时跟进，土地对农民的社会保障功能没有新的制度安排予以有效替代，以及农民工市民化进程受阻等。长期以来，土地既是生产要素，又是农民获得社会保障的主要依靠，存在着土地利用公平与效率的矛盾，这既不利于农业的规模化、产业化经营，也不利于农村富余劳动力的顺利转移，即使转移了出去，也无法彻底离开农村。

当前，中原经济区推进农村土地流转制度改革的重点是，在推进农村土地产权制度改革的同时，把土地承担的生产和社保这两个功能分开，进一步完善农村土地资本化市场平台，不仅从政策上，更要在法律上明确和规范土地是农民的资产，并成为其财产性收入的主要来源，切实保障农民对承包土地的占有、使用和收益等权利，创新土地使用权实现方式，真正实现土地承包经营权以转包、出租、互换、股份合作等形式的流转。在推进农村土地流转进程中，除了不得改变土地所有制性质、不得改变土地用途、不得损害农民土地承包权益外，还应在政策上或法律上，明确这样一些原则：兼顾各方利益，坚持自愿互利原则；实施投资主体资格市场准入制度；完善适应土地流转的社会化服务体系和运转机制；坚持循序渐进、示范推广的原则；引入投资风险保障机制；等等。

（3）推进农村土地征用制度改革

当前，推进农村土地征用制度改革的重点是，首先，要严格界定公共利益的范围，严格限定农村土地的征用范围。其次，要完善农村土地征用补偿制度，合理安置失地农民。对国有土地和农村集体土地必须实行同地同价的公正补偿政策，改变传统按照农业产值确定补偿标准的不合理、不公正做法，应当以土地的市场价值和预期增值为依据，充分保护农民集体土地的财产权利。在合理安置失地农民方面，尽可能避免采用货币补偿这种单一的补偿方式，积极探索并完善社会保障安置、土地使用权入股安置、入股分红安置等多形式的复合式安置方法，切实保障失地农民的长远利益。最后，要完善土地征用程序，赋予失地农民民主权利。应进一步严格土地征用审批程序，可以考虑设立独立的机关对征用土地的用途和目的进行严格审查和确认；必须建立公开、公正的征地程序，确保土地权利人拥有充分的知情权、参与权和异议权，强制实施听证制度；完善司法救济制度，司法机关应协调兼顾行政诉讼和民事诉讼关系，确保公正仲裁征地纠纷。

农村土地制度改革与创新关系到亿万农民的切身利益。特别是土地产权制度、土地流转制度和土地征用制度的改革与创新，直接关系到能否实现农村劳动力转移的顺利进行。在顺应形势发展需要的同时，还要从区域实情和各地的实际情况出发，积极探索多种形式的改革创新路径。同时，农村土地制度的改革与创新，必须从单项推进向综合配套、从城乡分割向城乡统筹转变，只有与户籍制度、社会保障制度等多项制度创新相结合，才会更有效地保障农村富余劳动力的健康有序转移。

8.2　户籍制度改革与完善

农村富余劳动力转移进城的户籍问题已困扰中国社会多年。据统计，20 世纪末期，中国户籍意义上的城镇化率和常住人口意义上的城镇化率相差不多，而目前中国常住人口城镇化率已达到47%，但户籍人口城镇化率则滞留在34%左右，相差13个百分点。这说明当前户籍制度改革已明显滞后于城镇化进程，集中表现为对农民工转化为稳定的城市产业工人和市民的阻碍，严重影响了农村劳动力顺利转移和工业化、城镇化健康发展。户籍制度改革与创新的难点并不在于统一城乡人口登记管理制度，而是逐步消除附加在户籍上的种种不平等福利待遇，实现城乡居民身份和权利的平等。由于中国的城乡二元户籍制度积弊已久，加上农村劳动力转移数量庞大，户籍制度改革既势在必行，也要走一条适合中国国情的渐进式创新道路。

（1）各地户籍制度改革新政

北京：2010年7月29日，北京市人大常委会第19次会议提出，在合理调控城市人口规模的基础上，加强对流动人口合法权益的保护，对在京拥有所有权住房，具有稳定职业收入，连续居住并缴纳社会保障达到一定年限，符合一定条件的流动人口，采取新的户籍管理模式。上海：2010年8月，上海市政府公布了《上海市引进人才申办本市常住户口试行办法》，根据此办法，11类在上海工作稳定，事业（业绩）与岗位相符的引进人才可申办上海常住户口。重庆：2010年7月28日，重庆市政府宣布全面启动统筹城乡户籍制度改革，改革方案覆盖土地、社保、教育、医疗等多方面配套政策，在户籍转换过程中，农民的农村权益和城市保障权益对接，以新生代农民工为突破口，未来10年有望推动1000万农民变市民。河北：2010年12月，河北省政府出台《关于加快城市化进程的实施意见》，决定放宽城市落户条件，加快人口向城市集中。河北省公安厅制定了深化户籍改革实施办法，规定今后凡在县城以上城市稳定居住6个月以上或购置住房的，均可登记为城镇户口，且免收各种费用。广东：2010年6月，广东省政府出台《关于开展农民工积分制入户城镇工作的指导意见》，在全省范围内实行农民工积分制入户城镇政策。吉林：2010 年，吉林省正式实施《关于进一步深化户籍管理制度改革的意见》，在全省范围内实行以"三个稳定"（稳定居所、稳定职业、稳定经济来源）为基本落户条件的落户管理办法。宁夏：决定从 2011 年开始，推进户籍管理制度改革，逐步建立城乡统一的户口登记制度，打破城乡二元户籍管理制度，使居民合理流动。

通过解读各地户籍新政，表明户籍制度改革已由原来的小城镇、小城市全面改革，正式在大中城市全面启动，从原来的部分城市探索改革试点，正式步入实施推进阶段。但对此也不能抱以盲目乐观的态度，真正彻底的户籍制度改革还有很长的一段路要走，当前的户籍改革新政与加速农民工市民化和以城镇化带动城乡一体化的要求还有不少差距。存在的突出问题是：一是户籍制度改革在大中城市的主要目的是吸引更多的资本、技术和人才，而不是实现人口的自由迁移；二是农民工仍然面临着较高的准入条件；三是户籍制度改革大都局限于表面的户籍放开，如何突破附加在户籍上的福利制度尚没有实质性进展，这些问题不通过实质性改革逐步加以解决，农村劳动力转移和农民工市民化进程就仍会受阻。

（2）深化户籍制度改革思路创新

总结各地户籍制度改革的一些做法，进一步深化中原经济区户籍制度改革的思路应体现以下几个方面：

第一，应进一步明确户籍制度改革的目标和原则。如果在这方面不取得更多的共识，下一步改革的力度和方向可能还会出现波折。当前有两种流行观点值得注意：一种观点是取消户籍制度；另一种观点是户籍制度改革就是要实现完全的迁移自由。前一种观点，实质上是主张户籍去利益化。从第一轮的户籍制度改革实际情况看，不少地方已取消了农业户口和非农业户口的差别，统一了城乡户口登记制度，身份差别消失了，但享有权利和福利的差别依然存在。第二种观点则过于理想化，且容易掩盖户籍制度改革应解决的实质性矛盾和问题，实际上城乡人口可以迁移自由，但不平等的制度障碍依然存在。因此，户籍制度改革的长远目标应定位在实现公民的身份和权利的平等，户籍制度改革的原则应定位在公民的法定权利与法定义务对等。特别是农民转移进城就业，履行了应当尽的义务后，就应该享有相应的权利。

第二，应进一步完善户籍制度改革的配套制度。蔡昉认为，户籍制度改革必须与和户籍身份附着在一起的种种福利因素，如社会保障、社会保护、教育获得以及其他公共服务领域改革相结合，从而形成一种互相补充、互相促进的关系，有助于政策调整和制度改革的推进，这样才抓住了改革的实质内容。简新华、黄锟等也认为，建立健全深化户籍制度改革的各项配套制度是户籍制度改革顺利推进并最终取得成功的必要的制度前提。应当看到的是，"十二五"期间，中央政府将更加关注解决民生问题，将更加关注解决缩小城乡差别问题，可以说，抓紧推进与户籍制度改革相关的各项福利制度、公共服务政策、公共财政政策等综合配套改革的最佳时机已经到来。

第三，应进一步统一规划，采取分步改革、循序渐进的办法不断深化户籍制度改革。户籍制度改革是一项十分复杂的经济社会发展的系统工程。中原经济区人口众多，城乡之间、地区之间经济社会发展水平不平衡，由此形成的社会利益分配格局也是错综复杂的。因此，各地政府对此应及时作出回应，安排协调各相关决策部门，制定整体配套、分步实施的改革总体方案和必要的过渡性措施，进一步深化户籍制度改革工作。考虑到区域内各地经济社会发展的不同情况，特别是不同地方公共财政水平支撑户籍制度改革成本的能力不同，调整附加在户籍上的各种利益分配政策不可能一步到位。因此，分地区、分阶段、分主次、循序渐进地选择和设计户籍制度改革的路径将是十分必要的。

（3）深化户籍制度改革措施创新

一是借鉴重庆的改革经验。重庆2010年全面启动统筹城乡发展的户籍制度改革，对全国而言，是一次重大的改革突破和有益尝试。重庆改革的总体思路是：坚持综合配套、有偿自愿、分阶段推进、分群体实施、分区域布局。总体目标是：10年将新增城镇居民1000万人，到2020年户籍人口城镇化率达到60%以上。总结重庆的改革措施，其创新点主要是：一是设计了3年过渡期。对农村居民转户后的承包地和宅基地处置，可在3年内继续保留其使用权和收益权。对转户居民3年内自愿退出承包经营权、宅基地使用权的，参照当地相关规定给予补偿。二是允许保留3项权利。保留林地使用权，不要求退出，转户居民可选择自主经营或流转。农转非居民享受城镇居民社保和福利5年内，继续执行原户籍计划生育政策。在农民自愿退出承包经营权之前，继续保留农村各项补贴政策。三是并轨5项待遇。转户后就业、社保、教育、住房、医疗5项纳入城镇保障体系，与城镇居民享有同等待遇。四是降低准入条件。允许租房落户，城镇落户全面放开，购房入户取消面积和文化程度限制，投资入户纳税额度降低50%，对夫妻投靠、养老投靠分别取消了结婚时间和年龄限制。五是土地制度设计创新。实行有偿退地，保护了农民利益，盘活了土地资源。六是养老保险制度设计创新。允许退出承包地和宅基地的转户居民参照征地农转非人员参加养老保险，提高了转户居民的实际保障水平。重庆的户籍制度改革其创新意义就在于围绕着城乡统筹发展，通过结合配套改革的办法，解决转移进城农民工户籍问题，直接解决农民工同工同权待遇，体现了公平正义；农转城使人均耕地增加，有利于农业生产效率和农民收入的提高；延迟城市老龄化、带来人口红利，增强城市活力；促进城乡资源要素流动，有利于农村资源增值等。据统计，重庆从 2010 年 7 月末正式启动这项改革，截止到 2010 年 10 月末，3 个月内就有 52 万人在主城区、县城和小城镇进行了转户，农民和农民工以实际行动回应和支持这项改革。

二是采取低门槛、渐进式的办法推进户籍制度改革。综合各地这几年户籍制度改革的经验，实行城乡统一的居住证制度是一种比较普遍的做法。下一步深化户籍制度改革，建议在居住证制度基础上，使转移人口获得权利的方式从原有的"门槛式"过渡到"阶梯式"，使原来的"高门槛、一次性"获得所有权利的方式，过渡到"低门槛、渐进式"地获得权益，为农民工市民化提供一个阶梯。具体建议是，农民工只要在当地有合法住所（包括租房），就应允许暂住登记，发放居住证。在此基础上，以居住证作为基本权利和基本公共服务的享受条件，以社保参保年限和缴税年限作为附加待遇的享受条件，即公民基本权利无条件获取，福利待遇与社保缴税年限挂钩。采用这种办法，既可以有序推进转移进城农民工基本权益保障，促进其与城市社会的融合，还可以调动其参保的积极性。由于现阶段农村劳动力转移进城大都是"80 后"、"90 后"新生代农民工，人口较为年轻，他们的参保有助于控制乃至降低缴费标准，会使更多的流动人口有能力支付保费。与早已实行的买房入户、投资入户相比，将参保年限作为基本权益保障的必要条件，更有利于社会公平和经济社会的可持续发展。当然，通过买房、投资和知识技术移民的"绿色通道"仍应保留，至于"阶梯式"通道过渡的时间和缴费（税）年限，则要按照不同地区、不同城市的具体情况而定。

三是逐步强化户籍的登记、管理功能，逐步淡化其分配功能。第一，要改革城乡分割的农业、非农业二元结构的人口管理体制，消除由此衍生出的多元户口形式，建立城乡统一的户口管理制度。

对转移进城就业的农民工，只要他们获取居住证，就应无条件享有基本公民权利，其他福利待遇与社保挂钩，与户口实际脱钩。在人口统计上，实行以居住地划分城市人口和农村人口，以职业划分非农业人口和农业人口，使户籍能够客观反映人口的居住情况和城镇化水平。第二，进一步强化户籍管理的基础性工作，进一步完善登记管理制度，真正使户籍制度在经济建设、社会管理中充分发挥数据平台服务作用。同时，要抓紧全国统一的社会保障号码、信息的编制工作，以此进一步提高户籍制度服务经济社会发展的功能。第三，要从区情、省情、市情出发，针对不同地区的情况，及时调整人口迁移政策，在逐步放宽户口迁移限制政策的条件下，应采取渐进式的方式，即小城镇、中小城市、大城市，特大城市依次放开。第四，要逐步实行由户籍登记向人口登记的过渡，以主动适应人口大规模迁移流动形势下的人口动态管理。第五，要主动顺应各地户籍制度改革的实际，加快新的人口管理立法工作。

户籍制度改革在中国体制转轨社会转型战略机遇期承载着复杂的任务和更多的期待。当前必须抓住推进城乡一体化协调发展，各项配套制度改革整体跟进这一有利时机，从区域的实际情况和各地区实际情况出发，通过渐进式改革的方式，逐步建立起城乡统一、公平合理，适应城镇化发展要求的新的户籍制度。

8.3 就业制度改革与完善

中国农村劳动力转移就业制度改革与创新的最终目标就是构建城乡统一、平等就业的劳动力市场。近些年来，中央和地方各级政府不断完善农民转移就业管理服务政策，使农村劳动力转移就业的环境得到了很大的改善。但城乡分割体制的影响仍然存在，劳动力市场体系、规则不健全，监管缺位或乏力，农民工合法权益得不到更有效的保障等制度政策因素仍有待解决。

（1）应对新情况的制度完善

当前，中原经济区的农村富余劳动力转移已进入了一个新的历史阶段。

应关注刘易斯拐点的到来。根据国家统计局《2009 年农民工监测调查报告》，2009 年在长三角地区务工的农民工为 2816 万人，比上年减少 238 万人，减少 7.8%，在珠三角地区务工的农民工为 3282 万人，比上年减少 954 万人，减少 22.5%。其实，这种减少从 2004 年就已经开始了。这种现象已不仅存在于珠三角、长三角和京津唐地区，部分传统的农村劳动力流出的中部地区也出现用工难的问题。这在中原经济区这个区域内体现得也非常明显。另根据全国 1990 年的人口普查数据，1975 年是中国人口出生率的转折点，1964~1974 年出生的全部人口为 27414 万，而 1975~1985 年出生的全部人口为 21830 万，两者相差 5584 万。1980 年前后出生、近些年进入就业年龄的人口在减少，而经济发展中劳动力需求在增加，这就出现了年轻劳动力的有限供给和短缺。根据中国的人口结构，这种趋势将继续加重，农村富余劳动力由过去的无限供给阶段已经转为有限供给阶段。目前，农村尚有 1 亿多富余劳动力的存量，主要集中在中西部欠发达地区，且以中年以上劳动力为主，多以农业剩余劳动时间的形式存在，其中 50 岁以上的劳动人口极少有外出转移就业的意愿。国家统计局 2009 年统计监测数据显示，50 岁以上的农民工仅占农民工总数的 4.2%。上述分析表明，中国农村劳动力供求关系正由长期的供过于求转向既过剩，又不足，加上中国已提前进入老龄化社会，中国经济增长的人口红利期快要结束了。实际上，刘易斯拐点走近的时期，正是需要新的制度安排和创新的时候。

制度创新的取向在于，以完善服务、促进公平、保护权益为重点，进一步推进劳动力市场制度和市场体系建设，为农村富余劳动力转移创造更好的流动环境，创造更多的就业机会，创造更平等的社会保障和公共服务条件。特别是在农村劳动力转移进入新阶段、出现新变化这一时期，抓住有利时机进行有助于保持经济可持续增长和农村富余劳动力顺利转移的就业制度创新，具有特殊的意义。

（2）市场条件下的政府就业服务制度完善

市场经济条件下，政府在促进就业方面的主要职能是提供良好的制度环境，完善公共就业服务体系，促进劳动力服务市场健康发展。农民工作为弱势群体，其就业服务更需要政府在公共就业服务制度上不断创新。

第一，完善公共就业信息服务制度。首先，要建立常态化的农民工统计监测调查制度。现在有关农民工的信息、数据不真实、不及时与缺少这一制度有直接关系。建议区域内从省到各市、县、乡（镇）各级政府，都应建立月度、季度和年度的固定调查制度，全面加大对农民工的动态监测，进一步提高政府服务就业工作的针对性和预见性。其次，要尽快建立区域内互联互通的农民工信息网络平台，实现各部门农民工统计监测信息共享。第三，建立常态化的政府对农民工就业指导信息发布制度。建议区域内各省政府主管部门牵头，会同各有关部门，及时加强对各地经济形势的预测分析，建立定期的农民工供求信息预警和指导工资发布制度。第四，重点健全完善县、乡、村三级公共就业服务组织。特别要重视乡镇的公共就业服务机构建设，在人员、经费上予以优先保障，完善包括培训、服务、维权"三位一体"的公共就业服务职能。

第二，完善劳务市场管理规范制度。一是，应抓紧完善劳务市场服务相关法规，以更好地发挥市场机制，培育市场力量，规范市场行为，重视市场在促进农民工就业方面的作用。二是，建议各省级政府主管部门尽快建立统一的农民工就业服务机构准入制度，以适应统一的劳动力就业市场的发展方向。三是，抓紧建立完善信用考评体系，引导并规范营利性职业中介组织依法经营，提高服务质量。四是，进一步扶持和培育跨地域、跨行业、技术平台先进、综合配套服务能力强的龙头性社会就业服务机构。可比照公共就业服务机构给予相关政策支持，并通过政府采购、政府资助等方式，发挥龙头机构在市场中的作用。五是，进一步支持和鼓励发展劳务合作社等农民自发性的服务组织。政府应在工商注册、财政支持、金融扶持、公共工程等方面给予大力支持，并积极给予指导。

第三，完善农民工教育培训制度。首先，各级政府应充分认识到，进一步重视和加强对农民工的教育培训工作，既是一种战略性选择，更是一种政府责任。长期以来，由于受二元经济社会制度的影响，农村人口受教育的权利是不公平的，这是导致农民素质长期不高的主要原因。对此，政府应进一步加大财政支持力度。其次，改进农民工教育培训的组织方式，促进农村义务教育与职业教育更好地结合，从源头开始加强新生代农民工的职业技术教育，将输出地的培养与输入地的培训更好地结合起来。再次，在政府主导和支持下，依托现有的职业中学、职业中专、技工学校，以及高等职业院校，建立农民工职业培训体系，完善校企合作、中介服务和订单培养紧密合作的工作机制，实现招生、培训、就业输送的有机衔接。最后，进一步提高培训的针对性，面向市场就业需求，形成按市场需求招标培训，政府购买培训成果，公私培训机构平等竞争，农民自主选择培训机构，促进培训效率和质量提高的新机制。实践表明，加强农民工职业技术教育培训工作，是缓解部分地区"民工荒"和部分农民工群体"就业难"的一项极其重要的基础性工作。

第四，完善农民工劳动权益保障制度。一是，各级政府要大力推进《劳动合同法》及相关法律法规的贯彻落实，开展打击企业非法用工专项行动，督促企业依法规范用工。二是，建立行之有效的劳动工资协调制衡机制，由政府主管部门、工会组织和企业行业组织组成的三方协调机制作为调整劳动关系的重要运行机制。同时，要完善工资指导线、劳动力市场工资指导价位和行业人工成本信息指导制度，督促企业建立工资集体协商机制，完善企业工资支付保障机制，切实维护农民工平等的劳动报酬权利。三是，进一步加强劳动执法监察工作，抓紧推进企业劳动保障诚信制度建设，建立企业劳动执法档案制度，将劳动用工、支付工资、社会保险等权益保护情况纳入企业诚信等级考评体系，定期向社会发布，四是，建立健全城乡一体化的农民工流动工会会员管理服务工作制度，要以新生代农民工为重点发展对象，吸引和凝聚更多农民工加入区域性、行业性工会，切实增强工会维权力量。五是，进一步完善司法救济制度，对农民工申诉的劳动争议案件应依法简化程序，涉及的诉讼案件应适用简易程序，扩大农民工法律援助覆盖面，尽可能降低维权成本。六是，进一步完善失业救济制度，各级政府应将农民工失业纳入政府的失业统计，使失业农民工享有同城镇失业人员平等的权利，纳入城镇再就业政府扶持的范围。

就业制度创新离不开户籍制度、社会保障制度等配套制度的改革与完善，同时更离不开政府宏观经济政策的调整和取向。长期以来，农村劳动力转移就业主要是通过农民自主选择和市场配置来完成的，政府的公共就业服务制度、政策应有较大的发挥作用的空间。

8.4　社会保障制度改革与完善

中国的社会保障制度由于长期受二元经济社会制度的影响，形成了城乡有别并严重偏向城市的特征。目前，城镇社会保障体系日趋完善，而农村社会保障体系还正处在建立之中。农民工作为一个特殊的社会群体，始终游离于现行的社会保障体系之外，成为目前中国社会保障制度完善最大的难题之一。农民工社会保障制度的滞后和不完善，既损害社会公平性原则，也不利于农村劳动力转移流动和城镇化发展进程。

（1）制度完善路径

农民工的社会保障问题，归根结底是在统筹城乡协调发展的新形势下，重新调整国家、企业和农民工个人三者利益的关系，是实现社会公平、维护社会稳定的迫切需要，也是保护劳动力资源、促进经济发展的必要条件，对推进工业化和城镇化进程具有重大意义。

农民工社会保障制度的选择，由于受农民工身份的双重性、就业的高流动性的影响，其必然具有高度的复杂性。面对现行制度安排存在的诸多问题和困难，目前有关农民工社会保障制度的建议大体有三种路径选择方案：一是继续选择城镇保障体系。其优点是公平性好，也有利于农村劳动力向城镇转移；缺点是费率高、转移困难，不符合农民工的实际。二是建立新的农民工社会保障体系。其优点是为农民工专门建立过渡性个人账户，提供低费率保障平台，易于农民工接受，也便于转移接续；缺点是农民工已占产业工人队伍一半以上，单独建立保障体系，不利于将来建立统一的城乡社会保障制度，增加未来的改革成本。三是建议将农民工纳入新农合、新农保体系。理由是农民工尚有土地使用权，有利于农村社保制度的可持续性。但问题是大部分农村地区社会保障的共同特点是统筹层次低、覆盖面小、共济性差，采取就低不就高的做法，对农民工起不到应有的保障作用，更重要的是这种做法有悖于农民工市民化的进程。

农民工社会保障制度的创新与完善是一项极其复杂的系统工

程。这些年来各地区根据经济社会发展水平，对农民工社会保障模式进行了各具特色的探索，如深圳、珠海模式，上海、成都模式，以及北京模式等，其中无论是经验，还是教训都值得关注。

（2）制度完善措施

完善农民工社会保障制度，既要充分考虑其流动就业的现实，建立过渡性的保障制度，又要充分考虑其市民化进程，完善现行的保障制度。

第一，分层分类实施保障。对长期在城市稳定就业的农民工，按照现行的城镇保障制度框架，通过强化征缴扩大覆盖面，努力实现城镇养老、医疗、工伤等社会保险应保尽保。同时，考虑农民工的实际收入水平和就业企业的承担能力，适当调低缴费水平，特别是养老保险的缴费水平。对这部分农民工群体社会保障制度的完善，可考虑通过有过渡期的农村土地权利转让获取保险资金支持的办法。对长期在外务工且不稳定就业的农民工采取低门槛过渡性保障的办法，工伤保险纳入现行制度，医疗保险则在现行的制度框架内适度变通，只参加住院保险。养老保险实行方便转移和携带保险关系的个人账户制度，以便进可向城镇养老保险制度并轨，退可向农村养老保险制度转移。

第二，分步、分阶段推进保障。鉴于农民工社保体系建立与完善的复杂性，按照原来的一揽子解决问题的思路效果并不理想。应根据农民工的实际保障需求和现实可能，分步、分阶段解决其社会保障面临的问题。首先，应强化推进农民工的工伤保险制度，这也是目前最紧迫也最容易操作的保险项目。其次，应强制推进农民工的医疗保险制度，主要是实行社会统筹，不设个人账户，推进城保中的住院医疗保险项目，同时也要考虑住院医疗保险关系与新农合医疗保险关系的有效衔接。再次，应分类解决农民工的失业保障问题。鉴于这方面争议较大，可优先保障长期稳定就业的农民工，纳入所在城镇的保障政策范围。对虽签有劳动合同，但就业时间短的农民工，可采取提供一次性生活补助费的方法予以考虑，如四川省就已采用这种办法。最后，建立适合不稳定就业农民工特点的过渡性养老保险制度，按照低费率、广覆盖、可转移和能衔接的要求，最大限度地保护农民工养老保险权益。目前，在农民工中"80后"、"90后"新生代农民工已占绝大多数，必须抓住这一有利时机，推进农民工养老保险制度的创新与完善。

第三，改进完善社会保险关系转移接续办法。在农民工养老保险和医疗保险方面，转移接续问题始终是农民工社会保障制度完善的难点。如果这一问题不解决好，其他再好的制度安排都很难让多数农民工受益。对此，建议中央政府制定一个具有强制性、统一的基础保障制度，逐步统一缴费办法和待遇计发办法，为未来建立全国统一的社会保障体系奠定基础。

8.5 城市公共品供给制度改革与完善

农民工市民化是城镇化的基本任务。农民工市民化过程必然涉及城市公共品供给制度，在这一制度改革中，教育和住房问题是改革的两大难点，也是阻碍农民工市民化进程的重要问题之一。

根据国家统计局 2009 年调查数据，举家迁移的农村劳动力已达 2966 万人，约占农民工总数的 20%。中国青少年研究中心《中国新生代农民工发展情况及代际对比研究报告》（2007 年）调查显示，多数新生代农民工与其父辈不同，他们更愿意选择在城市定居。

对于中国城镇化而言，需要市民化的不是全部农民工，而主要是占农民工总数的 60% 以上的新生代农民工，他们有着日趋强烈的市民化愿景。

（1）义务教育制度完善

尽管近年来，中央和地方政府都很重视农民工子女教育问题，有些问题也得到了解决，但问题和困难仍然不少。主要是城市教育资源紧张、城市教育规划缺乏前瞻性、部分公办学校入学门槛高、农民工子弟学校的安全和质量较差、学前教育和高中教育问题日益突出等。根据河南省社会科学院完成的一项农民工子女教育问题的调查，农民工随迁子女接受教育的主要困境是：一是农村孩子大都没有接受学前教育，当地学校不愿接收没有读过学前教育的学生；二是就地入学收费太高，即使按照"流入地政府为主"的政策，只要出具不全相关的证明（居住证、务工证、计划生育证、学籍证等，且各地要求不一），就必须缴纳借读费或赞助费，收费4000~8000元/年不等；三是子女容易受到歧视。农民工市民化是中国现代化和城镇化不可逆转的趋势，解决农民工随迁子女教育问题是流入地政府努力完善公共教育服务制度义不容辞的责任。

第一，进一步加大"两为主"政策保障力度。国务院办公厅转发的教育部、中编办、公安部、国家发改委、财政部、劳动和社会保障部《关于进一步做好进城务工就业农民子女义务教育工作的意见》，已经明确规定了"流入地为主"和"公办学校为主"的"两为主"政策，但流入地政府执行和落实政策尚未完全尽到责任。建议区域内教育行政部门加强督导，进一步细化"两为主"政策规定，开放所有的城市公办学校，尽可能地保障农民工子女同当地市民子女一样，享受就近选择入学的待遇，严格禁止指定弱校承担任务，公办学校以各种理由不招或少招农民工子女就学等歧视性做法。

第二，杜绝一切专门面向农民工子女的不合理收费。不少地方以办学经费紧张为借口，对公办学校不合理收费往往采取放任的态度。农民工只要具有居住证或暂住证，其子女的义务教育就应该享受同市民一样的权利。特别是农民工作为城市的弱势群体，对其子女义务教育进行歧视性收费，严重违反了教育公平原则，必须禁止。

第三，完善以流入地政府为主的财政供给制度。不少地方政府对农民工子女教育经费的负担和投入有一种错误的认识，即流出地政府应为农民工子女教育提供经费支持，或者认为农民工子女教育是一种择校行为。因此，建议区域内各地教育和财政主管部门，应该进一步明确农民工子女教育财政保障机制，实行以流入地政府为主，中央财政转移支付为辅的财政供给制度，真正把农民工子女教育经费列入流入地政府年度财政预算。

第四，进一步支持民办学校承担农民工子女教育。从现实情况看，在短时间内把农民工子女教育全部纳入公办学校，是做不到的。在规范民办学校办学的同时，必须要考虑到民办学校在承担农民工子女教育方面的不可替代性。简单地取缔只能是更进一步损害农民工子女受教育的权利和机会。因此，流入地政府应进一步转变思路，大力支持社会力量兴办教育，动员和吸引社会资本参与农民工子女教育的投入，并在政策和财力上予以扶持。特别是义务教育作为一种特殊的公共产品，应由政府提供，承担农民工子女教育的民办学校理应获得政府的公共财政支持。

在完善流入地政府农民工子女义务教育制度保障的同时，流出地政府应进一步加大农村义务教育的投入，特别是推进农村寄宿制学校的建设力度，更好地解决"留守儿童"的教育问题，既能解除外出务工农民工的后顾之忧，又可减轻流入地政府教育上的压力。为此，建议区域内各级政府进一步加强这方面的协调和支持力度。

（2）公共住房制度完善

随着农民工数量的快速增长，在城市居住时间的增加，市民化意愿的增强，农民工市民化进程中的住房问题越发凸显。改善居住条件已越来越成为农民工最迫切的民生要求之一，这也是农民工融入城市的重要条件。《国务院关于解决低收入家庭住房困难的若干意见》（国发〔2007〕24号）和建设部等五部委联合印发的《关于改善农民工居住条件的指导意见》（建住房〔2007〕276号）出台后，全国大部分省区都出台了一系列相关的政策措施，解决农民工住房问题已列入各级政府完善公共住房制度的日程。目前，农民工定居城镇的条件初步形成。一是农民工在城镇务工出现了长期化、家庭化和年轻化的趋势。根据中国网2010年2月公布的调查数据，有家庭人口随迁的农民工比重从2000年的37.5%，增长到2007年的54.7%，3人家庭的比重从1995年的9.7%，增长到2008年的21.2%；根据教育部2006年关于农村劳动力转移就业的社会政策研究有关统计数据，年龄在45岁以下的农民工占到90%以上，其中16~25岁的占到42.1%。实际上这几年的比重也有所提高。二是农民工的收入在不断提高。尽管从总体上看，农民工的收入与城镇职工相比仍有很大差距，但与自身相比，仍有较大提高。三是农民工社会保障制度的不断完善，也将加速推进农民工进城定居。

但也必须看到，解决农民工的住房保障问题不容乐观。至少从目前观察，这既是一个市场失灵的问题，也是一个政府失灵的问题。中国目前的城镇保障性住房实际上是排斥农民工的，而商品房市场价格和租赁房市场价格与绝大多数的农民工的实际支付能力相差甚远。根据住房和城乡建设部课题组调查，目前拟在城市买房的农民工占21%，但74.1%的农民工能承受的购房单价在3000元/平方米以下，19%的农民工能承受3000~4000元/平方米，极少能承受4000元/平方米以上。这远远低于全国大中城市的平均最低房价。有76.2%的农民工目前能承受的房屋月租金在300元以下

（占其月收入的 20% 左右），这远低于城市市区房租价格实际水平。因此，他们只能集中在"城乡结合部"、"城中村"解决居住问题，居住条件极差。大部分农民工是由个人或家庭从市场租赁和由雇主或单位提供简易宿舍解决居住问题的。

解决农民工市民化进程中的住房保障问题具有长期性、复杂性和艰巨性，必须顺应城镇化趋势，尊重农民工意愿，充分发挥政府的主导作用和市场的调节功能，落实企业的社会责任，分阶段、多渠道改善农民工的居住条件。

第一，建设农民工住房保障体系。各地政府应尽快把农民工住房问题纳入城镇住房保障政策中统筹考虑与安排，建立一个"经济租用房、廉租房、经济适用房和限价商品房"四位一体的覆盖城市常住人口的住房保障体系。对于在城市长期稳定就业，并有一定经济能力的农民工，在保障性住房上必须给予市民待遇，按照城镇居民收入标准，提供廉租房、经济适用房和限价商品房。充分考虑多数农民工经济能力弱的实际，参照廉租房的政策，大力推进适合农民工实际需要的经济租用房。特别是利用城市郊区或"城中村"改造为农民工提供经济租用房。

第二，健全农民工住房公积金制度。农民工住房公积金制度宜采取"低水平、多层次、广覆盖"的原则，首先保证更多的农民工都有条件进入住房公积金体系，同时为了减轻企业负担，农民工住房公积金缴纳标准在初期可以处在一个较低的水平上，对于不同经济效益的企业可以有不同的缴纳标准。

第三，建立并完善相关的住房支持制度。一是建立农民工住房补贴制度。各地可参照当地低收入居民住房补贴标准，将农民工逐步纳入住房补贴范围。二是完善财税支持制度。逐步建立农民工城镇公共住房专项资金，由住房公积金增值部分一定比例、政府土地出让收益一定比例、城市财政预算补助等组成，主要用于农民工经济租用房建设、管理与维护。三是完善金融服务制度，对于购买经济适用房、限价商品房的农民工，应在首付款比例，还款期限等方面给予一定的优惠扶持。四是培育小户型房屋租赁市场。通过金融、税收等支持政策，鼓励更多的市场供应主体参与租赁市场建设，满足农民工低价位的租房需要。五是支持和鼓励有实力的大企业在开发区、工业园区建设配套的农民工公寓，政府在土地、税收政策等方面给予必要的支持。

第四，科学规划农民工住房供给和保障政策。结合农民工就业特点、居住选择和经济能力，有针对性地在大中小城市实行各自不同的支持政策。在中小城市和城镇，农民工住房政策的实施重点应放在购房定居上，全面开放廉租房和经济适用房保障政策；在特大城市、大城市，农民工住房政策的实施重点应放在经济租用房、企业自建的农民公寓保障上，廉租房和经济适用房政策可向长期稳定就业的农民工开放。各级地方政府应按照城镇化的发展趋势，把农民工住房保障工作纳入地区经济社会发展规划和城市城镇建设发展规划，坚持做到经济适用、合理布局。

8.6　产业政策与农村劳动力转移

目前，针对劳动力市场供求关系出现的新变化和产业转移、产业升级出现的新情况，实现产业结构优化与农村劳动力转移就业增长的良性互动，在调整产业结构中坚持扩大转移就业增长，是政府制定经济政策的优先目标之一。

根据当前和今后一个时期宏观经济发展形势预测，出口导向型产业对农民工的吸纳能力会有所下降；劳动密集型产业增长趋缓，制造业劳动产出率将较快提高，影响农民工需求增长；服务业将有大的发展空间，吸纳农民工就业能力持续增强；东部传统产业向中西部开始转移，为多数农民工就地转移创造了条件；传统产业升级改造，加快发展新兴战略产业，经济增长方式进一步转变，将对农民工素质、农村劳动力转移培训和职业技术教育体系提出更高的要求。

（1）农业结构调整推动策略

首先，要致力于优化农业产业结构，提高农业内部吸收和消化劳动力的能力。中原经济区人均耕地面积少，耕地的主要部分不得不用于生产粮食。因此农村在农业（主要是粮食种植业）生产中显然有大量劳动力富余。然而，农业中还存在需要投入大量人力的棉花、油料、糖料等经济作物种植业；存在对劳动力吸收能力较强和受耕地资源制约的畜产品、水产品、水果、花卉等农畜产品生产业。这些产业由于经济、社会、地域等方面的原因，并没有充分发展。

以河南省为例，16.7 万平方公里土地面积中有山地 4.44 万平方公里、丘陵 2.96 万平方公里、平原 9.3 万平方公里；水面总面积 473.3 千公顷，可养殖面积 282 千公顷，已养殖 229.95 千公顷。各地可根据当地的资源特点，积极引导农民走农、林、牧、副、渔综合开发道路，发展名、特、优、新、珍农产品，达到以深化农业内涵生产来消化农村剩余劳动力的目的。同时，通过多种方式筹集资金，加大农业基础设施建设的力度，达到既改善农业生产条件，又转移农村劳动力的目的。要大力发展具有比较优势的劳动密集型农产品生产，在有限的土地资源上创造较多的就业机会。在结构调整中，在确保粮食生产的基础上，应重点发展具有优势的农产品生产，并依靠科技进步和技术创新，提高集约化水平，推动劳动密集型农产品生产向优质方向发展，增强劳动密集型产品的国际竞争力。

其次，积极推进农业产业化经营，延长农业产业链，在更大范围内优化配置农村劳动力资源。农业产业化就是把农、工、贸有机结合成一个利益共同体，实现农业生产、加工、销售等环节的一体化经营，将产业优势和产品优势转化为农民就业机会，拓展农民的就业渠道。目前，影响农民增收的主要原因是农业产业化水平不高，技术含量低，农业龙头企业数量少、规模小、与农民的链接松散，带动范围有限。对中原经济区而言，应以农产品加工业为突破口，加大招商引资力度，鼓励多种形式资本进入农业领域。积极发展仓储、保鲜、运输、分级、包装、销售等农业技术服务产业，并加快发展一批带动性强、辐射面广的农产品加工龙头企业，拉长传统农业产业链，带动相关产业的发展。为农村劳动力实现就地转移创造就业机会，缓解农村剩余劳动力跨地区流动的压力。新形势下要进一步加快农业产业化发展，关键是要抓住机遇做大做强龙头企业，增强龙头企业的辐射带动能力，提高广大农户的参与比例①。例如，河南省的双汇、莲花、三全、思念等企业的迅速发展，打通了农产品加工转化的通道，拉长了产业链条，既吸纳了大量的农村剩余劳动力，又促进了农产品的转化增值，提高了农业的竞争力，加快了农区的工业化进程，为农民的持续增收奠定了坚实的产业基础。如双汇集团每年要消化掉2000万头生猪，100万只羊，50万头牛，1.3亿只鸡，还有300万吨粮食，由此做成300亿根火腿肠，每年可带动1000万个农村剩余劳动力就业②。龙头企业上连市场、下连农户，是农业产业化经营的主体。各级政府要按照国家"多予、少取、放活"的要求，培育壮大农业龙头企业群体，使其不断上规模、上档次；要认真执行国家八部委关于扶持农业龙头企业的税收优惠政策，对符合条件的从事高新技术、资源综合利用、

① 邹雪芬：《农村劳动力转移就业研究》，《农场经济管理》2008年第2期，第8~10页。
② 戚建庄：《中部崛起首先应解决好三农问题》，《农村农业农民》2005年第8期，第8~9页。

农业技术转让的农业产业化龙头企业，以及为农产品生产、加工、流通服务的企业，给予税收优惠。

（2）优化调整第二产业内部结构，进一步拓展就业空间

制造业一直是吸纳农村劳动力转移就业的重点领域，但随着"人口红利"的逐步消失和资源型要素成本的增大，"中国制造"继续转型升级。在工业化进程的新阶段，改造传统产业，发展高新技术产业，增强企业自主创新能力，与扩大就业的目标选择并行不悖。要积极推进劳动密集型产业与资本密集型、技术密集型产业均衡发展，充分发挥比较优势和后发优势。通过改造传统优势制造业，提升现代制造业国际竞争力，保持其就业岗位的增长；通过人才资源大国向人才资源强国的转变，把发展资本、技术密集型产业与劳动密集型产业有机地结合起来，重点推进劳动密集型与技术密集型兼备的行业发展，如装备制造业等。

（3）优化第三产业内部结构，不断拓展新的就业领域

服务业是扩大就业的主渠道，也是继续支撑农村劳动力转移就业的重点领域。因此，从中长期发展看，在优化产业结构中促进服务业的发展，对于扩大就业特别是农村劳动力转移就业，前景十分广阔。一方面，继续加强餐饮旅游、商贸流通等传统服务业向规模化、品牌化发展，增强其就业活力；另一方面，大力发展社区服务、金融保险、信息通信、房地产等新兴服务业，通过提高市场化程度、规范市场秩序、健全诚信体系等，促进现代服务业健康快速发展。尤其要对关联度高、带动性强的服务业，如旅游业、生产服务业、文化产业、职业教育等，给予优先扶持发展。

（4）优化产业布局，在推进产业区域转移中扩大就业增长

近年来，随着国内外经济环境的不断变化，特别是国际金融危机冲击和周边国家竞争加剧的影响，东部地区资本相对饱和，土地、劳动力、能源等要素供给趋紧，成本持续上升，部分产业将加

速向中西部地区转移。这为区域内农村劳动力转移提供了就地转移就业的空间。在优化产业布局中，应充分发挥宏观经济政策调控作用，在财税、金融、土地、投资等政策上优先支持环境友好型和就业友好型产业转移，使中原经济区在承接产业转移中扩大农村劳动力转移就业规模，巩固转移成果，促进城乡协调发展。在承接转移产业，扩大农村劳动力本区域转移就业的同时，应抓住有利时机，加大户籍制度、土地制度、就业制度和社会保障制度创新力度，加速本地农民工市民化进程，充分发挥人口聚集与产业聚集的综合效益。

8.7 工业化拉动策略与劳动力转移

（1）城市工业拉动。以河南省为例，新兴的工业为农民提供了大量就业岗位。发展势头强劲的食品工业是吸纳农村劳动力的主要力量。1990 年，河南开始突破传统农业思维，跳出农业抓农业，拉开了河南食品工业大发展的序幕；2001 年，"用发展工业的理念发展农业"、"把河南建设成全国重要的优质小麦生产和加工基地、优质畜产品生产和加工基地"，在此后的数年里，"工业的理念"、"两个基地建设"一直是河南农业重要的指导性战略；现如今，河南不仅要做国人的"大粮仓"，而且要做国人的"大厨房"；通过食品加工拉长农业产业链条、提高农业的附加值。经过 10 多年的精心打造，河南的食品工业崛起了星罗棋布的大小企业，奠定了其在全国食品行业的优势地位，也为转移的农村劳动力提供了就业机会。在郑州三全食品公司，2.4 万名农村剩余劳动力找到了工作；在食品工业大市漯河，当地食品龙头企业为农民提供了近 10 万个就业机会，农村一半以上的剩余劳动力转移问题在当地得到了解决，仅双汇集团一家企业，员工就超过 4 万人，其中绝大部分来自农村；在农业大县潢川，通过发展以食品加工业为主的各类产业，已有 15 万农民就地转移成为"工薪一族",占到了全县农村剩余劳动力的三分之一;而武陟县则通过与三全、思念等企业合作,相继建成了 17 家速冻食品加工企业,仅此一项就安排当地剩余劳动力 2.4 万人。

(2)促进乡镇企业健康发展,充分发挥其吸纳农村剩余劳动力的主渠道作用。乡镇企业是农村劳动力转移的重要载体。20 世纪 90 年代乡镇企业的蓬勃发展,吸纳了大量的农村剩余劳动力,乡镇企业成为农村剩余劳动力转移的主要渠道。近年来乡镇企业吸纳农村劳动力的能力虽然有所下降,但由于其资本密度较低,与城市相比,乡镇企业对农村劳动力的素质要求相对较低,对农村劳动力的转移具有更为便捷的拉力。以河南为主体的中原经济区城市规模小,经济不发达,为农村剩余劳动力提供的就业空间较小。在吸纳农村剩余劳动力方面,在今后相当长的一段时间内乡镇企业仍将是农村剩余劳动力转移的基本途径。为了最大限度地吸纳劳动力就业,乡镇企业应当以市场需求为导向,实行适度的规模经营,积极发展劳动密集型产业。政府应大力扶持劳动密集型产业的发展,在资金、项目和技术上给予必要的支持。根据河南农产品的区域优势,将发展农产品加工业作为再次创业的突破口,进一步增强吸纳剩余劳动力的能力。城市企业应当抓住当前产业结构调整和国有企业进行战略重组的有利时机,将技术含量相对较低的配套企业适当向乡镇发展,使城市企业集中优势向高新技术产业发展,为农村剩余劳动力提供广阔的就业空间。

乡镇企业是农民非农就业的一条重要出路,是大容量吸纳劳动密集型就业的重要载体。要推动乡镇企业机制创新和结构调整,引导乡镇企业向有条件的小城镇和县城集中。近年来乡镇企业出现了一些困难,未能进一步大量吸收农民就业,甚至还排斥就业,但这并不等于乡镇企业不再具备吸纳农民就业的能力。我国乡镇企业与世界一些国家的确认标准相比，它的实际人数规模相对偏高，资产、资本和经营额规模相对偏低，是劳动密集型企业。这类企业就业投资较低，就业制度灵活，对就业人员的文化水平要求不高，具有吸纳农村劳动力的巨大优势，只要注意引导乡镇企业推进结构调整、技术进步和体制创新，鼓励多种形式、多种所有制的发展，就能扩大乡镇企业就业的容量。大力发展乡镇企业是推动农民就业的主要途径。20世纪80年代，区域内各地的乡镇企业曾担当了农村劳动力向非农产业转移主渠道的角色，"离土不离乡"成了当时农村劳动力转移就业的基本形态。直到今天，很多乡镇企业比较发达的市，仍然基本解决了当地农村劳动力的就业问题。

（3）第三产业拉动策略。与农村工业的发展相比较，当前中原经济区农村非农产业结构中第三产业发展相对滞后。随着第二产业的相应发展，农村产业结构转换正在呼唤农村第三产业的发展，这也是农村产业结构合理化的必然趋势。首先，第三产业相对第二产业来说具有技术需求不高、资本投入不多的特点，因而对于资金不足、技术素质较差的乡村企业来说，是最适宜发展的。其次，与第二产业相比较，第三产业还具有劳动密集度较高的特点，据统计，同量资金注入第三产业所创造的就业岗位是第二产业的3~4倍。因而对于中原经济区这样一个农业大区、人口大区域来说，加快发展农村第三产业更具有特殊的意义。再次，加快农村第三产业的发展，还将有利于缓解乡村企业与城市工业争夺稀缺能源和原材料的矛盾，从而发挥乡村企业的比较优势，提高经济效益。最后，第三产业相对于第二产业耗能较低，对生态环境危害程度较小，所以大力促进第三产业的发展，应该是21世纪我国乡村企业调整的一个重要内容。目前，第三产业发展重点：一是农村急需发展的第三产业如科技服务，技术信息咨询、金融保险。二是开发农村房地产和旅游等新兴产业。三是建设好农产品批发市场，积极开拓农村资金和劳动力等要素市场。

中原经济区在加快工业化、城镇化步伐的同时，应立足于高起点，拓展新视野，根据本地的资源特色和优势，发展第三产业，将发展交通运输、旅游观光、餐饮住宿等行业作为重点，创造更多的新增就业岗位，拓宽农村劳动力就业渠道。将为生产服务的物流、金融、保险、信息、研发、设计、担保、人力资源开发等最具活力的高层次服务业列为参与区域经济合作的重点领域，将大力发展服务业，提升服务业的质量和水平作为今后的一个战略发展重点，结合城乡经济社会发展的需要，合理规划并着力培育服务产业，把农业服务产业化作为农村第三产业发展的重要内容，并开发农村房地产、旅游等新兴产业，以利于更广泛地吸纳农村剩余劳动力，增加就业容量。

大力发展就业容量大的批发零售、餐饮、交通运输仓储等传统服务业，继续扩大其吸纳就业的容量；积极发展现代物流、旅游、金融、房地产、会展、社区服务、中介、信息等新兴服务业，努力拓展新的就业领域和就业机会，全面开发第三产业的就业空间，不断提高第三产业就业人员占全部就业人员的比重。放手发展非公有制经济、中小企业，使之成为吸纳劳动力就业的主要载体。着力增强大中城市特别是中原城市群吸纳就业的能力，努力扩大就业容量，同时坚持大中小城市和小城镇协调发展的方针，大力发展乡镇企业和县域经济，不断开辟新的就业载体，扩大小城市和小城镇转移就业容量，促进农村剩余劳动力就地就近转移就业。

8.8 城镇化战略与农村劳动力转移

农村劳动力向城镇转移就业，以及农民工市民化是城镇化进程的主要任务。中原经济区总体城镇化率低于全国平均水平，因此，加快城镇化进程，对于促进区域内的劳动力转移具有重要意义。

（1）城镇化应是一系列的公共政策创新

目前城镇化进程的主要问题是土地的城镇化快于人口的城镇化，城市发展与人口转移不同步，城市经济增长与农民工市民化不同步。其主要原因就是城镇化进程中的公共政策安排与创新严重滞后，如本章前面分析的土地制度、户籍制度、就业制度、社保制度、城市公共品供给制度等。城镇化进程不仅体现在硬件设施的投入上，更要体现软环境的创新，真正意义上的城镇化进程，正是由这一系列的公共政策的集合与创新构成的。从"十二五"开始，必须要确保中原经济区的城镇化步入健康的发展轨道，过去那种只要人手，不要人口的城镇化模式将是不可持续的。为了生存而转移的第一代农民工已基本上完成了他们的历史使命，寻求发展机会的第二代农民工与他们的前辈不同，他们不仅要进入城市，更要融入城市。在城乡二元经济社会制度尚未消除的情况下，农民工市民化进程受阻，势必在城镇会形成新的畸形的二元社会。因此，农村劳动力转移和城镇化进程在新的发展阶段迫切需要相关的制度变革和制度创新，其中主要是统筹城乡协调发展的公共政策创新。通过渐进式的普惠性的公共政策，逐步解决好进城的农民工、失地的农民和种田的农民各自的生存发展权益问题，走出一条科学发展的城镇化道路。

（2）城镇化战略方向应是统筹城乡协调发展

当前，城镇化进程已演变成一种运动式的发展态势，不少地方把城镇化等同于城市建设，变成造城运动，片面追求规模和速度。这种靠行政手段而不是通过市场方式推进的城镇化，自然不会提升应有的产业聚集功能、商业交易功能、社会服务功能和经济辐射功能。其实，城镇化发展战略的终极目标应是逐步消除城乡二元结构，统筹城乡协调发展。通过城镇化进程缩小城乡差别，推进"三农问题"的有效解决，绝不应进一步拉大城乡差距。温铁军认为，城镇化发展的目标是缓解"三农问题"。辜胜阻也认为，城镇化的过程不仅包含了农村人口向城镇转移，城镇人口比率不断上升的过程，也是实现城乡统筹、保障农村持续发展、城市文明向农村扩散的过程。推进城乡协调发展，实现城乡一体化需要加快城镇化进程。实施以统筹城乡协调发展为目标的城镇化战略，必须创新和完善发展思路，做到"六个统筹"，即统筹安排城乡协调发展规划，统筹推进中心城市和小城镇发展，统筹加强城乡基础设施建设，统筹优化城乡产业联动机制，统筹促进城乡公共服务均等化，统筹完善城乡社会管理体制。

（3）城镇化发展模式应是促进大中小城市和小城镇协调发展

第一，适度发展大中城市，提高城市现代化水平。大中城市是发展国民经济的主导力量。大城市发展水平决定着区域的发展水平和技术素质。研究表明，大城市的经济效益、社会效益、土地利用等综合效益一般都比较高。

区域之间自然、经济社会条件禀赋各异，不应当也不可能采取整齐划一的城市化模式。理性的选择是按照比较优势的原则，根据不同区位资源条件、人口规模和经济发展水平，因地制宜，科学规划，把发展特大城市、大城市、中等城市和有重点地发展小城市（镇）有机结合起来[1]。党的十六大报告明确指出了我国城镇化发展方向，即坚持大中小城市和小城镇并举的方针，形成分工合理、各具特色的城市体系。各级政府要抓紧制定科学严谨的发展工业化、城市化的中长期计划，大力拓展城市经济空间，建立特色城市和特色城市经济，增加大工作容量的就业岗位和就业空间，从根本上解决众多人口的就业问题[2]。由于我国已经积累了几十年的能

---

[1] 吴晓娜、戴庆春：《如何促进农村劳动力转移和城市化》，《农村农业农民》2004 年第 11 期。
[2] 李继云：《新农村建设中劳动力转移与城镇化协调发展的定量分析》，《乡镇经济》2007 年第 10 期。

量，应该说现在是城市扩容的比较好的时机。努力扩大城市和城市经济规模，既是社会经济发展的必然趋势，也是解决我国众多人口就业的客观需要①。从全球看，美国纽约区、芝加哥区、洛杉矶区三大城市群对美国 GDP 的贡献率达到 67%；从国内看，近几年来，北京、上海、天津、哈尔滨、武汉、南京、广州等特大城市周围的若干县区，均已建设成为城市新区。与此同时，以大城市为中心的城市群（带），逐渐形成和壮大，如以北京、天津、青岛、沈阳、大连为中心的环渤海城市群，以上海、南京、杭州、宁波为中心的长江三角洲城市群，以广州、深圳为中心的珠江三角洲城市群，凭借改革开放先发优势，创造了 38% 的国内生产总值，带动了我国东部地区和全国的经济发展②。

以中原经济区的主体河南省为例，河南省就缺乏在全国和局部地区具有举足轻重地位的城市群。作为全国第一人口大省，长期以来，河南省大多数人口依附于农业，城镇化水平始终低于全国平均水平 10 多个百分点，造成全省城乡结构失调，城市功能不健全，城市辐射带动能力弱。虽然河南城市数量较多，但从城市规模看，中等城市较多，缺乏在全国具有较强竞争力和影响力的特大城市。全省 17 个城市中非农业人口超过 100 万的特大城市只有郑州和洛阳两个，不少城市缺少大城市的要素聚集能力，产业层次较低，经济实力不强，综合竞争力弱，对周围地区要素的聚集力、带动力和辐射力不够强，对农村剩余劳动力的吸纳力较弱。因此，促进中原崛起，必须实施中心城市带动战略，加快区域城市群的发展。如河南郑汴一体化，以郑州为中心带动开封、洛阳、新乡等城市发展。当然，在城市化发展过程中，我们要切忌一窝蜂搞运动，要制定切

① 孟令国：《我国农村劳动力转移模式的创新及政府》，《农业经济导刊》2003 年第 8 期。
② 戚建庄：《中部崛起首先应解决好三农问题》，《农村农业农民》2005 年第 8 期，第 8~9 页。

实可行的发展规划，要在经济全球化的大环境中，根据各自城市的特点、特色明确定位，发展特色城市与特色城市经济，否则，将很难在全球经济一体化中站稳脚跟。

第二，大力发展小城镇，为农村劳动力转移创造条件。小城镇是城镇体系的重要组成部分，居于城之尾、乡之首，既具有农村某些优势，又能发挥城市的一定功能，可以作为联系大中城市和农村的纽带，以其逐步增强的经济辐射力和带动力，促进农村产业结构的调整，繁荣农村经济①。小城镇地域与农村接近，生活习惯和消费水平与农村相似，容易产生人口聚集，特别是乡镇企业在小城镇的聚集，为农村劳动力转移提供了便捷的途径，也为农村第三产业的繁荣和发展带来了契机。改革开放以来，小城镇已经成为区域性经济、政治和文化中心。小城镇的发展缩小了城乡间的差别，延伸了大中城市的功能，成为联结大中城市和农村的桥梁。加快中、小城镇的城镇化建设是解决农村剩余劳动力就业问题的根本出路。

中原经济区在建设城市群过程中，应坚持大中小城市和小城镇协调发展的原则，必须在重视区域中心城市建设、开拓大市场、发展大流通的同时，加强小城镇建设。在建设过程中，要把小城镇建设与乡镇企业发展纳入统一的发展战略，本着有利于乡镇企业和区域经济协调发展的原则，科学规划，合理布局，准确定位，避免重复建设②。在小城镇建设方面，要大力发展劳动密集型产业，为转移出来的农村剩余劳动力创造就业岗位。只有坚持大中小城市和小城镇协调发展，才能形成经济支撑有力、基础设施完善、服务功能健全、人居环境优美、发展协调有序的现代城镇体系，促进农村人口向城镇转移，大幅度提高城镇人口占总人口的比重，从而带动农

---

① 魏振香：《我国农村剩余劳动力转移的路径选择及其思考》，《山东社会科学》，2007 年第 12 期。

② 周泽炯：《论我国农村剩余劳动力转移与小城镇发展》，《农业经济问题》2004 年第 11 期。

村经济社会的全面发展。可以说农村城镇化正在推动着乡村工业的集聚发展和结构升级，成为转变农村经济增长方式、推动乡镇企业向集约化发展的"突破口"。同时农村城镇化拓展了农业产前产后发展的空间，为孕育和培植大批龙头企业和农副产品交易市场创造了条件，成为农业产业化向深层次发展的载体。加快城镇化进程，是实现工业基础化，推进农业现代化，全面繁荣城乡经济，提高人民生活水平和质量的必然要求。

今后，小城镇发展要避免盲目性。不能停留在数量和平面扩张上，而应有质的提高和发展，也不能停留在"离土不离乡"的就地转移上，把小城镇模式固定化，而应逐步归并过于分散的农村集镇和居民点，使农村居民向城镇或规划居民点集中，促进小城镇升级，条件好的城镇应向小城市、中等城市发展。县城处在城乡结合的交汇点上，是一种承上启下最有发展潜力和前途的城镇类型，应作为发展重点。

8.9　新农村建设与农村劳动力转移

新农村建设与农村劳动力转移是解决"三农"问题的必然选择。先于新农村建设开启的农村富余劳动力大规模转移，为新农村建设战略的实施创造了诸多的有利条件，有力地支持了新农村建设的发展。但目前值得关注的一个问题是，多年持续的农村富余劳动力转移，在一些地区已不同程度上影响到了农村、农业的可持续发展。农村富余劳动力转移对新农村建设的影响是复杂的、多方面的。总的看，正效应大于负效应。农村富余劳动力转移与新农村建设是相互促进的，不通过农村劳动力转移来减少农民，就不会实现农民增收和推进农业现代化，新农村建设也就无法实现。但如何消除其中不利影响，充分发挥农村劳动力转移在促进新农村建设中的积极影响，应当是当前和今后一个时期农村政策创新的一个重点。

政策建议：

（1）同步着力解决"减少农民"和"富裕农民"问题。"减少农民"是"富裕农民"的条件，而"富裕农民"是新农村建设的主要目标之一。因此，"减少农民"问题和"富裕农民"问题在新农村建设中同等重要，缺一不可。在推进新农村建设进程中，必须同时继续推进农村富余劳动力转移，通过制度创新和政策完善，真正让多数农民在城镇稳定就业并成为市民。有条件的地区，应重视通过归并散落村庄、扩大中心村、中心镇规模等途径，相对集中散居人口，为一部分农民从事非农产业创造条件。解决"富裕农民"问题，关系到新农村建设能否留得住人的问题。尽管解决这一问题困难重重，并具有长期性、复杂性，但中央和地方各级政府必须通过不断加大支农惠农各项政策力度，让农民真正体会到收入逐年稳步增长，城乡收入差距不再扩大，直至逐步缩小。

（2）重视和加强新型农民的培养。各级政府必须高度重视提高农民的科学文化素质，充分发挥农民作为推动新农村建设的根本动力作用。针对现阶段农村劳动力年龄偏大、科学文化素质偏低和运用农业科技能力较差的实际，应该把农村的人才资源开发作为现阶段和今后一个时期农业政策的重要内容。一是结合各地实际，加快推进当地主导产业实用技术的推广普及，提高农民依托科技提升农业产量和产品质量的能力；二是结合农村富余劳动力较多的实际，加强农副业生产技术和经营理念的培训，引导农民从事多种经营，不断提高农村劳动力的生产效率；三是重视培养骨干农民，对种粮大户、养殖大户等优秀农民，在技术支持、资金扶持和信息服务上给予重点倾斜，为农业规模化、专业化经营提供人才保障；四是大力加强农村教育事业，把面向农村的中等职业教育纳入义务教育制度，从源头上提高农民素质，同时，这样也可以提高转移劳动力的素质；五是建议设立青年农民创业基金，对从事规模化、专业化农业生产经营的青年农民给予相应的投资补助和补贴。

（3）支持和鼓励农民工回乡创业。农民工回乡创业是农村劳动力回流的健康状态，这对统筹城乡发展很有意义。回乡创业的农民工绝大多数具有一技之长，并具有一定的资金积累和市场经营理念。尽管目前这一群体数量较少，但他们的回流对于小城镇和新农村建设有着相当重要的价值。对此，各地政府应以前瞻的眼光，为他们搭建创业平台，在融资扶持、专项基金支持、降低准入门槛、税费优惠、技术信息服务等方面给予全方位的支持。尤其对那些从事规模化、专业化农业生产经营的回乡农民工，更要加大支持力度，使他们真正成为振兴县域经济、建设新农村的生力军。与此同时，对那些在城市创业成功的人员，也要通过优惠政策，吸引他们回乡投资创业。

（4）提高农民组织化程度。农民的组织化程度严重不足的问题，是长期困扰农村、农业发展的一个重大问题。在农村大量青壮年劳动力转移外出的新形势下，把留乡农民组织起来，指导和加强农村各类合作组织建设，是破解当前新农村建设和发展现代农业面临困难与问题的一项重要基础性工作。一是帮助农民发展合作经济组织，进一步实施好《中华人民共和国农民专业合作社法》，以建立健全政策支持体系和内部治理机制为重点，指导支持合作经济组织依法、健康发展；二是推进农村综合性互助合作组织建设，培育农民的合作互助精神，这有助于构建新农村新的治理结构，引导农民自主理顺农村内外诸多方面关系，充分发挥农民自主性力量在新农村建设中的作用。

8.10　政府责任与农村劳动力转移

在农村富余劳动力转移进程中，政府担当着重要角色。在计划经济时代末期，政府采取的是控制劳动力流动的政策，在市场经济初期，政府采取的是促进和规范劳动力流动的政策，而近10年来，政府更加注重市场的配置作用，采取的是开始注重保障公平的劳动力流动政策。在实施统筹城乡发展战略的大背景下，一方面发挥市场的作用实现农村富余劳动力有序转移就业，另一方面加大制度创新力度，加快推进农民工市民化进程，是各地政府应承担的艰巨责任。

（1）政府责任的主要目标

"十二五"期间既是统筹城乡协调发展的关键时期，也是农村劳动力转移和农民工市民化的攻坚时期。为此，政府责任的主要目标应定位在八个方面：一是基本完成户籍制度改革任务，放宽农民工进城落户的条件；二是完善适合农民工特点的社会保障制度，基本实现保障体系全覆盖；三是实施积极的就业政策，确保农村劳动力持续转入非农产业和城镇就业；四是全面重视农村人力资源开发，基本缓解农村转移劳动力结构短缺的问题；五是加大执法力度，确保农民工劳动权益得到有效保护；六是真正落实由流入地政府为主和以公办学校为主的义务教育政策，确保农民工子女义务教育问题得到全部解决；七是实现把农民工住房问题纳入城镇住房保障规划，分阶段、多形式改善农民工的居住条件；八是以新生代农民工为重点，全方位推进他们的市民化进程。

（2）政府责任的重点任务

根据上述政府责任的主要目标，"十二五"期间区域内各地政府责任的重点任务应该是：

一是创新就业制度。通过制度创新，进一步完善农民工就业服务体系，推进农民工就业信息化建设，加强和完善农民工教育培训工作，为农民工外出务工就业、就近就地转移就业和回乡创业提供完善的服务体系。

二是创新社会保障制度。通过制度创新，基本实现农民工工伤保险、医疗保险和养老保险，以及社会救助的全覆盖，进一步改善农民工公共医疗卫生服务制度，加大农民工安全生产保护力度。

三是创新户籍制度和完善公共品供给制度。通过制度创新和完善，加快推进农民工与当地城镇居民基本公共服务的均等化，稳步推进农民工市民化进程，为积极推进城镇化进程创造条件。

四是创新土地制度。通过制度创新，在稳定土地承包关系的前提下，推进土地产权制度、流转制度和征地制度改革，既要确保农民的土地权益，又要实现土地利用效益的最大化，为稳定农村、稳定农业和稳定农民工提供保障。

五是加强中小城市和小城镇建设。通过产业政策的支持和引导，科学合理规划城市群、都市圈产业布局，进一步提高中小城市和小城镇产业和人口聚集能力；大力发展县域经济，支持产业转移中的特色优势项目向县城、小城镇集聚，吸纳农村劳动力向县城和小城镇集中。

六是维护和保障农民工的各项合法权益。通过强化政府监管，保障国家有关现行的法律和政策执行落实到位，解决好市场失灵的问题。同时，根据农村劳动力转移出现的新情况、新问题，不断调整和完善相关的法规和政策，不断加大保障力度。

（3）政策建议

首先，要进一步明确中央政府和区域内各地方政府的责任。农村劳动力转移涉及统筹城乡协调发展和城镇化进程，涉及地方各级政府责任目标的分解和落实，同时也涉及流出地政府和流入地政府不同的责任分担，更涉及城镇与乡村、城镇居民与农村居民利益的调整等，这是一个极其复杂而艰巨的经济社会发展的系统工程。一是中央政府和省级政府是农村劳动力转移政府责任落实的主导性责任主体。中央政府的责任就在于抓紧统一制定涉及农村劳动力转移和农民工市民化的各项宏观政策，在科学总结各地试点经验的基础上，针对各地区不同的情况，提出系统性的指导意见。同时，中央政府应整合中央各部门工作力量，理顺工作机制，使宏观政策不仅要有系统性，更要有协调性和可行性。省级政府作为承上启下的第一级政府层次，其主要责任就在于督促检查市、县（市）、乡（镇）政府责任的落实情况，并建立相应的政绩考核体系。二是地方城市政府是农村劳动力转移和农民工市民化的主要责任主体。中央和省级政府应该切实把农村劳动力转移和农民工市民化工作提升为地方城市政府的战略工程，督促其将此项工作纳入地方经济社会发展规划，建立并完善政府统筹、部门合作、社会参与的公共管理与服务体系。三是县（市）、乡（镇）政府是农村劳动力转移组织工作的责任主体。县（市）、乡（镇）政府的主要责任就在于正确处理和协调好农村劳动力转移和新农村建设的关系，为农村劳动力转移就业提供信息服务和就业培训，为农民工回乡创业搭建政策平台。四是中央和省级政府应进一步明确流出地政府与流入地政府的责任分担问题。这里不仅涉及省（自治区、直辖市）内各地之间、各省（自治区、直辖市）之间，还涉及东部、中部和西部地区之间的工作协调问题。这方面主要涉及的是利益分担问题，建议中央和省级政府合理地做出相应的财税支持政策。

其次，要进一步理顺中央政府和地方政府"集权"与"放权"的关系。在农村劳动力转移问题上，多年来中央政府一直是采取"放权"的形式，要求地方政府在落实相关政策的同时，进行相关政策改革试点，允许和鼓励不同的地区采用不同的转移政策。在转移的早期阶段，这种"放权"是可行的，也是必要的，这符合从国情出发、因地制宜的原则。但在转移的近期阶段，即农民工市民化的呼声和要求越来越高的新形势下，则出现了中央与地方之间、流出地与流入地之间、城市与城市之间的博弈。面对分享"人口红利",地方政府,尤其是地方城市政府是积极作为的,而面对承担农民工市民化的制度改革成本,则各自为政,纷纷推出自利自保政策。以户籍制度改革为例,尽管近些年来不少地方政府开始逐步放宽农民工市民化的诸多限制性条件,但新制度的设计仍主要倾向于本行政区域内的农村人口。再以农民工子女教育为例,中央政府早在2003年就提出"两个为主"的政策,但直到如今,这项政策在许多地方仍未得到有效的全面落实。其主要原因在于,流入地政府不愿意增加这笔非本地户籍学生的公共教育财政负担。基于上述分析,在农村劳动力转移市民化新阶段,中央政府不能再以过度"放权"的形式推动地方政府自主性地解决问题,而应以适当"集权"的方式在国家层面作出实质性的制度安排和制度创新,并辅以相应的财政、税收等经济政策调整和支持,以此建立并完善更加可行的推进机制,推动地方各级政府更好地落实相应的责任。

最后,要进一步重视政府的长效机制建设。从总体上看,各级政府都很重视农村劳动力转移工作,出台了许多各种各样的政策,但这些政策以单项政策居多,缺少政策组合,没有形成综合制度保障的长效机制。这种长效机制应包括驱动机制、拉动机制、通道机制和稳定机制,其机制的设计与形成就在于土地制度、户籍制度、就业制度、社会保障制度、城市公共品供给制度和产业政策、城镇化战略的不断完善与创新,并充分考虑这些制度、政策相互之间并存发展和相互支撑,形成组合效应。在这方面,中央政府的宏观政策应更加注重配套性、统筹性,这样才会有可行性的效果;地方政府应更加注重综合配套改革具体措施的制定和完善,这样才会有更好的实施效果。如重庆市的城乡统筹综合配套改革试验就很值得借鉴。在长效机制建设中,实施配套与系统的制度改革,可以有效降低只进行单项改革所面临的改革阻力,从而使每一项改革变得相对容易一些,减少改革的总成本。基于上述分析,农村劳动力转移所遇到的问题涉及多方面的制度、政策改革，仅靠单项制度改革，如户籍制度改革，难以取得实质性的整体效果，导致农村劳动力转移只能是体现为更多的乡城之间的流动，而难以在城镇稳定下来。因此，建立适合农村劳动力有序、平稳和持续转移需要的长效机制将是十分必要的，其中稳定机制既是重点，也是难点。

8.11　教育培训推动策略

（1）加强农村基础教育，从根本上提高农村劳动力整体素质。农村劳动力的转移能否成功，归根到底还是取决于农民自身的素质[1]。农民的收入水平低，其根本原因在于过多的劳动力集中在过少的生产要素上，造成农业边际收益小于零。而农民的收入不能靠提价和政府保护而增加，只能靠农村劳动力转移，但实施这一对策必然遇到农民素质这一根本障碍。中国近 80% 的人口在农村，而90% 以上的农村人口文化程度在初中和初中以下，由于文化程度低，缺乏一技之长，农村人口难以有效地转移到非农产业中去，也制约了我国乡镇企业管理与技术水平的提高，制约了产业结构与产品结构目标调整的实现。文化程度低，缺乏技能的劳动力，难以在城市中找到就业岗位，已成为阻碍我国城镇化水平进一步提高的主要原因。近几年来，我国沿海发达地区的经济发展正在由过去的劳动密集型向资本、技术密集型转变。非农产业就业对劳动者素质要求越来越高，要求就业人员由体力型向技能型转变，没有技术的农村劳动力，就业竞争力越来越弱，就业空间也越来越小。大量低文化、低素质的富余人口滞留在农村，也是农村消费品市场不能开拓，内需不能启动，农业难以实现效益化、产业化、规模化、现代

---

[1]　张琳娜：《发展职业教育推动农村剩余劳动力转移》，《中国成人教育》2007 年第 24 期。

化的主要因素，直接影响到新农村的建设。因此我们必须清醒地认识到农村人力资源开发决定着中国经济的命运[①]。

要开发农村人力资源必须依法在农村普及九年制义务教育，同时开发农村人力资源必须在以下几个方面建立新机制：第一，必须建立与农村适用技术相适应的教育管理模式，革新教学的内容，合理配置教育资源，培养造就更多的高素质劳动力、专业人才和创新人才，以适应不同职业岗位的需求，适应技术创新、技术进步的需要，充分发挥农村人力资源优势。第二，必须建立健全培训网络体系，形成多层次、多样化的立体农村教育体系，采取不同的形式，分层次、分类型、分专业地对农村劳动力进行培训，要大力发展农村职业教育，逐步实行职业资格准入制度，大力提高农村劳动力的文化水平和技能，增加农村人口的人力资本积累，满足农村经济发展和新农村建设的多种需要。第三，切实增加财政性教育投入，改变农村教育的财政体制，要鼓励社区、企业、私人等社会力量办学，实现办学主体多元化，解决政府教育经费不足的问题。

美国学者约翰逊（Johnson）的研究表明：中国农民在校时间每增加1年，从事非农活动的可能性就会上升2.2个百分点。教育对劳动力转移具有明显的推动作用。河南经济不发达，地方财政收入有限，投入教育的经费较少，农村义务教育和职业教育发展落后。相对于城市而言农村劳动力受教育的年限较短，劳动力后备资源过早走向社会，导致农村劳动力素质较低。针对该现状，政府应积极发展地方经济，切实加大对农村义务教育的投入力度，改善农村教学条件，加强师资力量，提高教学水平，帮助农民克服只顾眼前利益的短期经济行为，通过普及九年义务教育从根本上提高农村劳动力素质。根据农村的现实情况，重视发展农村职业技术教育。

---

① 李治邦：《发展农村教育促进农村剩余劳动力转移》，《农业经济》2004年第12期。

在原有的教学模式基础上积极探索新的教学模式,对未能继续升学,即将就业的农村初、高中毕业生进行职业教育及各种实用技术教育,延长农村中学适龄青少年的在校就读时间,推迟他们的就业年龄。以农村青少年作为最主要的目标,加强农村劳动力的上岗培训,实行农村劳动预备制,采取活学活用、急用先学的策略,提高农村新生劳动力素质和就业能力,为社会输送有文化、有技术的合格劳动者。

(2) 加强农村职业技术教育和农民工就业培训,提高农村劳动力就业竞争能力。农业结构的调整,农业产业化的发展以及新农村建设对农村劳动力的知识结构和劳动技能提出了更高的要求,农村劳动力不但要掌握一定的适应市场需求的农业技术,还要具有加工、处理市场供求信息的能力,及时调整产业结构。这是一般农村劳动力所无法胜任的。农村劳动力必须提高自身的知识水平和劳动技能素质,才能适应新时期农业发展的需要及新农村建设的需要。因此应充分利用农村广播电视学校网络的教育优势,积极开展农村职业教育和成人教育,大力开展农业绿色证书培训,努力提高农村劳动力知识水平和劳动技能素质。劳动和社会保障等多部门配合,开展农村职业技能鉴定工作,提高鉴定质量,向鉴定合格的农村务工人员颁发国家职业资格证书,逐步建立农村职业资格证书制度,提高进城务工人员就业竞争力。

农民工就业培训是提高岗位工作能力的重要途径,是增强农民工就业竞争力的重要手段。要结合农民工的实际情况,采取灵活多样的培训形式。一是要开展基本权益保护、法律法规、安全生产知识、城市生活常识和应职应聘等方面的培训。二是要根据国家职业标准和不同行业、不同工种、不同岗位对从业人员基本技能和技术操作规程的要求,适应农业、农村发展的多样化需求,适应培训对象的实际要求。三是课程内容要突出新的科学知识、技术知识、管理方法、技术手段，使农民工开阔眼界、思路，增长知识，满足其实际工作需要。四是要充分发挥远程职业培训量大、面广、成本低的优势，多渠道、多层次、多形式地开展培训，扩大培训覆盖面。五是培训内容和方法要充分考虑到农民工的文化背景，因人而异。应以技术型、操作型为主，教学形式要直观、浅显，增强培训的针对性、适应性和实效性。六是创新培训方法。要做到培训方式与特点相结合，技能培训与转移就业相结合，理论培训与实操训练相结合，使农民工逐步实现由"体能型"向"技能型"的转变。

8.12　实施劳务输出品牌带动策略

目前，我国劳务输出落后于发达国家。根据有关资料，仅国际建筑市场就需要劳动力 1.1 亿人，其中美国需要量占 30%，西欧占 15%，中东产油国占 25%。国际劳务合作的领域十分广阔，大有作为。应开辟多种渠道，共同开拓国际劳务市场，扩大对外劳务输出。在经济全球化的过程中我们发现，世界范围内就业岗位的增加速度远远赶不上经济本身的增长速度，就业岗位正在成为或者说已经成为最稀缺的资源。未来一段时期内，就业岗位的国际化竞争已经不可避免。

中原经济区作为人口集聚的区域，要利用人力资源的优势积极参与就业岗位的国际化竞争，在争取更多的国际资本、外省资本到区域内投资，增加就业岗位的同时，扩大对外劳务输出也是转移剩余劳动力的一条重要途径。各种劳务中介组织以及职业技能培训机构要积极与各省、各国及国际组织合作，联合开发劳动力资源，提高劳动力素质，实施劳务品牌战略，增加劳动力在区域外乃至国外就业的能力。以河南为例，目前河南省已有 15 个市建立了劳务输出工作机构，68 个县（市）建立了劳务输出服务网络，全省 87%

的乡镇建立了农村劳动力资源数据库。同时，河南省各地还在沿海等地建立了338个驻外劳务办事机构，建立了长期稳定的劳务合作关系。经过多年努力，河南省在转移农村劳动力方面积累了丰富经验，创造了一大批省内外知名的优质劳务品牌，如"林州建筑"、"长垣厨师"、"遂平家政"、"唐河保安"、"西华的哥"、"新县涉外"等，已经成为在全国叫得响的劳务品牌。这些都将对河南省劳务输出及劳动力转移起到积极的推动作用。

各级政府要加大资金投入，加强公共就业服务体系建设，建立劳务派遣行政许可制度，切实搞好职业介绍、职业指导和职业培训，促进就业服务体系的制度化、专业化和社会化建设。加强农村劳动力转移就业服务体系建设，建立健全县乡村三级服务网络，大力推进省际劳务协作，进一步提高劳务输出的组织化程度，着力打造劳务品牌。城市公共职业介绍机构要向农民工开放，免费提供政策咨询、就业信息、就业指导和职业介绍。加强输出地和输入地的协作，开展有组织的就业、创业培训和劳务输出。鼓励发展各类就业服务组织，加强就业服务市场监管。依法规范职业中介、劳务派遣和企业招用工行为，切实维护劳动力市场秩序，保障劳动者平等就业权利的实现，保障劳动者合法权益不受侵害。

8.13 小结

在工业化、城镇化和新农村建设新的历史机遇和挑战面前，农村劳动力转移的制度创新和政策完善具有极端重要性和紧迫性。本章从土地制度、户籍制度、就业制度、社会保障制度、城市公共品供给制度等制度层面，以及产业政策、工业化拉动策略、城镇化战略、政府责任、教育培训推动和劳务输出品牌带动策略等政策层面提出了具体的对策建议。

参考文献

[1] Ahlburg, D. , (1996), Remittances and the Income Distribution in Tonga, Population Research and Policy Review, Vo. 1, 15: 391 - 400.

[2] Akerlof, George, (1970), The Market for Lemons: Quality Uncertainty and Market Mechanism, Quarterly Journal of Economics, 84: 488 - 500.

[3] Anderson, Theodore R. , (1955), Intermetropolitan Migration: A Comparison of the Hypotheses of Zipf and Stouffer, American Sociology Review, 20: 287 - 291.

[4] Angus Madison, (2001), The World Economy: A Millennial Perspective, Organization for Economic Cooperation&Devel, April: 10 - 18.

[5] Antonio Spilimbergo, Luis Ubeda, (2004), A Mmodel of Multiple Equilibria in Geographic Labor Mobility, Journal of Development Economics, 73: 107 - 123.

[6] ArjandeHaan, (2000), Migrants, Livelihoods, and Rights: the

Relevance of Migration in Development Policies, Social Development Department Working Paper: 7 – 24.

[7] Arnott, R. J. and M. Gersovitz, (1986), Urban Transit System, World Bank Technique Paper No. 52 (Washington, Economic Journal) 96: 413 – 424.

[8] Bakke, E. W. , (1940), Citizens without Work. New Haven: Yale University Press, 56 – 59.

[9] Bakke, (1953), The Unemployed Man. London: Nisbet: 30 – 31.

[10] Banerjee, B. , (1991), The Determinants of Migrating with a Pre – arranged Job and of the Initial Duration of Urban Unemployment: An Analysis Based on Indian Data on Rural-to-urban Migrants, Journal of Development Economics, 36, 337 – 351.

[11] Banister, Judith&Taylor, R. Jeffrey, (1991), China: Surplus Labor and Migration, Asia-Pacific Population Journal, Vol. 4, 4: 3 – 20.

[12] Barger, W. K. , (1994), The Farm Labor Movement in the Middle West: Social Change and Adaptation among Migrant Farmworkers. printed in USA: 211 – 234.

[13] Baumol, W. , S. Blackman and E. Wolff, (1985), Unbalanced Growth Revisited: Asymptotic Stagnancy and Nnew Eevidence, American Economic Review, 75: 806 – 817.

[14] Bengt Holmstrom, Roger B. Myerson. , (1983), Efficient and Durable Decision Rules with Incomplete Information. Econometrica, 51 (6): 21 – 47. 214

[15] Bogue, Donald, J. , (1959), Internal Migration, in Hauser,

Duncan (ed.), The Study of Population: An Inventory Appraisal, Chicago: University of Chicago Press.

[16] Borjas, G. J. , (2001), Does Immigration Grease the Wheels of the Labor Market? Brookings Papers on Economic Activity: 69 – 119.

[17] Bound, J. , Holzer, H. J. , (2000), Demand Shifts, Population Adjustments, and Labor Market Outcomes during the 1980s, Journal of Labor Economics, 18:, 20 – 54.

[18] Brauw, Alan de, Huang, Jikun, Rozelle, Scott, Zhang, Linxiu&Zhang Yigang, (2002), The Evolution of China's Rural Labor Markets during the Reforms, Working paper, No. 02 – 003.

[19] Breman, Jan, (1997), Muijzenberg, van den Otto&White Ben, Labor Migration in Asia, Working Paper: 23 – 25.

[20] Burdett Kenneth, (1978), Employee Search and Quits, American Economics Review, Vol. 68, 1: 212 – 220.

[21] C. Cindy Fan, (2003), Rural-urban Migration and Gender Division of Labor in Ttransitional China, International Journal of Urban and Regional Research, 27: 1 – 24.

[22] Carrington, W. , Detragiache, E. , Vishwanath, T. , (1996), Equilibrium Migration with Endogenous Moving Costs, American Economic Review, 86 (4), 909 – 930.

[23] Chen, Aimin, (2002), Urbanization and Disparities in China: Challenges of Growth and Development, China Economic Review, 13: 134 – 142.

[24] Cooke, (2002), Ownership Change and Reshaping of Employment Relations in China: a Study of Two Manufacturing

Company, the Journal of Industrial Relations, 44: 19 – 39.

[25] Dale W. Jorgenson, (1967), Surplus Agricultural Labor and Development of Dual Economy, Oxford Economic Papers, 19, 3: 192 – 202.

[26] Dale W. Jorgenson, (1961), The Development of a Dual Economy, Economic Journal, November: 191 – 211.

[27] Daveri, F., Faini, R., (1999), Where Do Migrants Go? Oxford Economic Papers 51: 595 – 622.

[28] David C. Stifel & Erik Thorbecke, (2003), A dual – dual CGE model of an Archetype African Economy: Trade Reform, Migration and Poverty, Journal of Policy Modeling, 25: 207 – 235.

[29] Decressin, J., Fata's, A., (1995), Regional Labor Market Dynamics in Europe, European Economic Review, 39, 1627 – 1655. 215

[30] Diamond, P. &Fudenberg, D., (1989), Rational Expectations Business Ccycles in Search Equilibrium, Journal of Political Economy, Vol. 97, No. 3: 606 – 620.

[31] Diamond, P., (1982), Agregate Demand Mmanagement in Search Equilibrium, Journal of Political Economy, Vol. 90, No. 5: 881 – 894.

[32] Eichengreen, B., (1993), Labor Markets and European Monetary Unification, in Masson, R., Taylor, M. (eds.), Policy Issues in the Operation of Currency Unions, Cambridge Univ. Press.

[33] Evenett. et Keller W., (1998), On Theories Explaining the Success of the Gravity Equation, NBER, Working Paper

W6529.

[34] Fei & Ranis, (2005), Exploring the Historical Roots of Eastern Asia's Post-War Catch-Up Growth: A Trade Perspective, 1906 – 1999; Journal of the Asia Pacific Economy, Volume 10, 2: 178 – 194.

[35] Fei, C. H. and Ranis, G. , (1961), A Theory of Economic Development, American Economic Review, 9: 321 – 341.

[36] Fei. J. C. and Ranis. G. , (1964), Development of the Labor Surplus Economy: Theory and Policy, Homewood.

[37] Fudengberg, D. & J. Tirole, (1991), Game Theory, MIT Press,

[38] Gary D. Hansen, Edward C. Prescott, (2002), Malthus to Solow, The American Economic Review (4): 1205 – 1217.

[39] Gautam Bose, (1996), Agrarian Efficiency Wages in a Dual Economy, Journal of Development Economics, 49: 371 – 386.

[40] Gerald M. Meier, (1989), Leading Issues in Economic Development, Oxford University Press.

[41] Germani, G. , (1964), Migration and Acculturation. Handbook for Social Science Research in Urban Areas. Paris: UNESCO: 159 ~ 178.

[42] Gist, Noel P. and Sylvia fleis Fava. , (1974), Urban Society. New York: Harcourt, Brace and World, (6th ed): 128 – 131.

[43] Goldcheider, Calvin, (1971), Population Modernization, and Social Structure. Boston: Litter, Brown and Company, 101 – 106.

[44] Gould, Julius and William L. Kolf. , (1974), A Dictionary of the Social Science. Oxford University: 55 – 56.

[45] Gronau Reuben, (1971), Information and Frictional Unemployment, American Economics Review, Vol. 61, No. 3: 290 – 301.

[46] Grossman S. J. , Stiglitz J. E. , (1980), On the Impossibility of Informational Efficient Markets. American Economic Review, 70 (3): 393 – 408.

[47] Gugler, J. and Flanagan. W. , (1978), Urbanization and Social Change in West Africa, Cambridge University Press. Homans.

[48] Haan, A. , (2000), Migrants, Livelihoods, and Rights: the Relevance of Migration in Develoment Polocies, Social Development Department Working Paper.

[49] Hanson, Robert C. & Ozzie G. Simmons. , (1969), Differential Experience Paths of Rural Migrants to the City. American Behavioral Scinentistist, (13): 14 – 35.

[50] Harris, J. R. and M. P. Todaro, (1970), Migration, Unemployment and Development: A Two-Sector, Analysis, American Economic Review, Vol. 60: 324 – 347.

[51] Hatton, T. J. , and Williams, (1992), What Explains Wage Gaps between Farm and City? Exploring the Todaro Model with the American Evidence: 1890 – 1941, Economic Development and Culture Change, Vo. l30, 2: p127 – 153.

[52] Hawley, Amos H. , Dorothy Fernander & Harbans Singh, (1979), Migration and Employment in Peninsular Malaysia. Economic Development and Cultural Change, (27): 491 – 504.

[53] Homans, George C. , (1961), Social Behavior: Its Elementary Forms. New York: Harcourt, Brace and World: 249 – 267.

[54] Huffman, Wallace E. , (1980), Farm and Off-Farm Work Decisions: The Role of Human Capital, The Review of Economics and Statistics 62 (1): 14 - 23.

[55] Hutchison, T. W. , (1978), On Revolutions and Progress in Economic Knowledge, Cambridge University Press.

[56] Ian Jewitt. , (1988), Justifying the First-order Approach to Principal-agent Problems. Econometrica, 56 (5): 1177 - 1190.

[57] Jan K. Brueckner & Yves Zenou, (1999), Harris-Todaro Models with a Land Market, Regional Science and Urban Economics, 29: 317 - 339.

[58] Jansen, Clifford J. , (1970), Migration: a Sociological Problem, in Readings in the Sociology of Migration. Oxford: Pergamon press: 3 - 36.

[59] John Gilbert & Thomas Wahl, (2003), Labor Market Distortions and China's WTO Accession Package: an Applied General Equilibrium Assessment, Journal of Comparatives Economics, 31: 774 - 794.

[60] Jorgenson, D. W. , (1961), The Development of a Dual Economy, Economic Journal, (11): 213 - 222.

[61] Jorgenson, D. W. , (1961), The Development of a Dual Economy, Economic Journal, November: 78 - 98

[62] Juarez, J. P. , (2000), Analysis of Interregional Labor Migration in Spain Using Gross Flows, Journal of Regional Science, MAY (2): 377 - 399.

[63] Kalir, B. , (2005), The Development of a Migratory Disposition: Explaining a New Emigration, International

Migration, 43 (4): 167 – 196.

[64] Kanbur, Ravi and Xiao Zhang, (1999), Which Regional Inequalities in China: The Evolution of Rural-Urban and Inland-Costal Inequality in China from 1983 to 1995, Journal of Comparitive Economics, 27: 686 – 701.

[65] Katz, Elizabeth, (1999), An Intra-Household Model of Migration and Remittances with Evidence from Ecuador. 12: 116 – 129.

[66] Kjetil Bjorvatn, (2000), Urban Infrastructure and Industrialization, Journal of Urban Economics 48: 205 – 218.

[67] Krausse, Gerald, (1979), Economic Adjustment of Migrants in the City: the Jskarta Experience. International Migration Review, (13): 46 – 68.

[68] Krueger, (1963), The Economic of Discrimination, Journal of Political Economy, (6): 481 – 6.

[69] L. Rachel Ngai, A. Pissarides, (2004), Structural Change in a Multi-sector Model of Growth, Working Paper. London School of Economics.

[70] Lamberton, Donald M., (1984), The Economics of Information and Organization. Annual Review of Information Science and Technology, 19: 1 – 30.

[71] Larson, D., and Mundlaky, (1997), On the Intersectoral Migration of Agricultural Labour, Economic Development and Cultural Change, Vo. 145, No. 2: 295 – 319.

[72] Lee Everett S., (1966), A Theory of Migration, Demography, (1): 10 – 14.

[73] Lewis G. J., (1982), Human Migration, London: Groom

Helm Ltd. 218

[74] Lewis W. A. , (1954), Economic Development with Unlimited Supply of Labor, The Manchester School, May.

[75] Liltwak, Eugene, (1970), Geographic Mobility & Extenden Family Cohension. in Fuad Baali and Joseph S. Vandiors, ed. Urban Sociology. New York: Appleton-Century-crofts: 237 – 253.

[76] Lin, Justin Yifu. , (1992), Rural Reforms and Agricultural Growth in China, American Economic Review, 82 (1): 34 – 51,

[77] Liu Paul K. C. , (1975), Relationship between Urbanization and Socioeconomic Development in Taiwam. the Institute of Economic, Academic Sinica: 11 – 12.

[78] Liu Yang, (2003), Rural Labor Migration Chioce in China & It's Impacts on Rural Households, China Economics Review, (11): 67 – 78.

[79] Macunovich, Diane J. , (1997), A Conversation with Richard Easterlin, Journal of Population Economics, 10: 119 – 136.

[80] Mayer, P. , (1962), Migrancy and the Study of African Town. American Anthopologist, (64): 576 – 592.

[81] McCall J. J. , (1970), Economics of Information and Job Search, Quarterly Journal of Economics, Vol. 84, No. 1: 113 – 126.

[82] Mitohell, J. Clyde. , (1973), Distance, Transportation, and Urban Involvement in Zambia. In Aidan Southhall, ed, Urban Anthropology. New York: Oxford University: 33 – 34.

[83] Nakajima, Chihiro, (1986), Subjective Equilibrium Theory of

the Farm Household. Amsterdam: Elsevier Science Publisher B. V. 231 – 257.

[84] O. Stark and J. E. Taylor, (1991), Migration Incentives, Migration Types: the Role of Relative Deprivation, The Economic Journal, Vol. 101, No. 408, 1163 – 1178.

[85] Oaxaca, R. , (1973), Male-female Wage Differentials in Urban Labor Markets, International Economic Review (3): 693 – 709.

[86] Obstfeld, M. , Peri, G. , (1998), Asymmetric Shocks, Economic Policy, 26: 207 – 258.

[87] Paul Stoneman, (1983), New Technology, Demand and Employmentin Derek L. Bosworth (eds), The Employment Consequence of Technological Change, Oxford University Press.

[88] Perloff, J. M. , (1991), The Impact of Wage Differential son Choosing to Work in Agriculture. American Journal of Agricultural Economics, 73 (3): 671 – 680.

[89] Pickett, Kathleen G. and David K. Boulton (1974), Migration and Social Adjustment, Kirkby and Maghull, Liverpool: Liverpool University Press: 24 – 32.

[90] Pissarides, C. , (1990), Equilibrium unemployment theory, London: Blackwell.

[91] Ravenstein, E. G, (1885), The laws of migration. Journal of the Royal Statistical Society: 48 – 87.

[92] Redfield, Robert, (1974), The folk society. American Journal of Sociology, (52): 293 – 308.

[93] Richard U. Agesa & Sunwoong Kim, (2001), Rural to Urban

Migration as a Household Decision: Evidence from Kenya, Review of Development Economics, 5（1）: 60 – 86.

[94] Rose, A. M., （ 1970 ）, Distance of Migration and Ssocioeconomic Status of Migrants. in Clifford J. , Jansen, ed. Readings in the Sociology of Migration. Oxford: Pergamon Press: 21 – 29.

[95] Rose, Arnold M. and Leon Warshay, （ 1975 ）, The Adjustment of Migrants to Cities. Social Forces, （36）: 72 – 76.

[96] Rubenstein, H. , （ 1992 ）, Migration, Development and Remittances in Rural Mexico, International Migration, Vo. l30, No. 2: 121 – 153.

[97] Sanford J. Grossman, Oliver D. Hart, （1983）, An Analysis of the Principal-agent Problem. Econometrica, 51 （1）: 654 – 687.

[98] Sarbajit Chaudhuri, （ 2005 ）, Foreign capital, Welfare and Urban Unemployment in the Presence of Agriculture Dualism, Japan and the World Economy, 13: 117 – 131.

[99] Spence, Michael, （ 1972 ）, Market Signaling: The Informational Structure of Job Markets and Related Phenomena, Ph. D. thesis, Harvard University Press.

[100] Spence, Michael, （ 1973 ）, Job Market Signaling. Quarterly Journal of Economics, 11: 119 – 141.

[101] Spence, Michael, （ 1974 ）, Market Signaling. Cambridge: Harvard University Press.

[102] Spilimbergo, A. , （ 1999 ）, Labor Market Integration, Unemployment and Transfers, Review of International

Economics 7 (4), 641 - 650.

[103] Stark, O., (1991), Migration in Less Development Countries: Risk, Remittances and Family, Finance and Development, Dec, Vol. 28, No. 4: 431 - 452.

[104] Stark, O. and Taylor J. E., (1991), Migration Incentives, Migration Types: The Role of Relative Deprivation, The Economic Journal, Vol. 101: 234 - 254.

[105] Stark, O., (1990), The Migration of Labor, Blackwell, Cambridge, MA.

[106] Stewartt, Charles T., (1966), Migration as a Function of Population and Distance. American Sociological Review, (25): 347 - 356.

[107] Stigler George J., (1961), The Economics of Information, Journal of Political Economy, Vol. 69, No. 3: 213 - 225.

[108] Stigler George J., (1962), Information in the Labor Market, Journal of Political Economy, Vol. 70, No. 5: 94 - 104.

[109] Stiglitz, J. E., (1985), Information and Economic Analysis: A Perspective. Economic Journal, Conf. Papers: 21 - 41.

[110] Stiglitz, J. E., (2000), The Contributions of Information to Twentieth Century Economics. Quarterly Journal of Economics, 4: 121 - 142.

[111] Stoneman, (1987), The Economic Analysis of Technology Policy, Oxford University Press.

[112] Stouffer, Samuel A., (1940), Intervening Pooprtunities: a Theory Relating Mobility and Distance. American Sociological Review, (5): 845 - 867.

[113] Sumon Majunmdar, Anandi Man, Sharun W. Mukand,

(2004), Politics, Information and the Urban bias, Jounal of Development Economics, 75: 137 – 165.

[114] Taylor, J. Edward and Martin, Philip L, (2001), Human Capital: Migration and Rural Population Change, in B. Gardner and G. Rausser eds, Handbook of Agricultural Economics, Vol 1. Elsevier Science Publisher B. V. 457 – 511.

[115] Temple, J. , (2001), Structural Change and Europe's Golden Age, Working Paper. University of Bristol.

[116] Theodore Groves. , (1973), Incentives in Teams. Econometrica, 41 (4): 234 – 256.

[117] Thijs ten Raa & Haoran Pan, (2005), Competitive Pressures on China: Income Inequality and Migration, Regional Science and Urban Economics, 35: 671 – 669.

[118] Thomas, Dorothy S. , (1938), Research Memorandum on Migration Diffenentials. Bulletin 45. New York: Social Science Research Council: 58 – 64.

[119] Todaro, M. P. , (1985), Economic Development in the Third World, ngmanInc. , London.

[120] Todaro, M. P. A. , (1969), Model of Labor Migration and Urban Unemployment in Less Developed Countries, American Economics Review (1): 138 – 148.

[121] Tuan, Francis, Somwaru, Agapi & Diao, Xinshen, (2000), Rural Labor Migration, Characteristics, and Employment Patterns: a Study Based on China's Agricultural Census, TMD Discussion Paper No. 63. 221

[122] Turner, Jonathan H. , (1978), Sociology: Studying the Human System, Santa Monica, Calif: Goodyear publishing

Company: 54 – 55.

[123] Vander Gaag, J. and Vijverberg, W. , (1988), A Switching Regression Model for Wage Determinants in the Public and Private Sectors of a Developing Country, Review of Economics and Statics70 (2): 244 – 252.

[124] Williams, James D. and Andrew J. Sofanko, (1979), Motivations for the Immigration Component of Population Turnaround in Moment Ropolitan Aareas. Demography, (16): 239 – 256.

[125] Wirth, Louis, (1938), Urbanism a Way of Life. American Journal of Sociology, (44): 1 – 24.

[126] Yaohui Zhao, (1999), Labor Migration And Earnings Difference: The Case of Rural China Economic Development And Cultural Change, v47, 4: 767.

[127] Zachariah, K. C. Bombay, (1966), Migration Study: a Pilot Analysis of Migration to an Asian Metropolis. Demography, (3): 378 – 392.

[128] Yaohui, Zhao, (2002), Causes and Consequences of Return Migration: Recent Evidence from China, Journal of Comparative Economics, 30: 321 – 334.

[129] Zhao, Y. , (2001), Foreign Direct Investment and Relative Wages: The Case of China. China Economic Review, 12 (2001): 40 – 57.

[130] Zhao, Yaohui, (1999), Migration and Earnings Difference: The Case of Rural China, Economic Development and Cultural Change, 47 (4): 767 – 782.

[131] Zhongmin W. U. , Shujie Yao, (2003), Intermigration and

Intramigration in China: A theoretical and Empirical Analysis, China Economic Review, 14: 371 – 385.

[132] Zipf, George D., (1946), The Hypothesis: in the Intercity Movement of Persons. American Sociological Review, (11): 677 – 686.

[133] Angel de la Fuente,《经济数学方法与模型》，上海财经大学出版社，2003。

[134] J. M. 伍德里奇:《计量经济学导论：现代观点》，中国人民大学出版社，2003。

[135] W. 舒尔茨:《诺贝尔经济学奖金获得者演讲集（1959 ~ 1981)》，中国社会科学出版社。

[136] 阿瑟·刘易斯:《二元经济论》，北京经济学院出版社，1989。

[137] 白云涛、甘小文:《江西劳动力转移的动态模型分析》，《企业经济》2005 年第 7 期，第 8 ~ 12 页。

[138] 包小忠:《刘易斯模型与民工荒》，《经济学家》2005 年第 4 期，第 55 ~ 61 页。

[139] 边燕杰、张文宏:《经济体制、社会网络与职业流动》，《中国社会科学》2001 年第 2 期，第 20 ~ 28 页。

[140] 蔡昉:《劳动力迁移和流动的经济学分析》，《中国经济学》1996 年第 2 期，第 1 ~ 6 页。

[141] 蔡昉:《二元劳动力市场条件下的就业体制转换》，《中国社会科学》1998 年第 2 期，第 8 ~ 17 页。

[142] 蔡昉:《中国经济增长可持续性与劳动贡献》，《经济研究》1999 年第 10 期，第 10 ~ 18 页。

[143] 蔡昉:《中国人口流动的方式与途径》，社会科学文献出版社，2000。

[144] 蔡昉：《劳动力流动对市场发育、经济增长的影响》，《人口世界》2000年第6期，第1~5页。

[145] 蔡昉：《中国人口流动方式与途径（1990~1999年）》，社会科学文献出版社，2001。

[146] 蔡昉：《中国人口与劳动问题报告——城乡就业问题与对策》，社会科学文献出版社，2002。

[147] 蔡昉：《转型中的中国城市发展：城市层级结构、融资能力与迁移政策》，《经济研究》2003年第2期，第21~29页。

[148] 蔡昉：《中国人口与劳动问题报告》，社会科学文献出版社，2004。

[149] 蔡昉、都阳：《户籍制度与劳动力市场保护》，《经济研究》2001年第12期，第18~26页。

[150] 蔡昉、都阳：《迁移的双重动因及其政策含义——检验相对贫困假说》，《中国人口科学》2002年第4期，第1~7页。

[151] 蔡昉、都阳、高文书：《就业弹性、自然失业和宏观经济政策：为什么经济增长没有带来显性就业》，《经济研究》2004年第9期，第18~25页。

[152] 曹阳：《中国农业劳动力转移：宏观经济结构变动》，湖北人民出版社，1999。

[153] 陈安平、李勋来：《就业与经济增长关系的经验研究》，《经济科学》2004年第1期，第30~35页。

[154] 陈吉元：《中国农业劳动力转移》，人民出版社，1993。

[155] 陈吉元、胡必亮：《中国的三元经济结构与农业剩余劳动力转移》，《经济研究》1994年第4期，第14~22页。

[156] 陈朔、冯素杰：《经济增长速度与农村劳动力转移》，《南开经济研究》2005年第5期，第23~29页。

[157] 陈廷焰：《城市化与农业富余劳动力的转移》，《中国经济史

研究》，1999 年第 4 期，第 21～26 页。

［158］陈锡康：《中国城乡经济投入占用产出分析》，科学出版社，1992。

［159］陈杨乐：《中国农业剩余劳动力规模及滞留经济代价研究》，《人口与经济》2001 年第 2 期，第 12～17 页。

［160］程名望、史清华：《农民工进城务工性别差异的实证分析》，《社会经济体制比较》2006 年第 4 期，第 77～83 页。

［161］程名望、史清华：《农民工进城务工文化差异的实证分析》，《中国人力资源开发》2006 年第 6 期，第 9～14 页。

［162］程名望、史清华、刘晓峰：《中国农村劳动力转移：从推到拉的嬗变》，《浙江大学学报》（人文社会科学版）2005 年第 6 期，第 105～112、223 页

［163］程名望、史清华、闵远光：《影响我国农村劳动力转移的城镇因素的调查分析》，《华南农业大学学报》（社会科学版）2005 年第 6 期，第 37～42 页。

［164］程名望、史清华、徐剑侠：《中国农村劳动力转移动因与障碍的一种解释》，《经济研究》2006 年第 4 期，第 46～56 页。

［165］程名望、史清华、赵永柯：《农民工进城务工区域差异的实证分析》，《经济地理》2007 年第 11 期，第 126～130 页。

［166］大卫·李嘉图：《政治经济学及赋税原理》，商务印书馆，1962。

［167］大卫·桑普斯福特、泽弗里斯·桑纳托斯：《劳动经济学前沿问题》，机械工业出版社，2004。

［168］邓一鸣：《论二元经济结构时期农业增长与就业结构转换》，《中国农村经济》1989 年第 7 期，第 11～16 页。

［169］丁兆庆：《中国农村富余劳动力转移战略研究》，中共中央党校博士学位论文，2005，第 67～68 页。

[170] 董执之:《取消户籍制度时不我待》,《开放潮》2001年第9期,第12~15页。

[171] 都阳:《风险分散与非农劳动供给——来自贫困地区农村的经验证据》,《数量经济技术经济研究》2001年第1期,第7~13页。

[172] 都阳:《中国贫困地区农户劳动供给研究》,华文出版社,2001。

[173] 都阳、朴之水:《迁移与减贫——来自农户调查的经验证据》,《中国社会科学》2003年第4期,第49~57页。

[174] 杜鹰:《现阶段中国农村劳动力流动的群体特征与宏观背景分析》,《中国农村经济》1997年第6期,第23~26页。

[175] 杜鹰:《中国农村人口变动对土地制度改革的影响》,中国财政经济出版社,2002。

[176] 杜鹰、白南生:《走出乡村:中国农村劳动力流动实证研究》,经济科学出版社,1997。

[177] 段晖:《教师聘任的信号博弈模型,工作论文》,上海交通大学,2004。

[178] 段庆林:《劳务经济与中国农民收入增长问题研究》,《农业经济问题》2002年第2期,第34~38。

[179] 樊茂勇、侯鸿翔:《二元经济条件下农村隐性失业分析》,《经济评论》2000年第5期,第47~50页。

[180] 樊潇彦:《中国工业资本收益率的测算与地区、行业结构分析》,《世界经济》2004年第5期,第48~52页。

[181] 范小玉:《我国农村劳动力转移现状及其发展趋势》,《调研世界》1997年第3期,第17~19页。

[182] 费景汉、拉尼斯:《劳动力剩余经济的发展》,华夏出版社,1989。

［183］ 傅勇：《人力资本投资对农村剩余劳动力转移的意义》，《人口与经济》2004 年第 3 期，第 12 ~ 16 页。

［184］ 高国力：《区域经济发展与劳动力迁移》，《南开经济研究》1995 年第 2 期，第 12 ~ 17 页。

［185］ 高立金：《托达罗的人口流动模型与我国农村富余劳动力的转移》，《农村技术经济》1997 年第 5 期，第 23 ~ 26 页。

［186］ 高强：《当前我国户籍制度改革存在的问题及改革思路》，《乡镇经济》2006 年第 6 期，第 21 ~ 25 页。

［187］ 高迎斌：《农业剩余劳动力转移与小城镇建设》，《农业经济》2000 年第 4 期，第 32 ~ 35 页。

［188］ 龚维斌：《劳动力外出就业与农村社会变迁》，文物出版社，1998。

［189］ 龚玉泉、袁志刚：《中国经济增长与就业增长的非一致性及其形成机制》，《经济学动态》2002 年第 10 期，第 8 ~ 13 页。

［190］ 顾朝林：《新时期中国城市化与城市发展政策的思考》，《城市发展研究》1999 年第 5 期，第 9 ~ 13 页。

［191］ 顾峰：《高级博弈论》，《上海交通大学讲义》，2005。

［192］ 顾建平：《可支配收入、劳动力流动与市场分割》，《管理世界》2002 年第 9 期，第 38 ~ 44 页。

［193］ 郭熙保：《农业剩余劳动问题探讨》，《经济学家》1995 年第 3 期，第63 ~ 69 页。

［194］ 郭熙保主编《发展经济学经典论著选》，中国经济出版社，1998。

［195］ 郭艳：《1990 年代中国劳动力就业结构区域分布及变动模式研究》，《市场与人口分析》2004 年第 10 期，第 27 ~ 31 页。

[196] 国家统计局农调总队课题组：《城乡居民收入差距研究》，《经济研究》1994 年第 12 期，第 10～18 页。

[197] 国家统计局网站：《我国农村劳动力及转移状况分析》，2002 年 5 月 3 日。

[198] 哈尔·瓦里安：《经济学分析》（第三版），经济科学出版社，1992。

[199] 韩俊：《我国农村劳动力转移的现状和特点》，《江淮论坛》1995 年第 2 期，第 1～12 页。

[200] 何景熙：《不充分就业：中国农村劳动力剩余的核心与实质——农村剩余劳动力定义与计量新探》，《调研世界》2000 年第 9 期，第 9～11 页。

[201] 何志强：《经济转轨时期我国产业投资研究》，西南财经大学博士学位论文，2005。

[202] 洪梅香：《浅论我国的农业投资》，《甘肃农业》2004 年第 12 期，第 42～44 页。

[203] 洪永淼：《高级计量经济学讲义》，上海交通大学，2005。

[204] 侯鸿翔、王媛、樊茂勇：《中国农村隐性失业问题研究》，《中国农村观察》2000 年第 5 期，第 12～17 页。

[205] 胡鞍钢：《中国就业状况分析》，《管理世界》1997 年第 3 期，第 17～23 页。

[206] 胡兵、赖景生、胡宝娣：《二元结构、劳动力转移与经济增长》，《财经问题研究》2005 年第 7 期，第 9～11 页。

[207] 胡寄窗：《1870 年以来的西方经济学说》，经济科学出版社，1988。

[208] 黄平、克莱尔：《对农业的促进或冲击：中国农民外出务工的村级研究》，《社会学研究》1998 年第 3 期，第 12～17 页。

［209］黄颖珏、王桂新：《中国省际人口迁移与东部地区地带的经济发展》，《人口研究》2005 年第 1 期，第 12～17 页。

［210］简玉兰：《我国农村劳动力转移的现状及其对策》，《农村经济》2005 年第 3 期，第 110～112 页。

［211］江文涛、刘秀梅：《中国农村义务教育公共投资地区差异分析》，《中国农村观察》2005 年第 2 期，第 12～17 页。

［212］姜爱林：《论城镇化与工业化的关系》，《社会科学研究》2002 年第 6 期，第 32～36 页。

［213］杰弗瑞·A. 杰里、菲利普·J. 瑞尼：《高级微观经济理论》，上海财经大学出版社，2002，第 168～174 页。

［214］库兹涅茨：《现代经济增长》，北京经济学院出版社，1991。

［215］赖小琼、余玉：《成本收益视线下的农村劳动力转移——托达罗模型的反思与拓展》，《当代经济研究》2004 年第 2 期，第 22～26 页。

［216］兰晓虹、王晶：《中国劳动力转移的综合理论框架》，《辽宁师范大学学报》（社会科学版）2006 年第 1 期，第 38～41 页。

［217］劳动部农村劳动力就业与流动研究课题组：《中国农村劳动力就业与流动报告》，中国劳动出版社，1999。

［218］劳动和社会保障部培训就业司：《我国农村劳动力就业及流动状况报告》，2005。

［219］李德洗：《农村劳动力转移的经济学分析》，河南农业大学硕士学位论文，2004，第 6～19 页。

［220］李红松：《我国经济增长与就业弹性问题研究》，《财经研究》2003 年第 4 期，第 21～26 页。

［221］李惠娟：《户籍制度的改革和农村富余劳动力的转移》，《中国人口科学》2001 年第 9 期，第 8～12 页。

[222] 李建民：《中国劳动力市场多重分隔及其对劳动力供求的影响》，《中国人口科学》2002年第2期，第32～36页。

[223] 李建伟：《劳动力过剩条件下的经济增长》，《经济研究》1998年第9期，第45～52页。

[224] 李静霞：《劳动力转移研究方法论》，《财经科学》2002年第4期，第41～45页。

[225] 李俊锋、王代敬、宋小军：《经济增长与就业增长的关系研究——两者相关性的重新判定》，《中国软科学》2005年第1期，第23～28页。

[226] 李培林：《中国农户家庭经济：资源基础配置单位》，《中国农村经济》1994年第11期，第27～32页。

[227] 李培林：《流动民工的社会网络与社会地位》，《社会学研究》1996年第4期，第6～11页。

[228] 李培林主编《农民工：中国进城农民工的经济社会分析》，社会科学文献出版社，2003。

[229] 李强：《影响中国人口流动的推力与拉力因素分析》，《中国社会科学》1995年第1期，第45～53页。

[230] 李强：《当前我国城市化和人口流动的几个理论问题》，《中国进城农民工的经济社会分析》，社会科学文献出版社，2003。

[231] 李实：《中国经济转型中劳动力流动模型》，《经济研究》1997年第1期，第43～51页。

[232] 李实：《中国农村劳动力流动与收入增长和分配》，《中国社会科学》1999年第2期，第32～41页。

[233] 李实、赵人伟：《中国居民收入分配再研究》，《经济研究》1999年第4期，第17～26页。

[234] 李斯特：《政治经济学的国民体系》，商务印书馆，1961。

［235］李晓春、马轶群：《我国户籍制度下的劳动力转移》，《管理世界》，2004 年第 11 期，第 45 ~ 51 页。

［236］李新伟：《我国农村富余劳动力转移的途径及面临的困境》，《人口学刊》，2001 年第 6 期，第 45 ~ 49 页。

［237］李玉江：《中国农业剩余劳动力转移的区域研究》，山东人民出版社，1999。

［238］李子奈：《如何转移农村剩余劳动力》，摘自中经网中国权威经济论文库三农问题，2000 年 6 月 10 日。

［239］李佐军：《劳动力转移的就业条件和制度条件》，中国社会科学院博士学位论文，2003：3 - 16。

［240］林毅夫：《制度、技术与中国农业的发展》，上海三联书店，1992。

［241］林毅夫：《再论制度、技术与中国农业发展》，北京大学出版社，2000。

［242］林毅夫、蔡昉：《中国经济转型时期的地区差距分析》，《经济研究》，1998 年第 6 期，第 21 ~ 32 页。

［243］林毅夫、蔡昉：《中国经济》，经济科学出版社，2002。

［244］刘斌、张兆刚、霍功：《中国三农问题报告》，中国发展出版社，2004 年。

［245］刘伯文：《我国农村富余劳动力转移就业问题探析》，《东北大学学报》（社会科学版）2004 年第 5 期，第 53 ~ 58 页。

［246］刘传江、徐建玲：《民工潮与民工荒》，《财经问题研究》2006 年第 5 期，第 73 ~ 80 页。

［247］刘红、刘霄：《利用全要素生产率分析我国工业企业的发展》，《地质技术经济管理》2000 年第 5 期，第 65 ~ 69 页。

［248］刘继兵：《农业剩余劳动力转移、农民收入与农村经济增长——基于湖北省农业剩余劳动力变动的实证分析》，《湖北

社会科学》2005 年第 4 期，第 63~67 页。

[249] 刘建进：《一个农户劳动力模型及有关剩余劳动力的实证研究》，《中国农村经济》1997 年第 6 期，第 43~47 页。

[250] 刘社建：《就业结构与产业升级协调互动探讨》，《社会科学》2005 年第 6 期，第 31~36 页。

[251] 陆铭、陈钊：《城市化、城市倾向的经济政策与城乡收入差距》，《经济研究》2004 年第 6 期，第 45~54 页

[252] 陆学艺：《农民工问题要从根本上治理》，《特区理论与实践》2003 年第 7 期，第 31~36 页。

[253] 陆学艺、张厚义：《农民的分化、问题及其对策》，《农业经济问题》1990 年第 1 期，第 16~21 页。

[254] 马克·布劳格：《经济学方法论》，商务印书馆，1992。

[255] 马歇尔：《经济学原理》，商务印书馆，1965。

[256] 孟祥学：《当前农村小城镇建设存在的问题及对策》，《乡镇经济》2006 年第 1 期，第 20~21 页。

[257] 苗瑞卿、戎建、郑淑华：《农村劳动力转移的速度与数量影响因素分析》，《中国农村观察》2004 年第 2 期，第 18~23 页。

[258] 苗文龙、万杰：《经济运行中的技术进步与选择》，《经济评论》2005 年第 3 期，第 34~50 页。

[259] 牟子平、吴文良：《我国农业劳动力冗余及可持续利用对策》，《人口与经济》2004 年第 3 期，第 52~55 页。

[260] 穆敏：《关于我国户籍制度改革若干问题研究综述》，《理论学刊》2002 年第 4 期，第 94~97 页。

[261] 南希 L. 斯托基（Nancy L. Stokey）、小罗伯特 E. 卢卡斯（Robert E. Lucas，Jr）：《经济动态的递归方法》，中国社会科学出版社，1999。

[262] 宁光杰：《经济增长与农业剩余劳动力转移》，《经济问题探

索》1995 年第 4 期，第 41~46 页。

[263] 牛若封：《发展模式、技术进步与劳动力转移》，《农业技术经济》1995 年第 5 期，第 4~7 页。

[264] 潘文卿：《中国农业剩余劳动力转移效应测评》，《经济研究》1999 年第 4 期，第 34~41 页。

[265] 庞皓：《计量经济学》，西南财经大学出版社，2002。

[266] 平新乔：《微观经济学十八讲》，北京大学出版社，2001。

[267] 蒲艳萍、吴永球：《经济增长、产业结构与劳动力转移》，《数量经济技术经济研究》2005 年第 9 期，第 19~29 页。

[268] 钱纳里：《发展的形式》，经济科学出版社，1988。

[269] 钱纳里：《工业化与经济增长的比较分析》，上海三联书店，1989。

[270] 钱永坤：《农村劳动力异地转移行为研究》，《中国矿业大学学术论文》，2006。

[271] 戎刚、王俊：《全要素生产率在中国工业经济分析中的应用》，《云南财贸学院学报》（哲学社会科学版）2004 年第 5 期，第 65~69 页。

[272] 阮杨：《经济转型中的就业重构与收入分配》，《管理世界》2002 年第 11 期，第 60~67 页。

[273] 沈百福、俞诗秋：《中国省级地方教育投资的区域比较研究》，《教育与经济》1994 年第 4 期，第 12~17 页。

[274] 施锡铨：《博弈论》，上海财经大学出版社，2000。

[275] 史清华：《农户经济增长与发展研究》，中国农业出版社，1999。

[276] 史清华：《晋浙农户经济发展不平衡性及其形成根源比较研究》，《中国经济问题》2000 年第 6 期，第 24~31 页。

[277] 史清华：《农户家庭经济资源利用效率及其配置方向比较》，

《中国农村经济》2000 年第 8 期，第 58 ~ 61 页。

[278] 史清华：《农户经济活动及行为研究》，中国农业出版社，2001。

[279] 史清华：《浙江农户家庭婚姻、生育及期望研究》，《中国人口科学》2001 年第 4 期，第 44 ~ 54 页。

[280] 史清华：《农户经济可持续发展问题研究》，中国农业出版社，2005。

[281] 史清华、侯瑞明：《农户家庭生命周期及其经济运行研究》，《农业现代化研究》2001 年第 2 期，第 65 ~ 70 页。

[282] 史清华、黄祖辉：《农户家庭经济结构变迁及其根源研究》，《管理世界》2001 年第 4 期，第 112 ~ 119 页。

[283] 史清华、贾生华：《农户家庭农地要素流动趋势及其根源比较》，《管理世界》2002 年第 1 期，第 71 ~ 77 页。

[284] 史清华、黎东升：《民族间农民生育行为的比较研究——来自湖北 418 户农户家庭的调查》，《中国人口科学》2004 年第 5 期，第 56 ~ 64 页。

[285] 史清华、张改清：《农户家庭决策模式与经济增长的关系——来自浙江 5 村的调查》，《农业现代化研究》2003 年第 3 期，第 86 ~ 90 页。

[286] 史清华、张惠林：《农户家庭经营非农化进程与历程研究》，《经济问题》2000 年第 4 期，第 45 ~ 48 页。

[287] 史清华、程名望、赵正龙：《影响我国农村劳动力转移的农村因素的调查分析》，《开发研究》2005 年第 6 期，第 42 ~ 46 页。

[288] 史清华、顾海英、张跃华：《农民家庭风险保障：从传统模式到商业保险》，《管理世界》2004 年第 11 期，第 101 ~ 108 页。

［289］ 史清华、林坚、顾海英：《农民工进镇意愿、动因及期望的调查分析》，《中州学刊》2005 年第 1 期，第 45～50 页。

［290］ 史清华、武志刚、程名望：《长三角农家行为变迁及根源研究》，上海三联书店，2007。

［291］ 史清华、张跃华、卓建伟：《新政实施下农民的反响与增收实绩——以吉苏晋三省为例》，《农经研究通讯》2006 年第 11 期，第 1～16 页。《中国人民大学报刊复印中心体制改革》2006 年第 1 期，第 115～125 页全文转载。

［292］ 史清华、卓建伟、郑龙真：《农民工外出就业及遭遇的实证分析》，《中国农村经济》2004 年第 10 期，第 56～63 页。

［293］ 舒尔茨：《改造传统农业》，商务印书馆，1987。

［294］ 宋金平、王恩儒：《中国农业富余劳动力转移的模式与发展趋势》，《中国人口科学》2001 年第 6 期，第 66～70 页。

［295］ 宋山梅：《西部小城镇建设再认识》，《社会科学研究》2003 年第 2 期，第 18～21 页。

［296］ 谭崇台：《发展经济学》，上海人民出版社，1989。

［297］ 唐立春：《共产党宣言导读》，北京出版社，1992。

［298］ 唐要家：《中国工业产业绩效影响因素的实证分析》，《中国经济问题》2004 年第 4 期，第 34～38 页。

［299］ 田国强：《现代经济学的基本分析框架和研究方法》，《经济研究》2005 年第 4 期，第 113～124 页。

［300］ 托达罗：《第三世界的经济发展》，中国人民大学出版社，1988。

［301］ 万川：《当代中国户籍制度改革的回顾与思考》，《中国人口科学》1999 年第 1 期，第 70～73 页。

［302］ 万广华：《中国农村区域间居民收入差异及其变化的实证分析》，《经济研究》1998 年第 5 期，第 23～29 页。

[303] 汪小勤：《农业技术进步与劳动力的利用和转移》，《经济纵横》1998 年第 1 期，第 15～18 页。

[304] 王兵、颜鹏飞：《技术效率、技术进步与生产率增长：基于 DEA 的实证分析》，《中国经济学年会工作论文》，2005。

[305] 王春超：《收入差距、流动性与地区就业聚集》，《中国农村观察》2005 年第 1 期，第 10～17 页。

[306] 王大高：《论农村富余劳动力转移的模式、制约因素及对策》，《经济问题》1996 年第 7 期，第 56～69 页。

[307] 王丹、夏爱萍：《中国农村劳动力转移的成本收益模型分析》，《商场现代化·学术版》2005 年第 3 期，第 182～183 页。

[308] 王德文、王美艳、陈兰：《中国工业的结构调整、效率与劳动配置》，《经济研究》2004 年第 4 期，第 76～82 页。

[309] 王桂新、魏星、沈建法：《中国省际人口迁移对区域经济发展作用关系之研究》，《复旦学报》（社会科学版）2005 年第 3 期，第 148～161 页。

[310] 王红玲：《关于农村剩余劳动力的数量的统计方法与实证分析》，《经济研究》1998 年第 4 期，第 66～74 页。

[311] 王俊霞、王孟欣：《民工荒问题的经济学思考》，《中国人口科学》2005 年第 2 期，第 124～127 页。

[312] 王蓉：《我国义务教育投入之公平性研究》，《经济学（季刊)》2003 年第 2 期，第 52～59 页。

[313] 王善迈、杜育红：《我国教育发展不平衡的实证分析》，《教育研究》1998 年第 6 期，第 10～14 页。

[314] 王生喜：《全要素生产率增长率的同质化测度》，《数量经济技术经济研究》2000 年第 6 期，第 53～55 页。

[315] 王学真、郭剑雄：《刘易斯模型与托达罗模型的否定之否定》，

《中央财经大学学报》2002 年第 3 期，第 110~114 页。

[316] 王毅杰、高燕：《社会经济地位、社会支持与流动农民身份意识》，《市场与人口分析》2004 年第 2 期，第 21~23 页。

[317] 王正：《推进农村市场化改革和制度创新》，《亚太经济》2002 年第 3 期，第 65~69 页。

[318] 王作峰：《小城镇建设与农村耕地保护对策》，《农村经济》2006 年第 4 期，第 12~15 页。

[319] 危丽、杨先斌：《农村劳动力转移的博弈分析》，《经济问题》2005 年第 9 期，第 34~37 页。

[320] 威廉·配第：《赋税论》，商务印书馆，1978。

[321] 韦伟：《城乡二元就业体制转换的制度分析》，《中国经济问题》2005 年第 3 期，第 32~41 页。

[322] 吴敬琏：《农村剩余劳动力转移与"三农"问题》，《宏观经济研究》2006 年第 6 期，第 1~3 页。

[323] 吴兴陆：《农民工迁移决策的社会文化影响因素探析》，《中国农村经济》2005 年第 1 期，第 52~55 页。

[324] 吴玉鸣、李建霞：《中国区域工业全要素生产率的空间计量经济分析》，《地理科学》2006 年第 8 期，第 385~391 页。

[325] 武治国：《转轨中的中国工业化、城市化与农业劳动力转移关系研究》，东北师范大学硕士学位论文，2005。

[326] 西奥多·舒尔茨：《经济增长与农业》，北京经济学院出版社，1991。

[327] 西奥多·舒尔茨：《论人力资本投资》，北京经济科学出版社，2001。

[328] 夏杰长：《我国劳动就业结构与产业结构的偏差》，《中国工业经济》2000 年第 1 期，第 36~40 页。

[329] 夏明：《中国结构转变中劳动力转移的实证分析》，《上海财

经大学学报》2003 年第 1 期，第 45～49 页。

[330] 夏业良：《劳动力要素国内外流动的经济分析》，《世界经济文汇》1999 年第 2 期，第 23～27 页。

[331] 肖文韬：《工业化力度、人口流动行为与户籍改革》，《人口与经济》2004 年第 3 期，第 56～59 页。

[332] 谢培秀：《关于中国农村剩余劳动力数量的估计》，《中国人口·资源与环境》2004 年第 1 期，第 45～49 页。

[333] 谢千里、罗斯基、郑玉歆：《改革以来中国工业生产率变动趋势的估计及其可靠性分析》，《经济研究》1995 年第 12 期，第 56～62 页。

[334] 谢识予：《经济博弈论》，复旦大学出版社，2004。

[335] 辛翔飞、秦富：《农业经济增长因素实证分析：要素投入与全要素生产率》，《经济发展论坛工作论文》，2005。

[336] 邢伯春：《关于农村富余劳动力转移问题讨论综述》，《经济理论与经济管理》1995 年第 3 期，第 36～39 页。

[337] 徐勇、徐增阳：《流动中的乡村治理——对农民流动的政治社会学分析》，中国社会科学出版社，2003。

[338] 徐瑜青、董方景：《东西部资金使用效率的比较》，《清华大学中国经济研究中心工作论文》，2001。

[339] 亚当·斯密：《国民财富的性质和原因研究》，商务印书馆，1972。

[340] 晏智杰：《边际革命与新古典经济学》，北京大学出版社，2004。

[341] 杨瑞龙、卢周来：《正式契约的第三方实施与权力最优化》，《经济研究》2004 年第 5 期，第 62～69 页。

[342] 姚先国、来君：《二元社会结构中的工资决定模型与人口流动》，《财经研究》2005 年第 8 期，第 68～75 页。

［343］姚先国、赖普清：《中国劳资关系的城乡户籍差异》，《经济研究》2004 年第 7 期，第 45～53 页。

［344］叶裕民：《中国城市化的制度障碍与制度创新》，《中国人民大学学报》2001 年第 5 期，第 32～38 页。

［345］于法鸣、戴平、陶启亮：《农村劳动力转移培训的未来之路》，《中国劳动》2002 年第 2 期，第 23～24 页。

［346］约翰·博德利·罗尔斯：《正义论》，中国社会科学出版社，1998。

［347］曾广奎、徐贻军：《内生农业技术进步条件下我国农村富余劳动力问题模型研究》，《湖南社会科学》2005 年第 5 期，第 67～71 页。

［348］翟学伟：《社会流动与关系信任——也论关系强度与农民工的求职策略》，《社会学研究》2003 年第 1 期，第 47～51 页。

［349］占俊英：《技术进步与农业剩余劳动力转移》，《科技进步与对策》2003 年第 1 期，第 99～101 页。

［350］张爱华：《关于人口城市化劳动力转移的思考》，《市场与人口分析》2004 年第 3 期，第 37～40 页。

［351］张保法：《经济增长中的结构效应》，《数量经济技术经济研究》1997 年第 11 期，第 37～41 页。

［352］张车伟、蔡昉：《就业弹性的变化趋势研究》，《中国工业经济》2002 年第 5 期，第 22～30 页。

［353］张呈琼：《人口迁移流动与农村人力资源开发》，《人口研究》2005 年第 5 期，第 56～60 页。

［354］张贵先、胡宝娣：《城乡差距、农民非农就业与农民增收》，《财经问题研究》2006 年第 1 期，第 80～85 页。

［355］张海洋：《R&D 两面性、外资活动与中国工业生产率增

长》，《经济研究》2005 年第 5 期，第 107 ~ 117 页。

[356] 张军：《解释中国经济增长下降的长期因素》，《经济学季刊》2002 年第 2 期，第 20 ~ 30 页。

[357] 张军、章元：《对中国资本存量 K 的再估计》，《经济研究》2003 年第 7 期，第 12 ~ 21 页。

[358] 张蒙：《新时期小城镇建设的回顾与思考》，《当代中国史研究》2003 年第 5 期，第 8 ~ 10 页。

[359] 张培刚：《农业与工业化》，华中工学院出版社，1984。

[360] 张培刚、方齐云：《工业化进程中的中国农业》，《求是学刊》1996 年第 1 期，第 1 ~ 3 页。

[361] 张培刚：《新编发展经济学教程》，经济科学出版社，2001。

[362] 张培刚：《农业与工业化（中下合卷）》，华中科技大学出版社，2002。

[363] 张平、李实、赵人伟：《中国经济转型与收入分配变动》，《经济研究》1998 年第 4 期，第 56 ~ 64 页。

[364] 张平：《中国农村居民区域间收入不平等与非农就业》，《经济研究》1998 年第 8 期，第 21 ~ 28 页。

[365] 张善余：《基于出生地的中国人口迁延态势分析》，《市场与人口分析》2004 年第 3 期，第 12 ~ 14 页。

[366] 张曙光：《中国制度变迁的案例研究》，上海人民出版社，1996。

[367] 张维迎：《博弈论与信息经济学》，上海人民出版社，1996。

[368] 张小蒂、李晓钟：《对我国长三角地区全要素生产率的估算及分析》，《管理世界》2005 年第 1 期，第 59 ~ 66 页。

[369] 张晓山：《走向市场：农村的制度变迁和组织创新》，经济管理出版社，1998。

[370] 张雨林、杨承训：《试论我国社会主义农业中的家庭经济》，

《农村金融研究》1983 年第 6 期，第 37～43 页。

[371] 张雨林：《新形势下的村镇建设问题》，《中州学刊》1988 年第 11 期，第 9～12 页。

[372] 张忠法：《我国农村劳力转移的历程、特点及面临的新形势》，《经济研究参考》2001 年第 3 期，第 13～22 页。

[373] 赵洪斌：《改革开放以来中国农业技术进步率演进的研究》，《财经研究》2004 年第 12 期，第 23～27 页。

[374] 赵慧卿：《我国农业剩余劳动力转移问题探讨》，《天津财经大学硕士学位论文》，2005。

[375] 赵丽华、赵国杰、韩星焕：《我国农业投资效应分析，技术经济与管理研究》2004 年第 3 期，第 56～59 页。

[376] 赵耀辉：《中国农村劳动力流动及教育在其中的作用》，《经济研究》1997 年第 2 期，第 30～39 页。

[377] 赵振军：《谨慎推进户籍制度改革》，《理论与改革》2006 年第 5 期，第 39～40 页。

[378] 郑洪涛、李锐、张蕙杰：《二十一世纪初我国农业资金供给形势的分析和预测》，《农业经济问题》2000 年第 9 期，第 45～46 页。

[379] 钟甫宁：《农民问题与农村人力资源开发》，《现代经济探讨》2003 年第 9 期，第 3～6 页。

[380] 钟笑寒：《土地为何向低生产率农户流转》，《中国改革》2004 年第 4 期，第 52～53 页。

[381] 钟宇平、雷万鹏：《公平视野下中国基础教育财政政策》，《教育与经济》2002 年第 1 期，第 54～57 页。

[382] 周林：《高级博弈论专题》，《上海交通大学讲义》，2005。

[383] 周天勇：《劳动与经济增长》，上海人民出版社，1995。

[384] 周天勇：《托达罗模型的缺陷及其相反的政策含义——中国

剩余劳动力转移与就业容量扩张的思路》，《经济研究》2001
年第 3 期，第 23~31 页。

[385] 周逸先、崔玉平：《农村劳动力受教育与就业及家庭收入的
相关分析》，《中国农村经济》2001 年第 4 期，第 32~35
页。

[386] 朱宝树编《城市化再推进和劳动力再转移》，华东师范大学
出版社，2002。

[387] 朱镜德：《中国的三元劳动力市场格局下的两阶段乡城迁移
理论》，《中国人口科学》1999 年第 1 期，第 45~58 页。

[388] 朱力：《论农民工阶层的城市适应》，《江海学刊》2002 年
第 6 期，第 11~13 页。

[389] 朱农：《论收入差距对中国乡城迁移决策的影响》，《人口与
经济》2002 年第 5 期，第 11~17 页。

[390] 朱农：《中国劳动力流动与"三农"问题》，武汉大学出版
社，2005。

[391] 朱善利：《微观经济学》，北京大学出版社，1994。

[392] 朱向东：《农村经济调查研究文集》，中国统计出版社，
2000。

[393] 朱晓东：《高级宏观经济学讲义》，上海交通大学，2004。

附录

农村劳动力转移就业情况调查问卷

为了了解农村居民外出务工的情况，我们开展了这次调查。请你在百忙之中能抽出宝贵时间完成此调查问卷，感谢你的支持！

填表说明：首先认真阅读调查表，然后在（　　）内直接填写；选择题直接在答案文字上打"√"。

1. 你的性别：（1）男　　（2）女

2. 你属于下列哪个年龄段：（1）16～25 岁　　（2）26～35 岁（3）36～45 岁　　（4）46～60 岁　　（5）61 岁以上

3. 你的文化程度：（1）小学　　（2）初中　　（3）高中　　（4）中专、技校　　（5）大专及以上

4. 你的婚姻状况：（1）已婚　　（2）未婚

5. 你家庭中外出务工人数：（1）1 人　　（2）夫妻2 人　　（3）全家人

6. 你目前的户口所在地：（　　）省（　　）县；老家距打工地大约（　　）公里？

7. 你选择外出打工的主要动因有（可多选，排序）：

农村推力：A 在家收入太低　B 家里劳力多，在家没事干　C 农村太穷，生活太苦　D 种地不合算　E 农村没有太多发展或致富

机会　F 农村精神生活太匮乏。

城镇拉力：A 进城务工收入高　B 外出开开眼界　C 到外学点技术或才干　D 城镇生活方便，生活条件好　E 向往、喜欢城镇的生活方式　F 别人都外出，受其影响。

8. 到城镇务工，家里你最放心不下和使你最留恋的是（可多选，排序）：A 农村承包地　B 农村宅基地　C 农村较宽松的计生政策　D 近期党的一系列富农政策　E 农村的亲邻乡情和生活习惯 F 其他

9. 你到城镇务工最希望政府给予的帮助是：A 工作较稳定　B 有低价住房提供　C 提供户口、子女入学等平等机会　D 提供城镇医疗、失业保险等社会保障　E 其他。

10. 户籍制度是制约你进城务工的第一原因吗？A 是　　B 否。如果户籍制度松动，你可以轻易拥有城镇户口，你愿意在城镇永久居住吗？A 愿意　B 不愿意

11. 进城的主要途径是：A 自己进城（自己没有目标地贸然进城务工；自己重返往年务工过的企业；从报纸、广播、电视等媒体得到信息后自己进城）　B 企业直接来农村招工　C 社会亲情网络（城中有亲戚、朋友、老乡或本村邻居带领或介绍）　D 随工头进城/由政府机构组织进城（乡、镇或县就业服务站）　E 由民间中介机构组织进城　F 其他途径。

12. 今年你进城务工的费用（指你从离家到开始工作之前的所有花费，包括路费、餐饮住宿费、劳务信息费、企业押金、临时居住证费等）共（　　　）元？你返乡费用（返乡时的路费、食宿等费用）共（　　　）元？

13. 平均每月你在城务工费用（指你在城务工时的总花费，例如食宿、医疗、零花、交友、娱乐、购买衣服及日用品等费用）为（　　　）元？

14. 你家每年的纯收入是（　　　）元？每年你外出（　　　）天？总收入为（　　　）元？

15. 你目前的工作单位工资发放及时吗？A 是　　B 否

16. 有没有拖欠工资现象？A 有　B 无

17. 目前的工资感觉：A 非常满意　B 不满意

18. 你对在城镇就业的信心：A 非常有　B 没有

19. 在城镇永久定居的信心：A 非常有　B 没有

如果没有，首要原因是：A 经济原因（在城务工的收入不足以支持自己在城镇永久定居）　　B 制度原因（户籍、子女入学等制度的限制）　　C 风险因素（担心自身能力不能在城镇有持久稳定的工作、社会保障不足等）。

20. 在你外出就业过程中，与雇主是否签订劳动用工合同？

A 是　B 否

21. 你外出就业面临的主要风险有（可多选）：A 找工作困难　B 子女在城镇就学难　C 工资较低或拖欠　D 生病就医困难　E 失业或年老后没有经济来源　F 受到歧视或人身伤害　G 其他。

22. 对于外出就业的风险，你认为主要来源是（可多选，排序）：

A 自身的能力不足　B 城镇就业环境对农民工不利　C 城镇就业条件越来越高

23. 对于进城务工的就业风险，你总体感觉是：A 非常大　B 不大

24. 你应对风险的态度：A 很可怕，严重制约了自己进城务工　B 很正常，对自己进城务工影响不大

25. 在外打工时，你是否有受歧视的感觉？A 是　　B 否

若有，表现在：A 找工作时　B 在朋友眼里　C 在领导眼里　D 在酒店消费时　E 在商场购物时　F 其他

26. 你向往城市的生活吗？ （1）很向往，城市比农村好 （2）在哪里生活都一样，无所谓向往 （3）不向往，现在农村发展了什么也不缺 （4）城市生活比农村压力大，还是农村生活舒服自在

27. 如果你能自由选择，你未来的定居想法是什么？

（1）在现在打工的地方永远待下去 （2）赚钱后回家乡定居 （3）目前没想那么多，走一步说一步 （4）条件成熟时选择到当地或外地的城镇定居 （5）其他

28. 如果你想迁到城市生活，最主要的两个理由是什么？

（1）有城市户口能够享受市民的待遇 （2）对孩子好 （3）城市生活方便 （4）城市收入高 （5）城市工作机会多 （6）在城市有优越感 （7）城市环境好 （8）其他

29. 如果你不愿意去城市生活，最主要的两个理由是什么？

（1）弄不到城市户口 （2）城市生活费用高 （3）城市居住条件差 （4）自己的根在老家农村 （5）城市人情冷漠 （6）城市治安不好 （7）不喜欢城市的环境 （8）工作不好找 （9）其他

30. 如果让你放弃农村的土地而获得目前所在城市的城市户口，你愿意吗？ （1）愿意 （2）不愿意

31. 如果政府机构组织技术培训，你愿意参加吗？

（1）积极参加 （2）若收费能承受，可以考虑 （3）若收费，不参加 （4）不管收费与否，都不参加，耽误赚钱时间

32. 你最想参加哪个培训？ （1）对工作有帮助的技能培训 （2）能提高个人风度的文化培训 （3）有关安全生产的培训 （4）有关维权的法律培训 （5）其他

33. 你对参加社会保险有兴趣吗？ （1）希望参加城市的社会保险，缴费高点也愿意 （2）愿意参加农村的新农合和养老保

险，缴费低　　（3）对于参加保险没有兴趣

34. 在外务工，你最想得到城市的哪个社会保障？（1）养老保险　（2）医疗保险　（3）工伤保险　（4）失业保险　（5）社会救助　（6）职工福利

35. 你对《劳动法》、《工伤保险条例》等国家法规的了解程度：　（1）非常了解（2）不了解。

36. 在外出务工中，如果遇到工资拖欠、人身伤害等侵害，你愿意用法律维护自己的权利吗？A. 愿意　B. 不愿意　如果不愿意是因为：A 太烦琐　B 对法律是否能维护自己的权益没有信心　C 担心打官司花钱　D 其他。

37. 你孩子目前在哪里上学？（1）在老家上学　（2）在打工地上学　（3）还小没上学　（4）已上大学

38. 如果孩子没在务工地上学，原因是什么？

（1）农村教育质量好　（2）打工地点常变，怕影响孩子（3）城市教育好，但收费高，自身条件不允许　（4）户口限制，政策不允许　（5）其他

39. 你业余时间经常做什么？（可多选）

（1）看报纸杂志　（2）看电视电影　（3）打麻将打牌（4）上网　（5）逛街　（6）喝酒　（7）闲聊　（8）参加业余学习　（9）逛公园　（10）睡觉　（11）其他

40. 你平时在外经常在一起交往聊天的人是谁？（可多选）

（1）自家人或亲戚　（2）同乡同学　（3）当地市民（4）同事　（5）很少与他人交往（6）其他

41. 在外打工期间，你结交的朋友主要是哪里人？

（1）当地市民　（2）其他外省或外地的打工人员　（3）本县或本市的老乡　（5）不与其他人交往

42. 你与当地市民的交往程度怎样？　（1）除了生意和工作

外基本与他们不交往　　（2）偶尔与熟悉的市民打招呼　　（3）经常与当地市民交流　　（4）交了几个当地的朋友

43. 你愿意与城市市民交往吗?（1）愿意,他们很好（2）不愿意,他们不友好　　（3）不会主动去交往

44. 在外出打工期间,你心理经常的感觉是什么?

（1）人生地不熟,感到寂寞孤独,难以适应　　（2）在城市老被人瞧不起,感到很无奈　　（3）在外比在老家农村舒服,感觉很好　　（4）虽然很难,但自己必须干下去

45. 如果在外务工时你生病了,一般怎么办?　　（1）去正规医院看　　（2）去附近的小诊所看　　（3）自己到药店买药（4）不在意,不愿耽误赚钱　　（5）拖两天就好了　　（6）其他

46. 目前,大多数进城务工人员都缺乏医疗、养老等方面的保障。你的看法是什么?

（1）主要是老板一心想着钱,故意不办　　（2）主要是政府的问题,没有制定强有力的政策　　（3）只要多发点工资就行,有没有保障无所谓　　（4）这方面还不太懂,没法发表看法

47. 平时你关注国家有关农民工的政策和规定吗?

（1）经常关注并了解　　（2）遇到与自己有关的事情才去了解关注　　（3）从不关注,对自己意义不大

48. 你认为农民工能够对国家和各地出台有利的农民工政策规定发挥作用吗?

（1）能发挥作用　　（2）发挥不了作用,是政府的事

49. 这些年来,中央和地方政府为进城务工人员制定了不少相关政策,对此,你的评价是什么?

（1）感谢政府,现在打工条件和待遇比以前好多了　　（2）中央政策都制定得挺好,但落实执行得很差　　（3）目前政策还不够,希望制定更多,给予更多关心帮助　　（4）不了解相关政策和

规定，没法评价

50. 你对打工地政府部门的印象如何？　（1）很好，能够为外地人服务　（2）印象一般，态度不冷不热　（3）印象很差，刁难外地人，乱收费　（4）没有接触过，没法评价

51. 你接受过下列哪些公共服务（可多选）？

（1）免费的法律、劳动保障、劳动纠纷等咨询及援助（2）免费的就业咨询及职业培训　（3）免费的健康咨询及检查（4）免费的文化教育　（5）其他公共服务　（6）从没有享受过

52. 现在，社会上有的人很有钱、有的人却比较穷。你对这种差距怎么看？　（1）现在就要讲竞争，拉开贫富差距，社会才有发展动力　（2）差距太大了，很不公平　（3）现在就是讲个人奋斗，穷只能怪自己　（4）应该多关心关心弱势群体

53. 打工人员的工作大多苦、累、脏，对此你怎么评价？

（1）干这种活就是为了多挣一点钱，无所谓公不公平（2）社会很不公平，城里人不干让我们干　（3）虽说是我们自愿干的，但还是感觉不平等　（4）农村人比城市人更勤奋、更能吃苦

54. 你对外出务工总的看法是什么？　（1）外出能挣钱，但很辛苦　（2）外出才能有发展，农村发展机会少　（3）不想外出，但别人都出去了迫于无奈　（4）在农村照样能发展能挣钱

55. 你对打工生活满意吗？　（1）很满意　（2）比较满意（3）还过得去　（4）不满意

图书在版编目（CIP）数据

中国区域农村劳动力转移的动力机制：以中原经济区为样本/
史自力，龚文海著．—北京：社会科学文献出版社，2013.3
（中国区域经济发展动力机制研究系列）
ISBN 978 - 7 - 5097 - 3996 - 9

Ⅰ.①中…　Ⅱ.①史…②龚…　Ⅲ.①农业劳动力 - 劳动力
转移 - 研究 - 河南省　Ⅳ.①F323.6

中国版本图书馆 CIP 数据核字（2012）第 277318 号

·中国区域经济发展动力机制研究系列·

中国区域农村劳动力转移的动力机制
　　——以中原经济区为样本

著　　者/史自力　龚文海

出 版 人/谢寿光
出 版 者/社会科学文献出版社
地　　址/北京市西城区北三环中路甲 29 号院 3 号楼华龙大厦
邮政编码/100029

责任部门/经济与管理出版中心（010）59367226　　　责任编辑/王玉山
电子信箱/caijingbu@ ssap. cn　　　　　　　　　　　责任校对/李　惠
项目统筹/恽　薇　　　　　　　　　　　　　　　　　责任印制/岳　阳
经　　销/社会科学文献出版社市场营销中心（010）59367081　59367089
读者服务/读者服务中心（010）59367028

印　　装/北京季蜂印刷有限公司
开　　本/787mm×1092mm　1/16　　　　　　　　　　印　　张/18
版　　次/2013 年 3 月第 1 版　　　　　　　　　　　　字　　数/232 千字
印　　次/2013 年 3 月第 1 次印刷
书　　号/ISBN 978 - 7 - 5097 - 3996 - 9
定　　价/59.00 元